历史新阅读丛书

元朝那些事儿之

肆

【盛极而衰卷】

昊天牧云 著

中国工人出版社

图书在版编目（CIP）数据

元朝那些事儿. 肆，盛极而衰卷／昊天牧云著. —北京：中国工人出版社，2019.11
ISBN 978-7-5008-7309-9

Ⅰ.①元… Ⅱ.①昊… Ⅲ.①中国历史—元代—通俗读物 Ⅳ.①K247.09

中国版本图书馆CIP数据核字（2019）第289013号

元朝那些事儿. 肆　盛极而衰卷

出 版 人　王娇萍
责任编辑　李　倩
责任印制　黄　丽
出版发行　中国工人出版社
地　　址　北京市东城区鼓楼外大街45号　邮编：100120
网　　址　http://www.wp-china.com
电　　话　（010）62005043（总编室）
（010）62005039（印制管理中心）
（010）62379038（社科文艺分社）
发行热线　（010）62005049　（010）62005042（传真）
经　　销　各地书店
印　　刷　天津中印联印务有限公司
开　　本　710毫米×1000毫米　1/16
印　　张　17
字　　数　248千字
版　　次　2020年3月第1版　2022年9月第6次印刷
定　　价　45.00元

目录

元朝

第一章
两个朝廷的比较

刘整之计

刘整在当大宋的将军时，没有多大的作为，身份转换之后，脑袋就不一样了。他向忽必烈提出一个建议，说现在大宋方面能打的就是吕文德。不过，吕文德虽然在战场上不好战胜，但他有个软肋，就是爱财，我们完全可以从这个方面去打败他。

忽必烈说：“具体怎么办？”

刘整说：“就是利诱他一下。当然这个利诱不是直接给钱给到他投降咱们为止，而是派人给他送钱，请求他在襄城外设置一个榷场。”

可能你没听说过“榷场”这个概念。其实这个概念放在现在就是个外贸交易的场所，也叫互市。当时的外贸交易一般都建在边界上，但必须由双边政府都同意才行。每个榷场都领辖于所在地区的监司及州军长吏，又另设专官，稽查货物，征收商税。当时的制度是，小商人十人结保，每次只能带一半的商品到对方榷场交易。

交易过程比较复杂，政府方面还设置了类似现在的工商质检人员——

官牙人，负责对所有商品进行等级评定，兜揽承交，收取牙税。于是，双方的交易并不是由商人直接在那里讨价还价，而是由牙人当中介，成交与否，全由官方指定的牙人说了算。

对于商品类型，政府也有严格的规定，就是与战略有关的物资，都要严格把控。比如，北方的国家一般是不能把战马牵过来卖给大宋的；而大宋的铜铁、硫黄、焰硝、箭笥之类军用物资，同样都严禁出境。

蒙古虽然占了大半神州的地皮，国土面积远比大宋广阔，但经济实力以及科技方面仍然落后于大宋。因此，他们急需大宋的生产生活资料。

吕文德收了人家的钱，当然就答应对方的要求，而且双方互市，他又可从中抽税，实在是一条可持续发展的致富门路。

谈完了这一轮，蒙古使者又说："现在安丰一带的榷场经常被抢被劫，治安方面十分混乱。因此，我们建议，在襄阳这边的榷场一定要修建土墙来保护货物。资金方面，由我们出。好吧？"

吕文德这时脑子还是有点清醒的，认为他们是想借机修工事，所以他不同意。

可他才不同意，他手下的人就对他说："榷场对我们太有利了，还是不要错过这个机会吧？可以收很多的税啊。"

吕文德一听，摸着自己的大头，说："对啊，反正也是蒙古出钱修的墙。"当然，他也不敢独自承担责任，就上书朝廷请示。

朝廷当然同意。

于是，在樊城外设置榷场。当然，吕文德也在鹿门山上筑了一道土墙，然后再筑了一座堡垒。蒙古方面也在白鹤那里筑了一座堡垒。

你一道墙，我一道墙；你一个堡垒，我也一个堡垒，好像谁也不吃亏。

但几面墙修建完毕，吕文德的弟弟吕文焕就发现，大宋上当了。因为，双方都建了堡垒，都派兵进驻，于是，蒙古兵成功地阻挡了大宋南北的互相救援。大墙和堡垒建成之后，蒙古大兵经常从堡垒里出来，跑到周边地区打劫和掳掠，而且这些动作越来越频繁。

吕文焕看不过眼了，就写了一封信把哥哥猛批了一顿，问他为什么同意敌人这么搞？为什么不对敌人的建议多加思考？现在这个局面，是要把国家搞垮的局面啊。

吕文德看着弟弟的信，也知道自己这次真的是上大当了，大到什么程度？大到襄阳可以丢掉的程度。襄阳一丢，则长江防线就被突破，长江防线一完，大宋就基本完了。

吕文德到了这个时候还能做什么？他每天在城头上看着那几面土墙，然后后悔着，后悔多了就偷偷在心里骂自己一顿。他只是一个从草根成长起来的大将，力气很大，冲锋陷阵那是很厉害的。可是让他独当一面，成为防守重镇的大帅，则有点失当了。他根本没有战略眼光。更关键的是，他还是个超级爱财的家伙，只凭这点，他就完全可以把大宋一举送上不归之路。

现在，他虽然深深地后悔、严重地自责，却没有一点办法。你想想，如果是孟珙、余玠之流的人在这里主持，刘整的这个阴谋能有成功的可能吗？张柔当年在江北搞屯田，都被孟珙玩得超级郁闷，不但屯不了田，反而损失惨重。可惜，孟珙是大宋最后的将星，而且又寿命不长。

可能，你会说，现在大宋也找不到人才啊。

但这么大的一个国家，说没有人才是难有说服力的。只是宋朝皇帝已经形成了自己的人才标准。光宋理宗一朝，就出现一连串的大奸臣，人才还有机会冒出来吗？能有个吕文德就已经不错了。如果吕文德不巴结贾似道，估计现在他的下场就是王坚的下场。

蒙宋两国在这段时间里都有点疲软，一起进入了一个调整阶段。

忽必烈继续任用一批汉地的儒生，加快了机构汉化进程，加强中书省的权力，不断地进行战争的前期准备工作。忽必烈是靠在战场上打拼出来的，但他对内政工作的重视，远超他的前辈。

当然，在这个调整期内，虽然打仗已经不是常态化，但局部战斗仍然时有发生。

先是汪良臣在四川出兵向重庆开展军事行动。宋朝的朱祀孙带兵出来迎战。汪良臣一看，正中下怀，立刻兵分三路，一路截断宋兵的归路，一路将宋兵拦腰一截，自己则带着主力直冲宋兵阵地。朱祀孙被打得大败，退回城里。汪良臣由于兵力不多，把还没有来得及退回城里的宋兵全部歼灭之后，也收兵回营。

由此可知，四川的主动权已经完全掌握在蒙古帝国手中。

大宋看到四川局势越来越不妙，就把夏贵派过去当第一把手。

夏贵跟吕文德一样，也是个猛人。吕文德是赵葵发现的，而夏贵是赵范一手提拔起来的。

吕文德是草根出身，夏贵则是小兵出身。他的老爸是职业军人——不过，这个职业军人没什么巨大的战绩，所以也不出名。夏贵从小就在军营里长大，后来他投到赵范的手下。赵范虽然出身将门，身世显赫，但本人没什么架子，比较大大咧咧。他也是因为太大大咧咧而丢过城池，但他的这个性格很能拉拢人。

夏贵因为仗打得生猛，所以赵范很快就喜欢上他，不断地提拔他。他也不断地立功，最后以功知怀远军兼河南招抚使。之后，在鄂州之战中，也有很好的表现。当时，忽必烈虽然退走，但还留下了一支部队，作为接应兀良合台南来的部队。夏贵奉命带兵去阻击这支蒙古兵，居然两败蒙兵，最后引军攻击敌军岸上的物资营地，迫使蒙古兵从江面上退走，斩蒙古兵七百人。贾似道上表为他请功，朝廷授他左金吾上将军，知怀安州，兼怀东安抚副使，京东招抚使，赐金器币、溧阳田三十顷。景定二年（1261年），夏贵移师怀东，连连挫败元军的进攻，收复涟水军、东海军及海州等地，朝廷再赐官会百万缗，金带一个，复赐溧阳田三十顷。他看到这些钱财，心里很高兴。他其实是在为金钱奋斗，顺便为国立功。

这时，四川方面有些顶不住，宋廷就把夏贵放到那里。现在贾似道能找到的会打仗的人就是他了。

夏贵到了四川之后，觉得自己也该露一手了。他侦知虎啸山的工事是刚修的，还没有彻底加固，于是就下令向虎啸山进攻。当时，驻守虎啸山的蒙古方将领叫张庭瑞，职务是宣慰使。据说张庭瑞“兵法、地志、星历、卜筮无不推究”，从蒙哥的宿卫做起，后来成为蒙哥伐蜀的先锋。后来，蒙古兵北归，他仍然留守四川，并在虎啸山筑城。虎啸山城一修，其地位跟余玠修的钓鱼城差不多。如果不拿下这城，则宋朝在四川基本难有作为。

夏贵一来就下令火炮轰击。虎啸山城的城墙都被炸裂，成片地坍塌。张庭瑞下令军民扛起木头，迅速建起栅栏。栅栏被击破，张庭瑞又让大家张开牛皮来抵挡，居然把夏贵的攻击挡住。

夏贵看到强攻不行，便断绝城里的水道，很快就造成虎啸山城里严重缺水的局面。严重到什么地步？士兵们的嘴皮都出现了裂缝。后来，张庭瑞叫人把夜壶送上来，连带马牛羊的尿一起煮成开水，然后用泥土来过滤消除了骚味，让大家喝下去，而且每天也只能喝几口，但大家的意志仍然坚挺着。

夏贵想不通，但现实就是这样。

当时，有一支蒙古援兵过来，但不敢过来跟夏贵作战。

张庭瑞一看，知道靠别人不如靠自己。他看到宋兵虽然还在猛攻着，但士气已远不如前了。他在一个月黑风高的夜晚，把城里的战斗队员全部组织起来，打开城门，对夏贵开展劫营活动。

全体宋兵都以为，城里的蒙古兵早已经渴得难以动弹，现在只有等死的力气了，哪能想到他们居然杀出城来？宋兵一时被打了个措手不及，营中一片惊惶。当然，如果夏贵是个名将，面对这样的突发事件，仍然能够冷静处理，完全可以反败为胜。可是他自己也怕得要命，根本没有想到组织反击，而是随大流逃跑。

张庭瑞带兵奋力冲杀，宋兵大乱。结果夏贵手下的栾俊、雍贵、胡世雄等大将统统死于乱军之中。夏贵自己也受了几处伤。

此战之后，宋朝的猛将之一夏贵也不可逆转地走了下坡路。

像夏贵这样的猛将，如果有个优秀的统帅来指挥，那是完全可以大有作为，四川局势的每况愈下，责任也不在他，根子全在宋理宗和贾似道那里。

临安府的学生叶李和萧规就看出了这一点。他们看到朝廷要求大家尽管上书，直陈己见，以为朝廷真的要励精图治，于是，就义愤填膺地上书，猛批贾似道，说贾似道是个大奸臣，每天都在做祸国殃民的事，必须打倒，否则必遭天谴！

贾似道看到这个奏章，第一时间就找到自己最得意的手下刘良贵，让他将这两个学生彻底打倒。

刘良贵确实是个陷害人的好手。

你想想，两个学生能有什么把柄让他抓住？但他仍然抓到了两个学生的把柄。这个把柄说起来，根本不算把柄。他们用黄金来装饰他们的书斋，这是超越他们身份的行为。一个敢于做超越身份行为的学生，将来是什么都敢做的。就这样，两个满怀爱国热情的学生就被刘良贵抓起来，投放监狱，而且很快做出判决：叶李脸上刺字，发配漳州；萧规则发配汀州。

还有几个老臣也上书，说皇帝只相信一个宰相，把国家大事全交给他一个人处理，他要是个贤臣，那倒没有什么。他要是个奸臣，国家就乱了，人民就遭殃了。近几年先是大水泛滥，成千上万的人死去，后来又是连年大旱，全国人民又在死亡线上苦苦挣扎。这就说明妖星已经出现，是什么原因导致老天爷愤怒到这个地步呢？

当然，这些奏折都先送到贾似道的案头。面对这些已经退休的老臣，贾似道还不敢大张旗鼓地迫害。他不敢迫害，但他却把这些奏折压下来，根本不让别的人知道。

大家看到这个样子，知道只要赵昀还活着，还坐在皇帝的位子上，大家就别指望把贾似道打倒了。只有等赵昀死去，也许才有扳倒贾似道的那一天。

没想到，赵昀真的病了起来，而且两天过后，就驾崩了。

赵昀靠史弥远成为皇帝，上任之后就把一切都交给史弥远，自己根本没有去履行皇帝的职责，整整二十年不拿大权。当然，作为皇帝，他也不是无事可干。他盖了一个缉熙殿，然后在里面学习经书，收藏书画，玩古董，把自己变成一个艺术家兼收藏家，好像这个国家跟他已经无关一样。直到他亲政，仍然都在里面玩。可以说，他是个勤于玩耍而懒于理政的老大。终其一朝，连续产生了史弥远、丁大全、贾似道几个史上有名的奸臣。这个奸臣死了，那个奸臣又提上来。赵昀缉熙殿里的藏品越来越丰富，国土面积却越来越小。当他死的时候，大宋已经到了奄奄一息的地步。

他是个幸运的皇帝。他的幸运在于，他没有再多活几年，成为亡国之君。

赵昀一死，他的太子赵禥正式登基，是为宋度宗。贾似道继续当丞相。

重用一批人

在大宋还让贾似道当丞相时，忽必烈也找到了一个宰相。

由于李璮之乱，忽必烈对汉人的疑心越来越大，因此很不想再让汉人接掌相位，所以相位就进入了一段空档期。没有丞相理事，实在是一件烦人之事。

有一天，忽必烈突然想到崔斌，他很聪明，很多难题一到他那里，基本都可以得到解决，于是就差人把他叫来。崔斌来了之后，看到忽必烈骑在马上，自己就下了马，跟在他的马后跑着。忽必烈让他也骑上马，这么跑着，气都喘不过来，还能开动脑筋想出好办法吗？

崔斌骑上马后，忽必烈问他：“现在咱帝国的首要工作是什么？”

崔斌想不都想，就直接回答：“尽快任命宰相。这么大的一个国家，哪能没有总理政事的大臣？”

忽必烈说：“你推荐个人选来。”

如果是别的人，估计就参照毛遂的做法挺身而出了，但崔斌要是这样的人，忽必烈能给他这个权力吗？他当场提出两个人选，一个很年轻，另一个年纪很大。年轻的是安童，年纪大的就是史天泽。

安童就是木华黎的曾孙，现在才二十一岁，比起史天泽、姚枢、刘秉忠这些人来说，实在是太小了，但忽必烈跟他接触过。忽必烈刚登汗位时，为了拉拢那些世袭贵族，就下令让元勋的后代都到宫中“宿卫”。安童就被召进来，而且是当了宿卫的老大，“年方十三，位在百僚上”。当时，安童的老妈是皇后的姐姐，经常到宫中串门。有一次，忽必烈看到了，就问她那个儿子怎么样，她一点不谦虚地说：“安童虽幼，公辅器也。”忽必烈问：“何以知之？”安童老妈说：“每退朝必与老成人语，未尝狎一年少，是以知之。”忽必烈觉得真的很对。后来，忽必烈决定考一考他，在全面打败阿里不哥之后，如何处理一千多名阿里不哥集团人员时，忽必烈转头问一下安童：“这些人都是在造我的反，现在我想把他们全部杀掉，你觉得怎么样？”安童说：“大汗肯定听说过‘各为其主’这四个字吧？现在大汗刚刚平定大乱，就凭着自己的情绪来杀人，以后靠什么去平定那些还没有平定的势力呢？”忽必烈一听，说：“卿年少，何从得老成语？此言正与朕意合。”忽必烈老早就想提拔他了。他是蒙古贵族，用起来远比汉人可靠，又能堵住那些守旧蒙古人的嘴。此时，听到崔斌一来就推荐安童，觉得他的眼光真毒。但忽必烈没有说话，只是在那里“默然良久”。

崔斌说：“大汗是不是认为我没眼光，推荐的人没经过大家的讨论同意，所以还不敢拍板？现在大家都在这里，大汗完全可以征求一下大家的意见。”

忽必烈说：“好。”

崔斌转过头对众人大声说：“大汗问各位，安童能不能当宰相？”

大家在那里齐呼万岁！

那些蒙古人当然都高呼万岁。他们要是不同意，又怕忽必烈起用汉人，那样他们会觉得很丢脸，也很不服气。现在只要不是用汉人当首席大臣，谁来他们都高呼万岁。

到了当年（1265 年）的 8 月，忽必烈拜安童为光禄大夫、中书右丞相，增食邑至四千户。

安童这时很谦虚，说：“现在东西北三方虽然已经平定了，但长江以南还需要武力征服。如果我当了这个首席大臣，只怕人家会看不起我们啊。”

这话其实只是谦虚，而不是真正的谦让。因为他没有说自己水平很不突出，难以承担大任，而是说年轻会丢国家的脸。

忽必烈说：“你就不用这样谦虚了，我已经进行过考虑，现在我们这个国家里没有人能超过你。我们的用人制度是看谁有能力，不是看年纪。”

当时，忽必烈还发现了一个人才，而且也是蒙古国的人才。

这个人叫伯颜，也是个历史牛人。

伯颜本来是旭烈兀的手下，当年随旭烈兀出征西方，后来旭烈兀派他作为使者到忽必烈这里代为述职，其实也是要把他推荐到中央任职。当伯颜出现在忽必烈的面前时，忽必烈的眼前一亮，长得这么威武，只在宗王那里混饭吃，就太浪费这个形象了，这个形象可以代表国家啊。于是，他把伯颜留下了。

当然，还得考核一下水平，现在是打仗年代，打胜仗、扩大地盘靠的是水平，而不是相貌。于是，忽必烈常拿些国家大事来跟伯颜相商，他发现，伯颜的水平比那些朝廷上的大臣们牛多了。他决定把伯颜彻底变成自己人，于是就下令安童把自己的妹妹嫁给伯颜，让伯颜也跟安童一样死心塌地地成为自己的人。这个做法很有蒙古特色。因为如果是在中原王朝，君主是绝对不会这么干的。因为，要是让两个拿着大权的首席大臣结成亲家，就会捆绑成一个强悍的利益集团。这个利益集团一旦形成气候，就会对皇权造成无比严重的威胁。

忽必烈虽然天天跟一群汉儒混在一起，靠这些汉儒帮他出计策，打败了蒙古内部的政敌，成为蒙古帝国的大汗，但他自己流的仍然是黄金家族的血，在很多方面仍然不知不觉地承袭着蒙古部落的传统做法。

他在给安童下这个命令的时候，还怕安童不同意，对安童说：“让伯颜当你的妹夫，他不会给你家族丢脸的。”是的，安童虽然不是黄金家族成员，但他是木华黎的后代。木华黎是蒙古帝国外封的第一个国王，其家族地位在蒙古帝国里也是十分显赫的，完全有资格成为最有脸的家族之一。

安童当然没有意见。

奉命成婚后的伯颜立刻被提拔为左丞相。他处理政事的能力很突出：“诸曹百事有难决者，徐以一二语决之，众服曰：‘真宰辅也’。”

这时，另一个牛人也开始得到忽必烈的重用。

也是个年轻人，但不是蒙古贵族的后代，而是汉人的后代。

这人是张弘范。

当时，大名府突然闹了多年不遇的洪涝灾害。

张弘范时任大名管民总管，职责就是总领诸路军马钱粮，他没有请示就下令免掉当地的田租赋税。这个命令才一下达，朝中那些大臣便纷纷上书告张弘范的状。

张弘范知道后，主动请求面见大汗。

他对忽必烈说："现在朝廷储备物资的做法，其实只是小仓库而已，还是把物资积储在大仓库里才好。"

忽必烈说："你说什么？我好像听不明白。"

张弘范说："今年下雨的时间太长了，到处是洪水泛滥，很多土地颗粒无收。如果一定要强迫老百姓缴租纳税，国家的仓库是很饱满了，但老百姓就会被饿死。老百姓全饿死了，明年的田租跟谁收？所以，我们必须让他们不逃离家园，永远在那里继续为国家种田，给国家缴租，这才是大仓库啊。"

忽必烈说："好。张弘范知道如何体恤民众，谁都不能再告他的状了。"

当然，忽必烈对安童他们是很放心的。他帮安童物色了两个辅导老师，而且全是汉儒，一个是许衡，另一个是杨诚，让他们在中书省里跟安童一起讨论国家大事。

忽必烈在任命安童时，很信任他，安童也很敢想敢干。可是没过几天，他就得罪了忽必烈，忽必烈很生气。

要是再让忽必烈生气下去，少年宰相的后果就会很严重。

这时，董文忠站了起来，对忽必烈说："丞相向来口碑不错，人气很高，现在他刚刚操持国事，大家看到他的表现后，都很服他。如果他的请求得不到大汗的力挺，以后他还能做什么呢？"

忽必烈仍然板着脸，盯着董文忠。但董文忠并不怕，继续为安童辩护，把安童的计划说得更加透彻和合理。

忽必烈那张紧绷着的脸才松了下来。幸亏还有几个敢说话的人，为安童直言，也幸亏忽必烈还不那么霸道。

后来，许衡身体不好，经常生病，就向朝廷请假。安童上门去慰问，跟他聊了好长时间。

忽必烈还对许衡说："现在安童到底还很年轻，你要好好地教导他。以后你有什么好的想法，先跟他商量，再由他转告我。"这分明还是不放心安童。

许衡说："安童非常聪明，现在又居于相位。我不担心他的才能，但我怕朝中有人看他不顺眼，会经常扰乱他的工作，使他的工作开展不起来。"

忽必烈说："很好。以后你每五天到中书省里来议事一次。"不久，忽必烈又任命廉希宪为中书平章政事、张文兼为中书左丞、史天泽为枢密院副使。蒙古的官制越来越大宋化了。

这些人很快为蒙古帝国制定了一个政策：凡是被僧人所占的良田，蒙古人可以任意耕种。这在宋朝是不可能的事。大宋对僧道是很尊重的，很多寺庙和道观在获得赐田之后，基本可以免除赋税。而且大宋皇帝又很喜欢佛道，动不动就把几块上好良田送给某寺某观。在寺、观里生活的这些出家人也就成为当时社会既得利益人员之一。他们中的精英阶层甚至可上殿，"每当朝集，僧先道后；并立殿廷，僧东道西，间杂副职；若遇效天，则道左僧右"。和尚和道士因此成为当时一个不错的职业。否则，在贾似道推行"公田法"时，出家人的度牒就不会那么值钱。

忽必烈在这段时期提拔的这些汉儒确实很用心。

忽必烈很崇拜唐太宗，他说："要是我也有个魏征，时时刻刻在身边提醒我该多好啊。"

廉希宪说："天下这么大，忠臣、贤臣到处都有，哪个朝代也不缺，主要是看皇帝能不能用而已。只要皇帝敢于重用，人才自然就会出现。否则，满朝就只有奸臣了。"

有一天，忽必烈有个内侍出来传旨。本来他宣读圣旨之后就应该完事走人，哪知，这家伙自恃是大汗身边的工作人员，平时得大汗的信任，很想摆下谱，所以在完成本职工作之后，就对大臣们指手画脚进行业务指导，说你们应该如此如此。廉希宪一看，顿时大怒起来，直接对忽必烈说："大汗，这是阉官干政的开始。"他们在忽必烈面前讲过很多阉官干政的故事。忽必烈早就听得耳朵生茧，知道只要哪个朝代出现"阉官干政"这四个字，这个朝代基本上就走进灭亡的大道上。他以为自己已经很小心了，哪知，一不小心这四个字就跟自己沾上边来，不由大怒，下令把那个内侍狠狠地杖责了一顿。

廉希宪虽然不是丞相，但他却是最敢于对忽必烈发表不同意见的人，而且他的情绪容易激动，一发表意见，基本上都进入脸红脖子粗的状态，连忽必烈的面子也不给，常常弄得忽必烈大怒，甚至直接指责他："以前你还是王府的员工时，脾气很好，怎么现在成为大汗的大臣后，反而这样强硬，一点不给我面子。"

廉希宪说："王府的事是小事，没必要那么认真。天下的事大，如果我也像过去那么妥协下去，天下就会乱套。天下一乱套，危害就大了。"

这时，有人控告四川一把手奇彻。忽必烈立刻下令中书省派人过去把奇彻处死。可是廉希宪却把案子重新审理，第二天，他再去见忽必烈，说了自己的意见。忽必烈一看，昨天布置的任务，原来还压在你那里？不由大怒起来："你们是吃什么饭的？办事效率这么低？"

廉希宪说："奇彻是统领一方的大帅，如果就因为一个小人的控告被砍脑袋，人们的情绪就会不稳定。所以，不如先把他拘禁起来，让他和控告的人当面对质，把事情弄清楚再处理也不晚啊。"

在廉希宪的坚持下，奇彻案重新得到审理，果然是查无实据，奇彻得以无罪。

很多方士对铁木真迷信丘处机的故事是知道的，因此都认为，铁木真那么想靠道士帮他长生不老，作为铁木真孙子的忽必烈必定也会如此，于是都排队找上门来，对忽必烈说："我们已经掌握了炼丹的技术，请中书省满足我们的要求。"

廉希宪又反对，对忽必烈举了很多事例，说秦汉时期，就是这些方士把几个皇帝忽悠来忽悠去，弄得朝廷都乱了套，然后说：“尧、舜很长寿，可是他们并没有吃过这些方士的丹药。”

忽必烈听到廉希宪如此一说，马上就说：“很对！”就把这些方士赶了出来。

忽必烈虽然有时嫌廉希宪很烦人，经常不给他面子，但觉得这个人确实是个人才，对蒙古帝国的帮助很大，应当好好表彰他一下。于是决定让他享受帝师的待遇，命他按传统习惯接受帝师之戒。可是廉希宪只是很淡定地对忽必烈说：“我已经受过孔子的戒律了。”

忽必烈有点不相信，跟你们聊了大半辈子，每天都不离孔孟之道，可从没听说过加入儒家学派还要受孔子的戒律啊，就问：“孔子也有戒律？”

廉希宪说：“为臣也忠，为子也孝，孔子之戒，如是而已。”忽必烈一听，这话虽然朴素，但很实用啊，如果每个臣子都如此，他们黄金家族的天下就真的可以万万岁了。

在忽必烈众多汉人谋士当中，还有一个大牛人——刘秉忠。

刘秉忠虽然天天在忽必烈那里推行儒家思想，但他其实是和尚出身。

当然，他刚开始也不是和尚。他的老祖先当辽国的官，辽国灭了，他曾祖父又当了金国的邢州节度副使，也算是很大的官了。他的老爸却只当到都统。他长得很帅，也很聪明，在八岁入学时，就能“日诵数百页”，数百页就是一本书啊。虽然当时一页纸上的字不多，但对于一个小孩来说，这个量已经十分巨大了。到十七岁时，他谋了个职业，是邢州节度使府令史。节度使当然很大，但节度使府令史的官很小，基本属于官场中最小的职务，相当于小秘书，这对于一个有远大理想的有志青年来说，是一件很郁闷的事，哪能天天去受这种气？

他一气之下，辞职不干，当了个年轻的隐士。

他隐居的地方叫武安山。当然，他不是真正地隐居。因此，他隐居之后，名气倒升上来了。最后，有个叫虚照的大和尚知道了，就派个小和尚来叫他，说别当什么隐士，当和尚吧。

他当了和尚，法名就叫子聪，史书上一般称僧子聪。

和尚看上去是很清闲的，每天念经吃斋然后洗脚睡觉，何况当时的和尚社会地位还是不低的。哪知，他当了和尚之后才知道，和尚也不是那么清闲的。因为他的师父突然发现他知识渊博，是个人才。即使在佛门，人才也是不能浪费的，于是任他为掌书记，做的仍然是秘书业务。

他当了几天掌书记，就不愿干了，云游到云中，然后就在南堂寺住下。

当时，佛教界的头号人物叫海云禅师，人气特别旺。忽必烈也知道他的名字，就把他拉到自己的阵营里。

海云大师为了佛教的兴旺发达，当然积极响应忽必烈的号召，去跟忽必烈见面。

这似乎跟子聪无关。但恰恰是这个行动，改变了子聪的命运，间接也对历史造成了一定程度的影响。

海云大师也知道子聪和尚的名字，知道他知识丰富，肚子里的学问可以安邦治国平天下，因此，他在路过云中时，就顺便喊了一下子聪，让他一起去跟忽必烈见面。

他等的就是这个机会。如果海云大师叫他去别的地方弘扬佛法，估计他会来个婉拒，但叫他去见一个蒙古的宗王，就不一样了。而且这个宗王又是中原一带的老大，要是跟他沾上了关系，机会就来了。

他立刻跟着海云大师去和忽必烈见面。他当了几年和尚，佛学功夫如何不得而知，但他从小精研儒家经典，尤其精通《易》之类的玄而又玄的学问。

子聪在这个时期，虽然是职业和尚，但他一直都留意这个世界的变化，对当前形势了解得十分到位，因此在跟忽必烈会谈时，就很对忽必烈的胃口。后来，海云大师离开了，他却被忽必烈留下，成为忽必烈身边重要的参谋。

他跟所有的汉儒一样，只要跟定了一个主公，就不遗余力地为这个主公规划出一条通往皇帝宝座的大道。

姚枢、廉希宪他们基本都在为忽必烈出台一些计策，与兄弟斗，而子聪花了很多精力制定了一整套典章制度，请忽必烈向周公学习，做好蒙哥的得力助手。这一点，忽必烈真的做到了。而做到了这一点的忽必烈的人气很快猛涨，成为宗王中最牛的人士，积累了大量的人脉和执政经验。

至于其他方面，子聪都仿照汉制，为忽必烈制定了一套用人制度以及社会管理制度，全部为忽必烈所采纳，成为大元的总设计师。

他在提出这些建议时，他的身份仍然是和尚，每天穿着一身和尚服在朝堂上引经据典，讨论着国家大事。到了1264年，有个叫王鹗的翰林学生对忽必烈说："僧子聪在大汗还当王时，就跟在大汗的身边，贡献了很多智慧，立了很多大功。现在大汗即位，面貌焕然一新，可他却仍然穿着这身和尚服，顶着个光头来上朝，我们都觉得不好意思了。所以，大汗应该命令他以后穿上大臣的制服，给他发相应的工资。"

忽必烈觉得很对，就给他赐名刘秉忠，拜为光禄大夫，封太保，可以参与中书省的政事。并下诏命令窦默把女儿嫁给刘秉忠。

两年后，刘秉忠又建议把首都迁到燕京来。现在的上都和林，离中原大地太远了。忽必烈独当一面之后，基本都在南方一带活动，当然也知道首都放在和林已经不合适了，因此也同意了刘秉忠的建议，命他和张柔一起在原燕京城东北设计建造一座新的都城。这个都城就是大都，即现在的北京。

贾似道弄权

在忽必烈大力提拔几个年轻有为的人才时，大宋这边却仍然在玩着自己的老一套。

当然，这个老一套也是贾似道在玩。

贾似道绝对是个玩套路的老手。

新皇帝上任后，他也深刻地知道"一朝天子一朝臣"的规则。虽然赵昀决定立这个太子时，自己投的是赞成票，但他也知道，新皇帝也会有自己的班底。他要是想用自己的新班底，就必须拿一些人开刀，只有这样才有位子空缺下来。最有可能被开刀的就是自己这个位子。而且，赵禥要拿下他，会有无数个理由，只要赵禥有这个想法，就会有人上奏，列出他无数个可以判他死刑的罪状，把他拉下马。

当然，赵禥上位后，对他的封赏更大了，先加他太师，封魏国公，而且还宣布贾似道决策有功，因此每次上朝必须答拜，称他为“师臣”，而不称他为爱卿，更没有直呼名讳贾似道。赵禥还要求大臣们都叫他“周公”。这样的待遇已经到了最高点，没有再封的余地。没有余地意味着什么？没有余地就是绝境。绝境就是你死我活。

贾似道虽然权倾朝野，谁都不怕，但由于大宋制度的制约，他所有的权力都是皇帝临时授予的，他现在能为所欲为全靠皇帝帮他站台，一旦皇帝不帮他，他立马就得垮台，接下来就会任人摆布了。他曾经任意摆布过很多人，目前仇家很多。

所以，他的心里还是很虚的。

他决定再玩一把赵禥。

他在修建完理宗陵墓后，就把本兼各职都退还给皇帝，自己从此就是小民一个，希望大家忘记他。

所有的人都没有想到。

但他已经回到他的家里过着没有职务的生活。

其实更让大家没有思想准备的是下一步。他秘密派人去跟吕文德说，你赶快上书告急，说蒙古大军正在向下沱展开猛烈的军事行动，情况万分危急，请朝廷快快想办法。

赵禥君臣看到这个报告，立马傻眼，这该怎么办啊？

大家都没有办法，看来只有贾似道有办法了。于是，谢太后和赵禥就派人去请贾似道。贾似道就又回来了，为了国家的安全，只得再在宰相位子上鞠躬尽瘁了。

因为他已经辞职，现在再回来做官，赵禥就按惯例，封他为太师，同时还必须给他建符节，所以就任命他为镇东军节度使。贾似道对太师这个称号很满意，但对节度使这个头衔就很不爽了，大骂起来：“怎么来个节度使。”

他坚决要求把这个符节退回去。

这事就闹大了，因为按照传统，皇帝发出的符节是不能退回去的。

赵禥知道后，马上就惊出一身冷汗来。祖宗的传统很重要，但现在贾似道更重要，因此他只得放出风来说，今天不吉利，不宜发符节。于是，贾似道退货成功。

大家知道，贾似道经过这么一闹，就更无法无天了。赵禥传承了他老爸的性格，死都不能离开贾似道了。

贾似道复出之后，也想搞点成绩出来。可现在是国家危难之时，他想出成绩就只有打仗。因为皇帝怕蒙古打进来，才不惜坏掉祖宗的传统把他请回来的，既然回来了，就得拿出点手段来。

在这样的背景下，夏贵又出马了。

只能是夏贵出马。因为吕文德不能出马，太靠近临安了，万一玩大了又玩不好，临安就会被玩进去，那可大大不妙。四川那里离临安很远，即使玩砸了，也还有逃跑的时间。

夏贵这次出动五万人，进攻的目标是潼川。蒙古方面驻守潼川的大将是都元帅刘元礼。

刘元礼是刘元振的弟弟。刘元振在刘整事件中就有过上好的表现。

刘元礼虽然是个都元帅，可现在他手下只有几千人，不管怎么算，都是寡不敌众！大家登上城头，向外一望，心里就全是畏惧的情绪。

刘元礼却不怕，他说：“打胜仗不是靠简单的方法，而是靠智谋。”他带着部队出城与宋兵大战。

夏贵退走，刘元礼带着部队追击过去，一直到蓬溪，夏贵军这才停住，与蒙古军大战。双方从天亮开始交手，一直打到中午，不分胜负。

刘元礼一看，照这样下去，他们肯定会被打死。

他大声对将士们说：“现在咱们已离城一百多里，如果被敌人打败，咱们就回不了城，潼川就不是咱们国家所有了。现在正是咱们杀敌立功的大好机会。”然后挥舞长刀，冲进敌群。部下那些人看到老大都拼命了，他们没有理由不跟着拼。一时间，蒙古兵的士气大涨，把夏贵部打得大败。

这一次，夏贵真的败得没有理由，也没有脾气。五万人打不过人家几千，这次脸丢大了。消息传到临安，大宋的君臣除了惊恐之外，没有别的办法。

贾似道只得又玩辞职。

可赵禥能同意吗？

赵禥这时头越来越大，前方打了败仗，贾似道又闹情绪，这个天下如何管啊。他情急之下，跑下宝座，想要向贾似道拜起来。幸亏江万里在那里，觉得这个动作一出现，天理基本就可以宣布不存在了，便挺身而出，挡住了赵禥的下拜动作，并说：“自古以来，没有皇帝对臣下用这个礼节的。我看，从今之后，陛下不能再向哪位大臣打躬作揖，贾似道也不能再动不动就玩辞职。”

贾似道没有想到赵禥居然做了这个窝囊的动作，也有点不知所措了。要是皇帝真的拜下来，估计很多大臣就会恨不得当场砸烂他的脑袋了。他下殿之后，大谢特谢江万里：“如果没有你，我就成千古罪人了。”从他这话来看，很多规矩他还是懂的。

很多人看到他还懂礼貌，还会向江万里表达感激之情，以为他真的改邪归正了。哪知，他的这个感谢只是表面文章而已，心里对江万里恨得要命。

赵禥也跟他的老爸一样，喜欢研究经史，一碰到里面的难题，就常常向朝中的大臣们请教。贾似道是太师，当然是最有能力也最有资格帮赵禥解答这些难题的。可是这个太师精通的不是经史，而是蟋蟀，现在赵禥问的不对专业，所以他也只得在那里紧闭着嘴。其他大臣看到太师不作声，哪个又敢于讲话？

但江万里却不管，每次赵禥一提问，他就积极回答，弄得贾似道很没有面子。而更让贾似道没有面子的是，赵禥很宠爱的王夫人对经史也略知一二。赵禥每次回家之后，就把这些事全程向王夫人讲述。几次下来，两人就开始拿贾似道的这些故事当笑料来调剂一下枯燥的生活。从这个事来看，赵禥是知道贾似道不学无术的，他的内心也是极不尊重这个权臣的。但现在他没有办法，他老爸死的时候，就把这个烂摊子交给他：整个朝中全是贾似道的人，没人可用，不用贾似道用谁？他这才知道，老爸的皇位很好继承，但老爸留下的这个政治遗产实在不好继承。再加上，他身上又全面继承了赵昀的基因，虽然不弱智，但却懦弱，没有革故鼎新的勇气，没有收回河山的气概，只想着靠贾似道保住半壁江山，只求蒙古兵别打过长江来，把他们彻底消灭光。

贾似道知道自己被皇帝当成段子里的主人公，心里就更愤怒了。他放下手里的蟋蟀，集中精力来从事排挤江万里的工作。

江万里虽然性格耿直，但不是笨蛋，很快就知道贾似道在搞他，于是也就决定不干了。赵禥知道江万里确实是个人才，因此总是在他的辞职报告上批示不同意。江万里连续写了四次辞职信，再加上贾似道的全力排挤，赵禥也就同意江万里不干了，让他以资政殿大学士的官衔去掌管道观。

赵禥上任以来，在大家眼里全是一副软弱的形象。其实他只是对贾似道软弱，对提正确意见的人就很不软弱。

赵禥为了表示自己很开明，一般常让大臣跟自己对答，说是讨论形势，完全可以各抒己见。很多人都知道这个各抒己见的内涵就是：表扬皇帝时你尽管各抒己见，各显神通，各有创意，但绝对不能批评。很多大臣与赵禥对答时，都把握得很好，让赵禥的心情很爽。

轮到黄震时，黄震就把皇帝的话当真了。赵禥先是和蔼可亲地问他，现在我们的国家还有什么弊病吗？你一定要知无不言，言无不尽啊。黄震一听，觉得自己要是不把这些弊病讲出来，就真的辜负了皇帝陛下的期望，于是就说，现在弊病多得很，老百姓们穷得要命，军队已经没有战斗力，财政也负债累累，士大夫们更是空前无耻。

他讲到这里时，赵禥那张脸已经变黑，但他没有看到，仍然继续陈述：现在必须停止给和尚和道士们发放度牒了，等这些出家人老死之后，就废除这些职业，这样就可以没收他们的田地归国有。如此一来，军队才有饭吃，老百姓的负担才减轻下来。

如果在别的朝代提这个问题，那简直就不是问题。可在南宋时代是不能提这个问题的。因为赵家人对道教是十分喜爱的。赵佶甚至封自己为道君皇帝。赵禥也很崇拜自己的这位先辈，在宫中设立内道场。

赵禥听到黄震先是说士大夫无耻，接着就批他浪费民力，当场大怒起来，下令把黄震贬官三级。后来，谏官们出来帮黄震讲话，他的怒气这才平息下来，但仍然把黄震逐出首都，通判广德军。

敢讲真话的人都被赶走了，让贾似道觉得很爽。

他把百官都请来，然后大声对大家说："诸位能有今天，都是我提拔的结果。"

大家一听，都把头低下来。即使他不提拔，你也不能说啊。你要是敢说出来，他就敢把你贬出去。

只有李伯玉站了起来，说："我是殿试第二名，丞相不提拔，我也完全可以凭自己的水平有今天！"

贾似道完全没有想到李伯玉会来这一招儿，一时呆在那里，不知道如何应对。好久之后，他那张权臣的脸才收回嚣张的神态，但仍然怒气冲冲。

李伯玉也是聪明人，知道惹火了这个家伙，以后肯定没好果子吃，回到家之后就卷起包袱。他的包袱还没有打好，皇帝的处理文书就送到他手里：出知隆兴府。

贾似道虽然收拾这些大臣起来，很得心应手，但他也知道，如此一来，得罪的人就很多，所以在搞定一些反对党后，觉得又不踏实起来。他现在已经死死抓住赵禥的软肋，把李伯玉踢出首都之后，他又给赵禥打辞职报告。

赵禥一看，脸面全是一片苦色，他这次没有走下宝座给贾似道作揖打躬了，而是叫大臣们一定要把贾似道挽留下来。

那个王应麟看不过眼了，对赵禥说："陛下，以前孝宗朝时，曾有一年没有宰相，天也没有塌下来。现在贾丞相既然不愿当丞相了，就由他去吧。”

贾似道一听，不由大恨，对大家说：“我打倒的王应麟这样的人多了去了，现在要打倒他，容易得很。只是他文章写得好，人气很高，打倒他人家会说我迫害人才。现在看来只把他的职务降低一点算了。”

人家把这话传达给王应麟。王应麟只是笑着说：“得罪宰相算什么，要是辜负了皇帝才是大罪。”

当然，王应麟的话在赵禥那里是没有效果的。

赵禥继续把贾似道留了下来，而且又授予他“平章军国”的特权，也就是说，军国大事都由他说了算，并允许他一月参加三次经筵，三日一朝，平时只在都堂办公。他仍然觉得这个太苛刻了。于是，他五日一朝，也不去都堂那里刷卡上班，而是在家里签署文件。大臣们只好抱着一大堆文件往他家里跑。后来，他连签署文件都懒得做了，专门让两个身边的工作人员廖莹中和翁应龙代笔。

如果你以为他不管事了，就可以随便议论他，那就是大错特错了。他虽然天天玩蟋蟀，专心致志地研究蟋蟀文化，但朝廷中的事，他都掌握得清清楚楚，哪个大臣的人品如何，他更是了如指掌，哪个大臣舍得拿钱来买官，他同样比谁都了解。于是，人品好一点的，基本都被他赶走，舍得出钱买官的，基本都被提拔。这些人买到职务之后，就在自己的新岗位上疯狂贪腐，至于边关告急、打了败仗，居然也没有人理会。谁要是乱说前线打了败仗，谁就是在造谣抹黑大宋人民子弟兵，谁就会被格杀勿论。

整个朝廷一片乌烟瘴气。

太府寺主簿陈蒙在入对时，就狠狠地告了贾似道一状，说贾似道是个奸臣，把朝政搞得很乱，再这样乱下去，国家就会完蛋。

这话很快就传到贾似道的耳朵里。他恨不得立刻把陈蒙拿下，但陈蒙目前真的没有把柄被他抓住。于是，他立刻提拔陈蒙当淮东总领税赋。这可是个肥缺，当然也是个容易腐败的岗位。陈蒙到任没几天，工作都还没有熟悉，贾似道就说他贪污税款，根本不给他申辩的机会，直接把他发配建昌军，他的财产全部没收充公。

贾似道对这些反对党的打击，毫不留情，只要露出一点苗头，他立马铁腕挥出，坚决拿下。他自己的权力已经独一无二，但他仍然假惺惺地推荐叶梦鼎为特进、右丞相兼枢密使，与他分享权力。叶梦鼎知道，自己是无法与贾似道共享权力的。于是，多次推辞，但他能推辞得掉吗？

既然推辞不掉，那就好好干。

当时，利州路转运使王价因为上书言事被免职，不久就郁闷而死，他的儿子上书要求继承老爸的禄位。叶梦鼎直接就批个同意。

贾似道一看，这样的恩惠怎么由你叶梦鼎去做了？他大怒起来，把相关的官员全部免掉。

大家一看，就知道贾似道的这些动作全是针对叶梦鼎的。

叶梦鼎是什么人？当然大家都知道。这位老兄也不服，公开表示不怕贾似道。他公开这些意见之后，就请求辞职。

这事很快就传到贾似道老妈的耳里。贾母还是有点见识的，她把贾似道叫来，说："叶丞相本来并不想当这个官，可你硬逼他当了丞相，现在又这样迫害他，这是人干的事吗？"

哪知，贾似道却一点不在乎，大大咧咧地说："这就是官场游戏。你不懂。"

宋朝的很多大臣都不怎么敢于冒险去跟奸臣作对，但大宋的太学生们却很有胆量。在大臣们都集体闭嘴的时候，太学生们联名上书，说贾似道现在不管国家安危，为了全力巩固自己的相位，不惜把叶丞相打倒下去。

贾似道一看，老妈反对，太学生也反对，这事看来还真的有点过分了，就把临安府尹洪涛叫来，让他出面去和稀泥，去做叶梦鼎的思想工作，说两个人都是丞相，只不过意见有点偏差，就算了吧，大家以和为贵，国家才能繁荣昌盛。可叶梦鼎却不同意，继续上书辞职。

贾似道一看，我就不同意你辞职，让大家知道，在这个朝廷里，我的权力有多大，连你愿不愿当官的权利都掌握在我的手里。当然，他没有自己出面来强迫叶梦鼎留任，而是让赵禥出面宣布不同意叶梦鼎辞职。

都在玩辞职

这些年来，由于蒙古方面因内乱造成了极大的损耗，因此忽必烈一直没有把伐宋的事提上议事日程，使得双方处于相对和平的一段时期。在这段难得的和平时期，蒙古方面的边防将领都在积极备战。宋朝方面，不管是中央还是前方的主官，却没有一点迫在眉睫的战争紧迫感。

蒙古都元帅阿术于1267年的8月率军进入南郡，夺取了仙人和铁城两个营寨，俘获了五万人胜利回师。走到半路时，宋朝的军队出来阻击。阿术一看，不敢硬碰硬，便带着部队从安阳滩渡过汉水，留下五千部队在牛心岭那里埋伏，然后又在前头设了个假军营。

宋军一看，便决定半夜劫营。可当他们赶到牛心岭时，蒙古伏兵齐出，尽管这支伏兵只有五千人，人数远低于宋军，但领队的宋将不是名将，一看到中了埋伏，立刻乱了方寸。在这样的形势下，宋兵被打得大败，死伤一万多人。

这一仗虽然取得了胜利，但蒙古军仍然不敢直接攻打襄阳。

刘整再次向忽必烈建议，想灭掉宋朝，襄阳最关键。以前襄阳是在蒙古帝国手里的，可是因为当时这个地方没有引起帝国高层的重视，导致襄阳被宋朝方面抢过去。这些年来，宋朝方面不断地加固襄阳的城防建设，使襄阳成为进军江南的最大障碍。如果我们拿下襄阳，沿汉水进入长江，那么宋朝基本就可以宣布灭亡了。

忽必烈曾经在这一带打过仗，知道刘整说得很对，便下令征调各路军队，交给刘整和阿术共同指挥，做好进攻襄阳的准备。

蒙古各路军队在大规模地变动着，宋朝中央居然毫无动静，好像蒙古军队的调动与他们无关一样。

贾似道现在觉得蒙古兵离他远得很，现在他觉得有威胁的不是蒙古兵，而是朝廷中的某个或某些大臣。他一边拼命钻研着蟋蟀文化，一边死死盯着大臣们的动静，谁有可能冒出来，他就迅速将其踢开。

你还记得那个谢方叔吧？

对，就是那个搞死余玠，砸烂四川防务的谢方叔。

他到现在仍然活着，而且仍然有野心，想着重新出山。

咸淳四年，也就是1268年4月的乾会节，赵禥到紫宸殿接受大臣们的祝贺。谢方叔也从豫章过来。因为他当过东宫的官员，所以还有资格过来。当然，如果他是空手而来，什么事也没有，无非喝完几杯酒，喊了几声万寿无疆之类的口号之后，跟大家出来，该干吗就干吗。但他来的时候，带着一份厚礼：一琴一鹤，还有一炉金丹。

贾似道一看，就知道谢方叔想以此来给皇帝留一个良好的印象，然后东山再起。贾似道能让他卷土重来吗？他一觉得这个苗头不对劲，立刻给谏官赵顺孙布置了一个任务，上书弹劾谢方叔，说他献上的这些礼品，是居心不良，是想把皇帝往声色娱乐方面诱导。

赵禥一看，想也不想，反正这个谢方叔的名声也不怎么好，现在谏官又这么说，看来是没有错的，于是，下诏谢方叔托名进香，擅进金器诸物，且以先帝手泽，每系之跋，率多包藏，至以先帝行事为己功，殊失大臣体，宜镌一秩。

谢方叔做梦都想不到，自己费尽心机，下大血本，送出了一份贵重的礼物，最后居然得到这个结果。这个结果如果认真算起来，砍头都是轻的。现在看在他是老臣的分上，只是“镌一秩”而已。镌一秩，也就是贬官一级，连断崖式都不算。

谢方叔还在那里手抚胸口，暗叫侥幸，可是以卢钺为首的大臣们看到谢方叔被打下水，立刻开展落井下石活动，罗列谢方叔的罪状，说他害死余玠，把好好的四川局势砸得稀巴烂，实在是祸国殃民的大奸臣。现在他又违反制度私自进献这样的东西，只贬官一级，实在是太轻了。这个老底一揭开，谢方叔立刻臭不可闻，贾似道和赵禥终于找到了局面大坏的根子，立马加罪几等，重新判决：削四秩，夺观文殿大学士、惠国公，罢宰臣恩数，仍追《宝奎录》并系跋真本来上，而且还准备把他以及他的家属成员一起“谪之远郡”。

谢方叔当初玩余玠时，也是这个套路。当他接到余玠郁闷而死的消息时，心情很爽。可现在他才知道，被人家套路，真的很难受。当初他为了实现自己当丞相的野心，不惜陷害主战派，宁愿边关失守、把国家推向危险的境地，也要把主战派人士打倒，最后他真的实现了自己的理想。现在他又再想让自己的野心得到满足，向皇帝行贿，哪知碰上一个比他更不把国家安危当一回事的大奸臣，终于被对方狠狠地痛打一番。

最后，是吕文德上书，请求别这么处分谢方叔，如果朝廷一定要处分他，那吕文德愿用自己的官位来为他赎罪。

贾似道和赵禥现在谁都可以踢出群，但吕文德是他们万万不敢动的。一来吕文德正在襄阳为他们顶住蒙古；二来吕文德又是贾似道最铁的哥们，所以就只把谢方叔的官职夺了，没有再贬到远方。

贾似道现在觉得五日一朝也太浪费他的时间了，就又玩辞职，对赵禥说：“陛下，近来我身体太差了，已经不能上班了，请同意我病退吧。”

赵禥自上任以来，几乎都得用全部精力来对付贾似道的辞职要挟。为了让这个大奸臣继续留任，连作揖打躬的动作都做出来了。现在贾似道又要撂担子，他越想越郁闷，最后居然“涕泣留之”。

可是贾似道一点不照顾赵禥的心情，当面表示坚决“不从”。

后来，赵禥哭着说：“那这样吧，以后你老人家就六日一朝，一月两次参加经筵，可以了吧？”

贾似道这才表示很满意。

赵禥接着又出台了一个更奇葩的政令，要求各州第一把守以后不要再上殿奏事了。这么多个州的第一把手，什么事都上来奏一本，哪管得过来？出什么事，你们自己解决，别老是向中央伸手。你们解决不了，中央也解决不了。

任何人一看这个政令，都知道赵禥绝对是个懒政的皇帝，而且这个懒政对国家来说是很要命的。

叶梦鼎一看，宰相玩蟋蟀，皇帝也懒得看文件，这个国家还成什么样子？急忙上奏指出，各州第一把手上殿奏事是祖宗定下的规矩。这个规矩是有道理的，在他们赴任前，要求他们奏事，就可以知道他们的水平和人品，而且也可以当面告诫他们要勤政爱民、清正廉洁。他们从很远的地方过来，向皇帝述职，皇帝也可以直接从他们那里了解地方的情况啊。皇帝不了解各地的基本情况，拿什么依据来治理这个国家？

不管谁一听叶梦鼎的话，都觉得他说得十分正确。

然而，赵禥再一次让大家看到，再正确的话，不经过他的同意，这个正确也是无效的。他根本没有答复叶梦鼎的话。

叶梦鼎气得连去死的心情都有了。他还有什么办法？别人想当官的思想一冒头，就被贾似道猛打。可他却辞不了职，硬是被绑在这个官僚体制上，当着全国最大的官，却没一点发言权。他只得又上书辞职。

他连续辞职了几次，觉得在形式上跟贾似道都差不多了，而更让他无奈的是，皇帝也不同意他辞职。

赵禥一脸笑容地挽留他，国家需要贾似道，也需要你啊。你也办了不少事，说了不少话，那就再封你个少保吧。

叶梦鼎没有办法，又勉强干了几个月。

到了第二年（1269 年）的春天，他又一次忍无可忍，把一纸辞职书交给赵禥之后，也不等赵禥批复，就独自驾着一辆车，在夜里走了。

赵禥仍然不同意，再次任他为少保、观文殿大学士，但他坚决不接受这个任命了。

赵禥好像知道自己也有点过分了，于是下诏任江万里为参知政事。由此可知，他是知道谁是好人谁是坏人的。可他硬是不愿同意坏人辞职，好像没有贾似道后，地球会停止运转一样。

在两个宰相跟赵禥玩真假辞职的时候，蒙古帝国的两员大将却在汉水那边商量着攻打襄阳。

这两个人就是刘整和阿术。

此时，忽必烈已经提拔刘整为都元帅，职务跟阿术一样。

阿术对刘整还是很尊重的。

阿术虽然是蒙古人，但他知道，要打过长江去，全靠蒙古人是不行的，还得靠汉人。此前他向忽必烈建议，我们的部队很精锐，但如果遇到山水、栅栏之类的障碍物，没有汉军是不行的，应该把一些汉人如史枢之类的将军都配备给我们。

等到刘整过来时，他对刘整说："我们的精锐骑兵机动性很强，行动迅速，他们什么也挡不住我们，但他们的水战比我们牛。所以，我们现在必须训练好水兵，制造大量的战舰。只要这方面做好了，就可以完败他们。"

刘整非常同意他的说法。最后，两人一致决定，先在汉水边的白河口及鹿门山修筑城堡，用来断绝襄阳的粮道。两人把这事向忽必烈进行了请示。忽必烈同意。

刘整和阿术立即行动，修建城堡。

此时，守在襄阳的吕文焕看到蒙古军在那里大搞基础设施建设，一下就猜到了对方的意图，知道要是让敌人的这个意图实现，襄阳的后果就会很严重。他马上派人用蜡书告诉他哥哥吕文德，请大哥尽快想出办法来。

吕文德此时除了对钱财敏感外，对别的事情基本没有反应的能力，他大骂他的这个弟弟："你这是想胡说八道来邀功。你想立功，可以去打击敌人啊，不要玩这样肤浅的套路。告诉你，即使敌人真的修城堡，也没有什么可怕的。襄阳、樊城的城墙坚固得要命，城里的物资储备可以足够十年用。何况还有吕六坚守在那里。你怕什么？如果刘整胆敢前来挑战，我也不怕他。等春天水来时，我还要主动去攻打他。估计我出发时，他就已经逃跑了。"

大家看到这个情况，就知道吕文德已经不是原来的吕文德了，完全是个爱财又傲慢的吕文德了。

阿术看到吕文德不把他们的建设当一回事，就继续在汉水中筑台，以便与夹江堡相呼应。

这两个工程一完工，彻底断绝了宋军增援襄阳的道路，也就是说，襄阳的生命通道已经全面被堵塞，只有在那里等死了。

1268 年，襄阳城里的守军突然觉得，那两个城堡太碍眼了，必须过去打一打。这才整兵出来跟人家打，能打赢他们还是宋朝的军队吗？

阿术本来就想找宋兵来练手，只因为他们都躲在城里，现在攻城时机还未成熟，所以就只在那里等着，还真的等来了宋兵。他带着部队与宋兵大打一场。宋兵被杀死大半。

第二章
突破长江防线

私心作怪

忽必烈终于决定向宋朝的襄阳开展军事行动。

这一次，他派出的前线总指挥是史天泽和枢密副使呼喇楚。

1268年春天，襄阳城外的枝叶还没有吐新芽，吹在人脸上的风仍然刀刮一般。

吕文焕知道劲敌来了，但他仍然抱着一线希望，派人给史天泽送了一批食盐和茶叶，盼望他的军事行动往后拖一点。

史天泽却不管那么多，一到新岗位，便马上修了一道长长的土墙，从万山起，包围了百丈山，先切断了南北通道，再把砚山和虎头山的城堡连接起来，成为一字城。

最先动手的是阿术。他带着部队从白河那里杀出，包围了樊城。这时，宋朝京都统制张世杰带兵出来对阿术搞了一次反击。阿术将之击败。消息传到临安。临安的反应是君臣高度一致地惊惶。很多人认为，必须任用高达，让他去守襄阳，也许能够守得住。这个意见绝对正确。

赵禥也认为正确。但他仍然不敢当面拍板，派人去问自己重用的奸臣。

他派李旺去跟贾似道商量，可不可以派高达去守襄阳？

你就是用脚指头去思考，都会得出贾似道是不会同意的。贾似道能让高达到前线去立功吗？高达要是在这个紧要关头再立大功，他还能继续当头号大臣吗？他当场否决了这个最后可以救一把大宋的建议，理由是："我任用了高达，姓吕的怎么办？"

李旺一听，原来他是在照顾吕文德和吕文焕兄弟的面子。大宋现在算什么？国家的安危，不如一个人的面子。

李旺出来之后，只是一声长叹："吕氏安，则赵氏危矣！"吕氏的官位保住了，老赵家的江山就危险了。这话很容易懂，全国人民都能够理解，但唯独赵禥不理解。

襄阳那边的吕文焕听说高达要到襄阳了，也急起来了。他忙叫几个身边工作人员出来商量，如何应对这件事。自己的职务，永远比国家重要。这就是大宋最后这些权臣的真实想法。

吕文焕觉得自己的脑子不好用了，很谦虚地向身边的工作人员问计。

他身边那些工作人员，跟着他在襄阳这么久，对襄阳的城防没有提出过什么建设性的建议，但在他问这个事时，他们的脑子开动得很快，说："这个好办。我们首先要弄清楚，朝廷派高达前来，是因为襄阳告急。说白了，就是朝廷不相信老大能守襄阳。现在只要让朝廷那边知道，老大是完全有能力有决心保卫襄阳的，朝廷自然就不会派高达来了。何况，还有贾大人作为后台。"

吕文焕一听，妙！到底没有白养你们这些人，关键时刻还是有用的。

吕家确实很妙了，但大宋更不妙了。

当时，吕文焕正好抓到几个蒙古游骑，他便以此为由，向朝廷报告，襄阳前线取得大捷！

吕文焕后来发现，大捷报上去了，却没有多大影响，这才知道自己原来是白忙了。朝廷根本没有派兵前来救援襄阳的意思，不光不派高达过来，连其他兵也没有派过来。

不过，已改任沿江制置使的夏贵居然带着自己的部队前来救援襄樊。他先在新郢那里偷袭阿术。哪知，阿术的警惕性太高，他的偷袭不但没有成功，反而大败。于是，他决定运粮去救襄阳。

此时，因为春水方起，他顺流而来，倒也很顺利地到达了襄阳城下。但这个家伙此前连吃败仗，胆子已经严重收缩。他来到襄阳城下之后，怕蒙古兵前来袭击，只是跟吕文焕作个简单的交谈之后，就转身返回去了。

夏贵虽然多次被对方打败，但此时他还是有点进取心的。当时，雨下得很大，江里水很多，特别利于水师的活动。于是，他也想靠水师来跟敌人打一打。他分派水师到东岸的林谷间，到处骚扰蒙古兵，想引诱蒙古主力出来，然后他可以乘虚去夺取新城。

可阿术是什么人？他能上这个当吗？

他看到夏贵的水师在那里不规则地出没，就知道夏贵想干什么，他对部下说："夏贵这么干，是在骗我们。大家别理他，只在这里观看他的表演，看他能折腾到什么时候？我们只好好地守住新城。"

果然，夏贵在那里表演之后的第二天，就按计划去攻打新城。可才到虎尾洲，蒙古的万户解汝楫突然率水师冒出。

夏贵这才知道，中计的不是敌人，而是他自己。宋军看到中了对方之计，都慌乱起来。于是，被解汝楫的水师打得大败，五十多艘战舰全部被击沉。

夏贵这才知道，玩智商他永远玩不过人家。

当时，宋军的另一支军队在范文虎的带领下，也过来支援夏贵。可他才到灌子滩，还没有看到夏贵军的旗帜，就被人家打败。他败得也很惨，几乎全军覆没，只有他靠着技术精湛，独自驾着小舟逃了出来。

夏贵虽然在想办法救吕家兄弟。可是吕文德却救不了自己。

他靠在战场上打拼一步步高升，最后成为军方高级领导人，这些年国家放心把大宋最重要的地方襄阳让他防守，足见他在大宋军中的地位。吕文德虽然长得粗枝大叶，但心思却很细，尤其对朝廷的权斗看得比别人透，于是从赵葵的阵营脱身而出，投靠了贾似道，很快就成为军方第一牛人。他虽然投靠贾似道，跟着老贾陷害过别人，也很爱财，但他并不是投降派。蒙古兵也很怕他。在他守襄阳时，基本不敢对他怎么样。他因为太想发财了，同意开了那个榷场，只是他不应该再次同意对方修筑土墙，从此使襄阳的防守陷于彻底的被动。

吕文德从此就天天后悔，天天郁闷，常常陷于自言自语的状态："误国家者我也！"关键是，他很后悔，也很郁闷，但他却没有放下的勇气，让别人出来收拾残局，也许局面还好一点。最后，他就在这个自言自语中"因疽发背"，主动把权力交给了皇帝。致仕手续才办好，他也走到了人生之路的最后一步——死了！

他死了之后，按说，可以用高达之类的防守超人来主持大局了。

可贾似道却任命那个刚刚打了败仗的范文虎殿前副指挥使，禁总兵。至于襄阳前线，他根本不管。贾似道不管，赵禥也不理。

范文虎是吕文德的女婿。这家伙打仗的水平比吕文德差远了。

贾似道喜欢的就是这样的人。

当然，襄阳还是要救的。夏贵败了，范文虎败了，就只好让李庭芝出马。

李庭芝是宋末的一位牛人。据说他出生的那一刻，他家的屋梁上生出一朵灵芝，大家都觉得惊奇，于是他老爸就用芝字作为他的名字。他还是个神童级的人物，还在很小的时候，每天能诵读一千个字。十八岁那年，王旻当随州的老大。李庭芝就对家里的人说："王旻太贪太残暴，随州迟早会发生乱子，我们家还是迁走吧。"大家勉强相信了他的话。他们走了不到十天，随州果然就发生了动乱，死了很多老百姓。

李庭芝本来很想通过科举来获得功名，实现自己的远大理想。可是因为长江一带战事太多，他不能参加乡举。于是，他就直接向当时的牛人孟珙写信，这封信不是一般的信，而是一篇策论。

孟珙一看，这个策论真不错。夜里睡觉，又做了个梦，梦里有人前来告诉他，李尚书将要来拜见他。第二天醒来，来拜见自己的是李庭芝。

孟珙除了能打仗外，还精通相面业务。他第一次看到李庭芝时，就对他的儿子们说：“我相过很多人的脸面，从没有谁像他这张脸。他以后的名位能超过我。”

正好四川一带危机，孟珙就把李庭芝派到施州当建始县的知县。

李庭芝觉得自己靠投奔孟珙成为公务员，以后会被人家说闲话而底气不足，于是又参加了科举，终于被录为进士。中了进士的李庭芝仍然去当孟珙的参谋。

孟珙虽然人品很好，个人能力也强，多次挽救大宋于垂危之时，但他仍然留下一个败笔。这个败笔就是在他临死的时候，力荐贾似道接替自己的职务。估计他也知道贾似道不是国家栋梁，只是因为看到他的面相太贵了，看出大宋朝廷会是他说了算，现在提前举荐他，自己的后代就可以安然生存下去了。

当然，他在向皇帝举荐贾似道时，也没有忘记向贾似道举荐李庭芝。

孟珙死后，李庭芝像他的儿子一样，扶送孟珙的灵柩回兴国埋葬，而且还弃官回家，为孟珙服丧三年。

不但孟珙知道李庭芝有水平，连赵昀也知道。后来，在讨论谁去守扬州时，赵昀说了一句：“没有谁比得上李庭芝。”当时，李庭芝的老妈刚逝世，他正在居丧。但朝廷不允许，下诏夺情，任命他为两淮制置司事。他在这个岗位上，多次打败野心家李璮。

现在危急，大家又想到可以派他出马了。

虽然贾似道也曾看在孟珙的面子上，没为难过李庭芝，但范文虎却坚决不同意李庭芝来襄阳。李大帅来了，他们吕氏家族的权力就会大大地削弱。

何况，夏贵和范文虎都相继被蒙古兵打得遍地找牙、大败亏输，要是让李庭芝打赢了一仗，他们的脸面就彻底地没了。范文虎在李庭芝还没有到来之前，就已经把一封信送到贾似道面前，说：“只要我带几万人进入襄阳，就完全可以搞定蒙古人。请你给我足够的权力，不要让别人来指挥我。等成功了，所有的功劳都划到老大的名下。”

他揣摩贾似道的心理，比他打败仗的水平高得多了。

贾似道一看，所有的功劳全记到自己的头上，这样的下属才让人放心。但李庭芝已经到任，马上踢开也不好意思，于是就提拔范文虎为福州观察使。

李庭芝知道，当前形势下，晚出兵不如早出兵。现在宋朝败仗打得太多了，必须打出一个胜仗来鼓舞一下全国人民。可是他下令范文虎出兵时，范文虎直接不理。最后，他发现，自己的部队也被贾似道牵制得难以动弹。

而范文虎在忽悠贾似道之后，并没有进入襄阳把蒙古打败之后归功于贾似道，而是每天吃喝玩乐。李庭芝派人来约他出兵，他说，圣旨还没有到，我们还是先别动吧。

李庭芝还有什么办法？

危城壮士

这时，宋朝的朝野都在骂贾似道误国，有人才不用。

贾似道只得苦着脸，任命高达为湖北安抚使、知鄂州。当然，他顺手又把孙虎臣提拔了一下，让孙虎臣为淮东安抚副使、知淮州。

江万里认为襄樊一带仍然不够坚固，要求朝廷再派兵去增援，再不增援以后就没有增援的机会了。

人家问为什么没有机会了？

江万里回答得很简洁：到时那地方已被蒙古兵占领了。然后蒙古兵再顺江而下，后果如何我还用说吗？现在襄樊已到最危险的时候，我们这里好像没事一样，真是奇了怪了。

贾似道一听，满脸怒色，以前你老在先帝那里叽叽喳喳，被赶出朝廷，现在刚回来当个丞相，却一点不吸取教训，又开始唱衰大宋，我就是不派兵。

江万里呼吁多次，贾似道就是不理，当然赵禥也跟着不理。

江万里一看，知道自己这些话全是白说了，就上了个表，辞职了事。赵禥就让他离开京城去当福州知州。

这些人被赶出了首都，贾似道以为自己的耳朵从今之后就清静很多了。他现在手中的权力远比此前的几个宰相大，但他仍然不满足，仍然想增加自己的特权。大家都知道，他只要想扩大自己的特权，就说辞职。这一次，他干脆自导自演，辞职报告送上去之后，就叫学士直接起草诏书。这个诏书当然是为了大宋江山和大宋人民挽留他的诏书。当时，负责起草诏书的就是后来大大有名的文天祥。

文天祥当然知道贾似道的把戏，拿起笔来就写，里面全是讥讽他的话。贾似道拿来一看，当然气炸了肺，但又不好意思当场发作，便叫另一个人修改。文天祥知道贾似道真的生气了，自己要是还在这里上班，后果是会很严重的，因此在第一时间里就打报告，请求解职。

贾似道先是把他降为秘书监，然后又暗中指使张志立弹劾他，接着宣布依法依规把文天祥的职务全部罢免。

文天祥被罢了官，贾似道的特权又进一步增强。

赵禥下诏以后贾似道入朝不必参拜，每次退朝时，皇帝必须起身避席，并目送他出殿没有影子之后，才能坐下，而且以后十日才上朝一次，其他时间，他爱干啥就干啥。

此时，蒙古军的刘整和阿术天天训练水兵，他们在江边制造了五千艘船，组建了一支七万人的水师，即使下雨不能到江中操练，也要画地为船进行练习。其他各路陆军都在不停歇地围攻襄樊。

襄樊城中的军民，都已经被打得眼睛都睁不开，盼望着朝廷派部队出来支援他们。

可是贾似道却天天在葛岭那里，修建着自己的悠闲场馆。这个场馆修成之后，他还取了个很有文化的名字：半闲堂。他几乎全天都在半闲堂里，以玩蟋蟀为第一业务，顺便把一个宫女叫来当自己的小妾，后来他发现妓院里的小姐有很多都长得好看，就把这些他看中的人都叫来，一一安排当自己的小老婆。不久，他又发现，很多尼姑其实也都大解风情，同样叫她们进来侍候他。

你一定要知道，玩蟋蟀的人基本都是赌棍。当襄樊一带的将士在与敌人舍命搏杀的时候，他带着自己的一群美女在半闲堂里没日没夜地赌博。他的豪宅只准许他以及那些赌徒来来往往，别人不得入内。

他一个小妾的哥哥虽然知道他有这个规矩，但想到自己的妹妹正在得宠，自己进去看看，应该没什么吧。哪知，他才一脚跨进去，恰好贾似道看到，立刻大喊大叫着让人把他绑起来，二话不说，直接丢进火坑里。

贾似道玩蟋蟀是很投入的。他带着一群美女趴在地上斗着蟋蟀。他有个门客就笑着说："这才是军国大事啊。"

他理都不理。这哪是军国大事？这是比军国大事更大的事啊。

他不光爱玩蟋蟀，也爱玩珠宝，只要听说谁有什么好玩的珠宝，不管是活人的还是死人的，他都要想办法弄到手。你想想，两代皇帝都被他弄得想哭，这个天下他还怕谁？他听说余玠有一条玉带超级好，但已经被殉葬了。殉葬算什么？挖出来就是了。他派人去把余玠的坟墓挖掉，然后取了出来。他通过各种手段，拿到大量的宝物，然后每天在家里很有品位地把玩着这些东西，基本不再上朝。

由于边关吃紧，府中的人就免不了要谈论到这些话题。贾似道一听，就立刻开骂，不是说这里只玩乐不谈国事吗？你们这么关心国家大事，为什么不跑到边关去？

有一次，赵禥问他："襄阳已经被困三年，该怎么办？"

贾似道说："蒙古兵早已退走了。陛下是从什么渠道知道这个消息的？"

赵禥老老实实地说："是一个宫女说的。"

贾似道立刻把那个宫女查了出来，然后来个诬告陷害，把她弄死。

大家一看，谁还敢说边关吃紧？谁还敢说国家到了最危险的时候？谁说国家危险，谁就立刻危险。

朝中没有一个大臣能献出一条打退蒙古的计策，但不代表大宋没有这方面的人才。有个叫金履祥的人认为，目前襄阳被围困，我们正面战场打不过蒙古兵，可以找个敌人虚弱的地方下手。比如，可以派重兵由海道直击燕蓟。蒙古兵知道后，必定会撤襄樊前线的部队回去。如果有战略眼光的人听到这个计策，肯定认为很可行。可当时赵禥只认为贾似道的话才可行，贾似道都说不可行，就一定不可行。

在大宋君臣对襄阳不管不顾的时候，史天泽却在开会商讨进攻襄阳的大事。

张弘范说："我们围困襄阳这么多年，其实就是想把襄阳围困到让他们坐以待毙的程度。可是他们能坐以待毙吗？他们一没有口粮，我们只能眼睁睁地看着夏贵的船队把物资送过去。更要命的是，江陵、归、陕一带的士兵们都可以进入襄阳，而襄阳城里需要休整的士兵也可以很自由地出来，到外地休整。大家想想，这样的襄阳什么时候才可以自毙呢？"

那该怎么办？都围攻几年了，难道要放弃？

张弘范说："当然不能放弃。我们可以在万山筑城，断绝他们的西路，还要在灌子滩那里立栅栏，切断他们的东路。这才是让他们快速灭亡的办法。"

史天泽同意这个建议。

到了这个时候，那个为了阻止李庭芝立功而吹牛的范文虎终于主动出来跟阿术打了一仗，结果毫无悬念地打了个大败仗。而且败得很难看，连统制朱胜等手下高级将领都成了对方的俘虏。但宋朝仍然不把精力放在襄阳的防守上。

蒙古帝国却在加大攻击襄阳的力度。他们除了加派重兵围困襄阳之外，还下令赛音谔德齐、郑鼎等人攻打嘉定；命汪良臣、彭天祥出重庆；扎拉布哈出泸州、立吉思出汝州，全面牵制宋兵。此时宋兵已全无斗志，蒙古帝国部队一到，基本都是象征性地抵抗一下，然后全面溃散，大量的浮桥被蒙古各路部队斩断，大量的战舰成为蒙古帝国的战利品，很多士兵也成为蒙古帝国的俘虏。

范文虎仍然不服，再带十万水师，浩浩荡荡出来，一直抵达鹿门。

大家知道，在水军方面，宋军远比蒙古军生猛，可是近来蒙古兵也苦练水兵，虽然与宋朝的水师还有差距，但由于范文虎只看到自己的长处，却没有看到天时和地利。现在汉水大涨，水势凶猛，本来是水战的大好时机，可是范文虎却是从下游往上游攻击的，是逆水而战。这跟送死其实没有多大的区别。

阿术看到范军浩浩荡荡地杀来之后，下令夹江为阵，主力部队则顺流直击范文虎的部队，把范文虎打得大败。范文虎一看形势大坏，连夜逃跑。于是，十万水师及战舰都为对方俘获。

范文虎两战皆输，再一次证明他除了内斗生猛外，没有别的本事，而宋朝却一定非重用他不可。宋朝的灭亡，不是蒙古帝国造成的，而是赵宋王朝自己作死的。

1272年的3月，阿术、刘整、阿尔哈雅终于攻破樊城的外城。

宋军继续坚守内城。

樊城守将张汉英看到外援不到，而内城也已到了危在旦夕的程度，他很想把这个情况向朝廷报告，可是城池已被包围得没有一点缝隙。后来，他招到一个游泳健将，写好蜡书，插在游泳健将的头发里，然后泅水偷渡出去。这个游泳健将为了安全偷渡出去，就捆了一大捆柴草放在水面上，自己躲在柴草堆下，顺着江水出去。

哪知，游泳健将堆的柴草太多，到了隘口时，那里的蒙古兵一看，有这么多柴草送上来，咱可以钩上来送给后勤班，够烧几天了。于是，就用铁钩一钩。谁知，柴草下居然还有个人。他们根本不用问，就知道这是城里派出的信使。

张汉英本来在信中说："鹿门既筑，势须自荆、郢援救。"意思是，敌人已经在鹿门方面筑好城墙了，救援部队只能从荆郢方向来。

刘整和阿术一看，原来还有一条道啊。要不是这封信，还真没发现这个漏洞。于是，他们做好了防范，樊城最后的救援之路被断绝。

当然，以贾似道的风格和水平，即使他知道有这条通道，他也不会派援兵出来的。

樊城已经走进了绝境，襄阳也同样危险。

虽然吕文焕还在坚守，并且吕文德曾叫嚣说襄阳的物资可供十年之用，可现在才五年，粮食就已经所剩无几，盐、柴、布等生活必需品已经没有了。没有了这些东西，人心开始浮躁不安。

刘整和阿术攻得更加频繁。

赵禥这才不得不下诏李庭芝移屯郢州，准备救援襄阳。直到现在才得到军事指挥权，李庭芝也没有办法了。

阿术和刘整更加不怕李庭芝。

这些年来，他们包围襄阳樊城，然后把宋朝各路援兵全部打败，消灭了很多宋朝的有生力量。宋朝的部队其实也不少，能打的也很多，但由于决策圈专门做失误的决策，致使军事力量不断弱化。现在李庭芝手里的部队也不多。

李庭芝占领长江边的要津之后，决定派部队去救襄阳。

他亲自去寻找援救的线路。最后，他只在襄阳西北面发现一条叫清泥的河流还有点漏洞。于是，他抓紧时间制造了一百艘轻舟，然后每三舟连为一舫。中间一舟用来装物资，左右两舟则空其底，而掩覆起来。然后招募了三千人组成敢死队，送物资到襄阳去。敢死队的队长也是从基层发现的，一个叫张顺，另一个叫张贵，向来都很勇敢。他们勇敢到什么地步？当地的老大们都佩服他们。

两人当了敢死队的带头大哥，把所有敢死队的成员都叫过来，对大家说："此行一定会战死。谁怕死的，现在退出还来得及。不要勉强跟着，坏了我们的大事。"

三千人没有一个退出，都踊跃前往，大家表示就是不怕死才报名参加这个敢死队的。

于是，大家做好准备，等汉水高涨时，发舟而下，慢慢地进到团山下，然后进入高头港口。百艘轻舟都结成方阵，然后在船上架起火枪、火炮以及各种兵器。等到半夜时，突然举火为号，向蒙古水师阵地冲过去。

到了磨洪滩，他们发现，江面上布满了蒙古水师的大船，一艘连着一艘，根本没有一道缝隙。但已经不能退回去了。

蒙古水师看到宋兵援兵又到了，可是才这么几艘小船，也太不成规模了，以前那么多的援军来，都统统被我们消灭，现在才来这么一小队，打起来真没有意思。

张贵和张顺知道，现在撤退不但是丢脸的事，而且也来不及了，反正领了这个任务就已经说过，时刻准备死去。两人立刻做好分工，张贵在前头打冲锋，张顺殿后。

他们挥起巨斧，砍断铁索，冲了进去。

蒙古水师在水中打了很多木桩，但都被他们钻过去。蒙古兵知道这个小分队真的很生猛，这才拿出精神来围剿他们。可他们装备甚好，人又不怕死，一路冲杀，火力全开，居然转战一百二十多里。数万蒙古兵居然拦不住他们。他们来到襄阳城下。

襄阳城里的人已经几年没有看到大宋军队前来救援他们。这时突然发现这个小分队冲杀进来，无不士气大振，把他们接应进去。

当所有的人都进去之后，敢死队的兄弟们突然发现他们的带头大哥张顺不见了。

大家看着江面。此时大战已停，江上波光闪闪，已经没有什么人影了。

几天过后，大家发现江面上有尸体漂浮，打捞过来一看，果然是张顺。他身中四枪六箭，脸上仍然怒气冲冲，一副活生生的样子。

终于攻克襄阳

这一段时期，忽必烈安心做着大汗，没有再像以前那样亲临前线了。

他在这一年做了一件事，就是听从刘秉忠的建议，定了国号。这个国号就是“元”。这个元是有一来历的。刘秉忠的解释是从《易》里那句“大哉乾元”里的“元”字。从此，中国历史正式进入元朝时代。不过，忽必烈没有改年号，继续沿用他的“至元”年号。

从现在起，我们将称蒙古帝国为元朝，蒙古军为元兵。

张贵很勇敢，也不怕死。他进入襄阳后，吕文焕也不敢轻看他，请他跟自己一起成为襄阳的主将。吕文焕现在太需要这样的勇将了，而且张贵部突破元兵一百多里的防线，把物资送到襄阳，襄阳城里的军民都已经把他当成神一样的存在。他要是离去，对襄阳的士气也有影响。

可是张贵却不愿留在这里。

吕文焕说，出去很危险。

张贵不怕。

张贵认为，如果长期这样死守下去，襄阳将注定没有活路。他必须去请郢州那里的范文虎出来，内外夹攻元兵。

可以说，张贵的思路是襄阳目前唯一的出路。

张贵选了两个水性特别好的兄弟，让他们带着蜡书，潜水到郢州。当时元军在水面上打了密密麻麻的木桩，并用铁链连接，一连封锁几十里。当时，元军上下都一致认为，就是鱼虾都难以通过。然而事实是，张贵那两个兄弟不是鱼虾，他们潜到水里，割断木桩，顺利到达郢州。

张贵的第一个目标达到了。

张贵看他那两个兄弟看得很准，但他却看错了范文虎。

范文虎是什么角色？大家都已经知道。他接到蜡书之后，立马答应派出五千兵到龙尾洲那里与张贵夹攻元兵。

张贵把敢死队集合起来，决定再次冲击元兵。他点名时，发现少了一名士兵。这名士兵此前曾经被处分过。他一看就知道大事不好，但他不能失信于范文虎，因此决定在敌人所有准备之前，先行动手。他下令开船，连夜突破元兵的封锁线，向东进发。

这时刘整和阿术已带领战舰前来迎击。张贵虽然人数不多，但个个奋勇，举着火把，拼死冲杀，元兵不能阻挡。他们很快就接近了龙尾洲。

他们远远地看到龙尾洲那里战舰很多，旗帜也很多，以为范文虎的部队已经前来接应，不由精神大振。然而当他们奋力冲到那里时才发现，那些大船全是元军水师。

范文虎的部队哪里去了？

原来他在答应张贵之后，怀疑这几天风水不利，不宜打仗，居然后退了三十里。刘整知道宋兵主动放弃这个要地之后，立马派兵抢占。

张贵这才知道，有这样的队友，就只有送死了。他没有办法，只得拼死到底。他们人数本来就不多，而且大战到现在，体力已经耗尽。张贵身边的人越打越少，最后他也身受重伤，被阿术活捉。

阿术很想把张贵变成自己的手下，劝他投降。但张贵坚决不投降。阿术知道，这样的人你怎么劝都是无效的，只好下令处死。张贵一死，襄阳最后的希望彻底破灭。

阿术和刘整知道张贵对襄阳军民的信心是很重要的。他们下令四个投降过来的宋军抬着张贵的尸体来到襄阳城下，高声大叫：“你们都认识张都统吧？这就是他的尸体。”城上的人往下一看，那具尸体果然是张贵的，不由都放声大哭起来。

吕文焕大怒，下令把那四个抬尸男子全部杀死，把张贵的尸体抢过来，然后跟张顺合葬一处，还建了两座庙来供奉二人。

宋廷在前线上打不过元兵，就把责任都推给刘整，认为目前元兵能保持这么生猛的高压态势，完全是刘整给元兵献计的结果，于是他们又想把刘整策反。宋廷决定派永宁僧带着赵禥的亲笔信去见刘整，说刘大人要是同意回来，我们就任命刘大人为卢龙军节度使、燕郡王，而且还带着金印、文书、兵符一起过去。只要刘将军答应，这些任命就立马兑现。

永宁僧才进入元境就被人家发现，而且很轻松地就被人知道他的目的。

忽必烈一看，觉得事关重大，就叫张易和姚枢全面负责审理。

刘整听说之后，全身冒汗地从前线赶回，求见忽必烈，说：“陛下，这是敌人的阴谋诡计啊。他们怕襄阳被我攻破，这才用这个计策来杀害我啊。”

忽必烈是个聪明人，听刘整这么一说，立刻识破宋廷的这个诡计，下令大大地赏赐了刘整，叫他回到前线去，努力攻破襄阳，拿下这块硬骨头，用血来回答宋廷的阴谋。然后当场把永宁僧处死。

这时，阿尔哈雅说：“陛下，咱们攻打襄阳已经很多年，就是没有打下来。我看，还是要先拿下樊城，断绝它对襄阳的援助。我敢保证，樊城被克，襄阳接着就会被拿下。”

忽必烈同意。

恰在这时，有几个回教徒制成了一种石炮，叫巨石炮，威力极大，射程很远。忽必烈下令把这个新式武器拿到襄阳前线使用。

刘整被宋廷玩了一把，回到前线后，加大了攻城力度。

当巨石炮送到他手里后，他决定先拿樊城来试一试。他派随世昌到鹿头山修建新城门。樊城里的宋军看到后，就派兵过来攻打。随世昌把士兵分成两批，一批继续搞建筑，另一批与宋兵打。如此边打边战，居然只用一个白天就完工。

随后刘整又给随世昌布置第二个任务，带两百士兵在樊城的拦马墙外竖起掩蔽巨石炮的帘子。

这时已经是1273年的冬天，夜里大雪纷飞。樊城里的宋兵看到元军这些天都这么忙，知道肯定要做进攻的准备工作，因此也没有闲着，不断地向元兵放箭、扔石头，即使晚上也不停。

随世昌的部队在宋兵密集的箭雨中，死伤无数，但并没有退缩，到天亮时硬是把炮帘树立起来。

随世昌仍然没有休息，带着部队乘着风向宋兵江上的船只放火。虽然大宋的水师都知道赤壁大战的故事，可这时仍然着了道儿，大船被烧坏了很多。城里的宋兵很生气，就出城来跟随世昌大战。随世昌奋力死战，以少敌多，虽然身上血迹斑斑，但仍然不退缩。最后，把宋兵又打回城里。

刘整下令用巨石炮攻打樊城。

樊城的守将叫范天顺和牛富。他们看到元兵的攻势空前凌厉，自己再怎么拼命也守不住了。本来，以前襄樊互为犄角，互相救援。可现在樊城被打成这个样子，范天顺和牛富都不见吕大帅派人来救一救，便写好信绑在箭头上，射到襄阳城里，向吕大帅求救。

当然，两人还是带兵与元兵死磕，一点不放松。双方你来我往，打得异常激烈。

这时，张弘范也被流矢射中。

张弘范包扎好伤口，去见阿术大帅，说："现在咱们打得已经很努力了，可是仍然没有拿下樊城，主要原因就是，我们一打樊城，襄阳的宋兵就来救，我们一打襄阳，樊城的宋兵又去干扰，还是集中精力先把樊城干掉吧。"

阿术说："那就这样打吧。"

当时吕文焕为了襄樊两城能够相互救援，就在水面上打桩，然后用铁链连接，再辅上木板，做成铁索桥，把两城连了起来，成为互相救援的通道。

阿术采纳张禧的建议，先把这条通道毁掉，才能使樊城孤立起来。他派出工程兵，锯断木桩，砍断铁链，烧掉浮桥，一下就把吕文焕多年经营的救命通道尽数毁掉。

襄樊两城的守军只能眼睁睁地看着元兵在干这些破坏活动，一筹莫展。

干完这些活后，元兵集中力量对樊城发起了最后的攻击。

樊城本来就已经摇摇欲坠，此时孤立地面对元兵最精锐部队的围攻，迅速沦陷。

范天顺在宣布城破时，大声喊了一句"生为大宋臣，死为大宋鬼"的口号后，自缢而死。牛富还带着一百多名士兵，继续拼命。他们在城里与元兵开展巷战，使元兵死伤不计其数。他们知道自己已必死无疑，因此并没有后退，而是挥刀向前砍杀。饥渴时，就喝着水血。后来，牛富受了重伤，身上没有力气，就头撞柱子、冲进大火里死去。

牛富不是名将，但他在这里坚守这么多年，把大元的很多名将挡在城外，而且死得很壮烈。牛富在烈火中倒下之后，他的副手王福也跟着冲进火里英勇牺牲。

樊城一失，襄阳就更危险了。

吕文焕看到樊城插上了大元的旗帜，不由放声大哭。

此时，襄阳城里也已经困难重重，物资已经到了奇缺的地步。很多居民由于没有布，只得用公文的纸和纸币拼接起来当衣服；没有柴火，只得拆掉房来烧。

这些问题，吕文焕实在无法解决。他只得不停地向朝廷告急。

赵禥当然很急。但他只会着急，却没有办法。他以为贾似道会有办法，便向贾似道讨教。贾似道当然有办法，但不是救襄阳的办法，而是对付赵禥的办法。

这一次，他没有再辞职，而是大声宣布，自己要代表朝廷去巡边了，也就是说他要亲自带着部队上前线砍人，为大宋力挽狂澜。其实，他早在私下做好布置。当他亲征的宣言才出台，谏官们就已经排队上书，请皇帝一定不要派贾似道大人出朝。现在国家危险，朝廷正需要贾大人居中调停。如果他带兵去打仗了，谁在后面当总指挥？襄阳可以丢掉，贾大人不能上前线。

赵禥一看，只得下令贾似道不能出征，至于吕文焕在那里孤军奋战，就自求多福吧。

元兵拿下樊城后，把攻城装备全部搬到襄阳城外，对着襄阳城全面开火。

第一轮攻击就打中襄阳城的鼓楼。

当时，大家只听到雷鸣般的声响，鼓被击垮下来。城里军民一片人心惶惶，不少将领都知道襄阳也会跟樊城一样，很快就成为元兵的沦陷区，与其被打败再投降，不如提前出去。于是，他们都默默地低头出城，向元军缴械投降。

刘整觉得劝降吕文焕的时机已到，就骑马到城外，做吕文焕的思想工作：你们兄弟帮大宋守襄阳已经守了这么多年，可是贾似道怎么对待你？连我都知道你给赵禥送了很多告急的信，可他们急过吗？这样的人值得效忠吗？

他还在那里发表劝降演说，吕文焕已经不耐烦了，急令几个神箭手，要把他射死。但见一阵弓弦响起，刘整便看到一批箭头向自己射来。他料不到吕文焕会来这一手，一时躲闪不及，被利箭射中。幸亏距离比较远，他穿的铠甲又厚，这才没有伤及皮肉。

刘整大怒，发誓把襄阳城全部粉碎，打败吕文焕。

但阿尔哈雅却不同意这么干，他又骑着马来到城下，向吕文焕宣读了忽必烈的劝降诏书，然后说："你们在这里坚守五年，天天奋勇杀敌，于你们而言，是绝对应该的。只是现在城破在即，内无粮草，外无援兵，对城里几万群众又如何交代？如果你能够投降我们，我们一定会优待你们，还会给你大官当。连我们的皇帝陛下都亲自给你下诏书了，这个待遇已经很高了。"

吕文焕站在城头上，不再下令放箭了。

阿尔哈雅知道吕文焕的态度已经松动了，就拔出箭杆，当场折断发誓。

吕文焕终于同意投降。挡住了蒙古大军整整五年的襄阳终于告破，同时也宣布赵宋王朝最后的时刻已经到来。

吕文焕在出城时，先交出城门钥匙，然后就当场向阿尔哈雅贡献打下郢州的大计，并请求派他当先锋。

这时，大宋的降将也跟以前的金国一样，在自己的势力范围内，老被人家打得很窝囊，可一旦投降蒙古，都变了一个人似的，不但勇气倍增，而且思维系统像得到升级了一样，攻打自己祖国的点子硬是层出不穷，这个阴谋刚刚出台，下一个诡计又新鲜出炉，优势表现得很到位。

吕文焕随阿尔哈雅去见忽必烈。

忽必烈任命吕文焕为襄阳大都督。

消息传到临安，全国人民都人心惶惶。

只有贾似道跑到大殿上，猛烈批评赵禥："当初我多次要救巡边，可是陛下就是不允许。如果陛下当初允许我上前线，现在局势就大不一样了。"

赵禥看着贾似道，又看着一帮谏官，也有点摸不着头脑了，为什么会是这个样子呢？自己当初为什么要答应谏官们的要求呢？这个皇帝真是当得太窝囊了。

大家看到这个样子，个个都知道，他必定继续窝囊下去。

贾似道更希望他继续窝囊下去。

可他却不再窝囊。他不再窝囊并不是他突然脑洞大开，觉悟起来，而是他死了。他死时，只有三十三岁，正是生龙活虎的大好年华。

皇帝死了，必须立刻找一个新的来顶替，虽然现在大宋的皇帝也不是什么好职业，但总得有人干。

大臣们都认为建国公赵昰可以接过赵禥的班。他不是嫡子，但他年纪大一点。现在国家危急，需要个稍微成熟点的人来主持大计。可贾似道不同意。

大家还有什么话说？反正到了这个时候，谁当皇帝都救不了大宋。谁当皇帝，都得听贾似道的。大宋现在需要的只是贾似道而不是别人。

贾似道决定立赵㬎为皇帝。这时赵㬎四岁，所有的权力当然全归贾似道了。

出使日本

阿尔哈雅带兵灭了襄阳之后，信心立刻爆棚，强烈建议忽必烈马上南下伐宋。

忽必烈问阿术："现在时机真的很成熟？"

阿术说："臣长期在江淮一带打仗，对宋兵还是很了解的。现在的宋兵比以前更加没有斗志了，现在不抓这个机会去打他们，只怕以后再没有这样的机会了。"

忽必烈又把史天泽叫来，问他的意见。

史天泽说："伐宋是大事，应当让国家最高级别的大臣如安童或伯颜这样的人出来统率所有的军队。至于我，年纪虽然已经有点大，但还可以当个副手。如此一来，才能确保一战功成。"

忽必烈说："你说得很对。宋朝看上去虽然很软弱无力，但综合实力还是有的。一个襄阳就让我们打了这么多年，所以还是谨慎一些为好。我看伯颜可以担当此任。"

阿尔哈雅接着说："现在前线的部队肯定不够，还需要征调十万精兵。"

忽必烈下令让中书省立刻招募十万新兵。

此刻，忽必烈不但想着伐宋，还想打过东海去，把日本也收拾了。早在此前，他就派赵良弼出使过日本，打探岛国的虚实。

赵良弼当年因为李璮之乱被诬时表现得很坚强，很得忽必烈的信任，任他为经略使，领高丽屯田。但他认为自己去高丽屯田实在不便，就"固辞"。忽必烈就让他去出使日本。本来，忽必烈老早就盯着日本了，曾多次派人渡海去跟日本人见面，但那些使者都太无能，去了几次都不得要领。于是，赵良弼说："大汗，让我去。"

忽必烈说："你年纪有点大了。风浪那么大，还是让年轻人去吧。"

但赵良弼一定要去。忽必烈只得同意，准备派三千精兵当他的警卫部队，但他说不用，只带了二十几个人，就宣布启航出海。他们先到一个叫金津岛的地方，岛上的人突然看到这个大船出来，便都举刀围拢过来。

其他代表团成员都很紧张，那些日本人虽然很矮，可人多啊，刀很亮啊。赵良弼却不怕，他从船上下来，然后到岸上去。日本人看到他是个老人，胡子都白了，手中又没兵器，就慢慢把刀放下，想看他做什么。

赵良弼很镇静地向他们做了一次宣讲，说是大元帝国皇帝派他来的，不是来打仗的。哪有只带这么多人来打仗的道理？

日本人把他请到屋子里。

大家看到这里，以为可以上岸吃喝了。

哪知，日本人却把屋子关起来，个个举着兵器把他包围起来。到天黑时，就把蜡烛吹灭，然后大喊大叫，赵良弼从头到尾都保持着淡定的神态。

日本人看到自己搞了这么一夜，居然是白搞了，也就软了下来。

天亮的时候，日本太宰府的老大把士兵排列在四周山上，然后问赵良弼是来干什么的？

赵良弼却一脸严肃地列举了他们的罪状，最大的罪状就是对大元帝国不恭敬。你一个小小岛国，居然敢把大蒙古帝国不放在眼里？你们到底想做什么？

太宰官一听，就有些情绪不稳定起来，脸也有些发红，然后问赵大使要国书。

赵良弼不给，说："国书必须见到国王才能拿出来。"

过了几天，这个太宰官又找了个理由索要国书。他的理由是："我国自太宰府以东，上国使臣都没有到过。现在天朝派代表团过来，若不见国书，我们怎么相信你们是天朝大国派来的？"

赵良弼冷冷一笑："以前隋文帝派裴清来的时候，你们国王出城迎接；唐太宗、高宗遣使来，都见到你们国王。难道你们国王就不愿跟我朝见面吗？"

这个太宰官就是不死心，还是要国书，如果不给，就派兵把你抓起来。但赵良弼只给他副本。

太宰官说："告诉你，现在大将军准备带十万大军来抢要这个国书。"

赵良弼说："一百万大军来也不给，你就是砍我的头我也不给。只有见到国王，我才给。"

太宰官这才知道碰上硬骨头，只得表示不再用强，派十二个人带他们去见日本国王。

赵良弼在日本一年多，到至元十年的五月才回到首都，与忽必烈见面。

这时，忽必烈想出兵日本，当然得问一问赵良弼，可不可以出兵。

赵良弼虽然在岛国上一点也不怕日本人，但他仍然反对出兵日本，理由是："我在日本住了一年多，看到那里的人个个都凶狠好杀，不把人命当命，什么父子之亲、上下之礼，基本都不知道，完全处于野蛮时代。而且，那些岛国全是大山，不能种五谷。那些人也不好使唤。所以，即使得到那一块土地，到头来也是无利可图。而且，派水军渡海也是个冒险的事。在海上航行，你根本不知道下一秒会出现什么危险。这是用有限的综合国力去填无限之大洞。归根结底就是得不偿失，还是不征日本为好。”他的原话是：“居日本岁余，睹其民俗，狠勇嗜杀，不知有父子之亲、上下之礼。其地多山水，无耕桑之利，得其人不可役，得其地不加富。况舟师渡海，海风无期，祸害莫测。是谓以有用之民力，填无穷之巨壑也，臣谓勿击便。”

忽必烈“从之”。

日本可以暂时不打，但宋朝必须要打，再不打就错过了机会。

忽必烈把荆湖、淮西枢密院改为中书省，任命伯颜和史天泽共同担任左丞相，阿术为平章政事，阿尔哈雅为右丞，吕文焕为参知政事。再设个行省事于荆湖，哈达为左丞相，刘整为左丞，达春和董文炳为参知政事，行省事设在淮西。

一看就知道，这两个行省就是为灭宋而特设的。

当然，打宋朝还是要找一个借口的。当年铁木真还处于部落时代时，要打某个部落都还制造个理由，现在忽必烈受了汉儒这么多年的熏陶，早知“师出有名”的重要性。

宋朝的理由当然好找。

这个理由就是贾似道。

忽必烈当年曾经大赞贾似道，现在他却把贾似道说成一个破坏和平、不讲诚意的小人。因为这个小人当年背弃和约、扣押蒙古使者，致使元宋两国多年发生大规模流血冲突，不但祸害大元帝国，也祸害了宋朝百姓。现在襄阳已经投降，希望宋方要认清形势，做出明智的选择。可是他们仍然在贾似道的领导下，继续执迷不悟，毫无悔改之意。有鉴于此，大元问罪之师必须进发，打倒赵宋统治。

忽必烈专门召见了伯颜，对他说：“古之善于取江南者唯曹彬一人。汝不嗜杀，是吾曹彬也。”

史天泽确实是个人才。在发兵之前，他突然发现忽必烈设立两个行省，是个重大的体制缺陷，便上书：“今大师方兴，荆湖、淮西各置行省，势位既不相下，号令必不能一，后当败事。”两个行省，级别一样，同时进攻后，谁指挥谁？到时肯定会乱套的。

忽必烈一听，果然很对，当场修改方案，把淮西行中书省改为枢密院，降低了半格。史天泽再次上书，说自己身体有病，让伯颜一个人当丞相吧。当然，大家都知道，他的身体是没有病的，他说自己有病是因为必须由伯颜一个人当总指挥，否则到关键时刻，又会出现政出多门的事故。

忽必烈很感谢史天泽，他任命伯颜为兼河南等路行中书省，所属一切都由他一人高度管理。于是，伯颜成为伐宋大军的最高指挥官。

避实击虚

忽必烈下讨伐南宋之诏不久，赵禥就驾崩了，大宋内部正在玩着权力洗牌的游戏。

当然，这次牌没有洗多少，因为贾似道仍然掌着大权。虽然有几个大臣上书要求加强边防建设，但都被贾似道搞下台。反正谁提边关的事谁就是跟大宋作对，谁说大宋打不过元军，谁就是抹黑大宋。

在大宋方面的大臣都不敢出头的时候，大元那边已经开始向南进军了。他们个个都想在灭宋大战中立新功。

四川总帅汪惟正这些年来在四川一带经营，虽然多次把宋兵打得满地找牙，但仍然有些不顺。

最让大元人气愤的仍然是合州。每个四川总帅都想把合州拿下，为蒙哥报仇。为大汗报仇可是大功一件啊。

当然，他们都知道，要是王坚还在那里，你硬去报仇，估计你也会是蒙哥的下场。后来，王坚被贾似道调走了，大家以为报仇的时间到了。

于是刘整建议，在马鬃山和虎头山二地修建城池。项目负责人统军哈喇。

哪知，王坚虽然走了，但张珏还在。张珏原来是王坚的副手和死党，打仗时向来冲锋在前。王坚离开合州时，就把合州的大权交给张珏。张珏看到敌人居然在他面前修城，当然不答应。他看到哈喇带着工程兵在那里修城，便在嘉渠口布下疑兵，好像要从那里进攻元兵一样，可真正的主力却渡过平阳滩，突然出现在敌人的背后，放火烧了对方的全部物资，而且继续狂奔七十里，把元军造船的工场也一把火烧掉。

哈喇没有办法，只得提前收工，使得两城成为烂尾工程。

张珏接着向朝廷建议，在马鬃山和虎头山上修建城堡，但没有人理他。现在贾似道忙得很，哪有时间去理这些事？

汪惟正终于意识到，终于意识到，他没有办法打败张珏，还在这里死磕已经没有什么用。于是，他向忽必烈建议："现在四川大部分地区都已经拿下了，只有几个人还在那里坚挺着。如果老是花大量精力大量部队在这里跟他们对峙，实在是一种浪费。不如集中力量全力攻打临安。临安被打下，宋朝的根本就没有了。没有了根本，四川这几个顽固城池还能有什么前途？所以，请陛下同意，让我带着本部人马由嘉陵下夔峡，与伯颜丞相会师。"

这个建议，其实也是不错的，但忽必烈却不同意。他对汪惟正说："四川的事情仍然很重大。我认为除了你可以在那里主持大事之外，别人难以胜任。今后全蜀平定，就是你的功劳。这件功劳也不比伯颜差啊，踏踏实实地在那里与张珏死磕吧。"

伯颜知道，自己再拖延下去，恐怕别人就会来抢自己的功劳了，因此，他下令各路人马在襄阳聚集，然后兵分三路，揭开南伐大幕。

伯颜与阿术率中路沿汉水前进，目标是郢州。

此路的先锋为武秀。他们进发时，突然天降大雨，而且连续不断，造成路上一处水泊大涨。水泊本来不深，平时完全可以涉水而过。这时水涨之后，武秀认为没有船只根本不能过去，就向伯颜汇报，请调来船只，或者等水位下降了再过去？

伯颜一听，亲自跑到那里察看，大声说："我连长江都想飞渡，难道还被这个小小的水坑吓倒？"便叫一个不怕死的在前面引导，然后自己第二个下水，就把全军带着，涉水而去。

六天之后，伯颜大军来到盐山扎下营寨。

此地离郢州只有二十里。

宋郢州的守将就是后来大大有名的张世杰。张世杰知道，元军迟早会来攻城，因此也做好了准备。他早已用石头加固了城墙，而且还修建了一座新城。旧城在汉水之北，新城在汉水之南。两城之间，用铁索横江封锁，江面上战舰密布，水中也打了很多暗桩，还布置了石炮、机弩。

伯颜很急，他一到城下就下令猛攻，但都被张世杰打退。伯颜知道，继续这样猛攻，只会继续被张世杰打退。于是，他派人去对张世杰劝降。

张世杰对投降一点不感兴趣，更不理对方的劝降，继续加紧修筑工事，等待敌人的下一轮猛攻。

阿术对伯颜说："老大，还得另想办法。"他立刻抓到一些老百姓，认真地询问城里的情况，然后对伯颜说："目前宋朝方面共有九个郡，但他们把精锐力量都集中到了郢州的这两座城。现在我们用水军在这两座城当中打仗，而岸上的陆军却没有办法配合，这个做法真的很危险。所以，我建议，先攻取下游的黄家湾堡。为什么一定要取这个一点不著名的堡垒呢？因为这个堡垒的西边有一条小渠，向南可以通向藤湖。我们可以从小渠中拖船入湖，然后再从藤湖下汉水。这条水路只有三里，只要过了这三里，我们就完全可以忽略郢州两城的存在，顺汉水进入长江。咱们的任务是攻下临安，而不是郢州！"

伯颜问吕文焕："你说如何？"

吕文焕说："好点子！"

但其他人都反对。他们反对的理由是，郢州太重要了。如果不先把它攻下，他们的退路就被断了。

伯颜说："我也同意阿术的意见。不要老是去纠结一城一地的得失了，马上行动。"

元军迅速从郢州撤军，顺流而下。伯颜派李庭和刘国杰去攻打黄家湾堡。黄家湾堡的宋军没有想到元军主力居然会向他们展开进攻，一点准备都没有。李庭和刘国杰没费多少力气就拿下了黄家湾堡。元朝大军蜂拥而至，从藤湖开进了汉水。

伯颜和阿术带卫队亲自殿后。

当时，郢州城的宋军对元兵的突然撤退感到莫名其妙，宋将赵文义带着两千部队追来。伯颜和阿术早料到这一着儿，眼看赵文义追到，突然回军反击。结果，伯颜把宋兵打得大败，活捉赵文义。赵文义不愿投降，伯颜也不想带着个俘虏行军，就把赵文义处死。

元兵继续前进，很快就到达沙洋。

伯颜以为，大元军队突然兵临城下，城里的宋将肯定被吓得半死，没有斗志，就派几个俘虏带着他的黄榜檄文进城，威吓一下宋将。

此时，沙洋的宋将是王虎臣和王大用。两人的部队虽然不多，打仗的能力也有限，但却是个顽强的抗元派，看到那几个俘虏进来之后，什么也不说，直接把他们全部砍死，然后烧掉黄榜。

伯颜仍然不死心，他以为可能黄榜檄文对两人的刺激太大，才导致两人的愤怒，于是就叫吕文焕到城下对他们进行劝降。吕文焕自从投降之后，最大的任务就是开展劝降活动，而且他以前又是这一带的老大，说话还是很有说服力的，此前也曾经成功劝降过几位老战友，他在元军比他在宋朝这边立下的功劳还要多。

吕文焕骑着马来到城下，对王虎臣和王大用现身说法，劝他们从了吧，可是二王却一点不理睬。

伯颜实在不想在这里逗留得太久，可是又没有别的办法。

恰好晚上突然刮起大风，伯颜一看，灵感马上来了，下令全军顺风向城里猛射火箭。

王虎臣和王大用只想在城头跟敌人死拼到底，即使守不住城，也能杀些敌人，然后为国捐躯。哪知，却突然刮了这场大风，城外的火箭被风刮到城里。城里的所有建筑物全部着火，一时之间，城内烟火滚滚，全体军民乱成一团。

伯颜乘势攻破城池，王虎臣和王大用都被生擒，所有的士兵全部被屠杀。这一次，他们比在西征时文明多了，只杀军人，没有把全城老少全部屠尽。

伯颜继续东进，逼近新城。

新城都统制边居谊表示死守到底。

伯颜仍然派吕文焕去开展劝降活动。这一次，吕文焕叫士兵们把在沙洋那里所割俘虏的耳朵排列在城下，然后捆着王虎臣等人到营门前，让边居谊看看，不投降的结果就是这个样子。

边居谊同样采取不理睬的政策。

吕文焕在那里摆地摊摆了一整天，什么收获也没有，便宣布回去。

第二天，吕文焕突然接到城里寄来的信件，说边居谊想跟吕参政交流意见。

吕文焕一看，边居谊看来扛不住，要投降了。那么多的耳朵摆在那里，他没有理由不怕啊。

吕文焕很兴奋地来到军前，向城头看去。他正在寻找边居谊，突然间城上弓箭齐发，都向吕文焕射来。吕文焕躲避不及，右臂中箭，而且战马也被射死。马倒下之后，他也被掀翻在地。城上伸出挠钩来，差一点就把他抓到手了。幸亏众元兵齐抢上来，把吕大人夺过去，让他换了一匹马逃走。

边居谊正在恨恨连声，他的两个手下黄顺和任宁却开门跑到城外向元兵投降了。两人的部下也都知道这个城池是守不住的，便都纷纷取出绳索，要从城墙上垂下去投降了事。

边居谊大怒，叫士兵们把这些准备投降的人赶回城里，然后在城门开斩，让全城的人都知道，投降派的下场就是如此。

吕文焕这时急火攻心，带着大队人马冲杀过来，誓言打破新城，把边居谊生吞活剥。但边居谊却在城上发了一轮火器，把吕文焕的部队打退。

幸亏新城兵员不多，边居谊虽然强悍，但最终挡不住元兵的猛烈攻击，城门被打破。边居谊眼看大家已经支持不住，立刻拔剑自杀。哪知，他一剑抹向脖子，却只割断了皮肉，而离死还很远。他知道自己这个模样仍然会被元兵救过去，便把宝剑一扔，自己跳到大火里，自焚而死。他全家都跟着跳进大火而死，部下三千人也都奋斗到底，最后全部战死。

伯颜进城，知道边居谊的英勇事迹后，立刻下令把边居谊的尸体找来，让大家瞻仰。之后，把王虎臣和王大用斩首。

伯颜连下几城，虽然没付出很大的代价，但守城的宋将个个宁死不屈，打到生命最后一刻。照这样打下去，灭宋的任务还真是太艰巨了。为什么宋朝的高层都是无用之辈，而这些下属却如此拼命？

幸亏到了复州。复州比新城大多了，而且复州的知州翟贵的官远比边居谊大，也比王虎臣和王大用大，但他看到元兵那么多，自己哪能打得过？于是，他在元兵还没有靠近城下时，就先打开城门，在那里迎接元朝大军的到来。

伯颜终于轻松拿下了一个大城。手下那些将领都建议，大军进城，然后清点城里的物资，把这些物资都征用。可伯颜却不同意，好不容易才有一个投降的，正好把他树立成一个榜样，让大宋的其他将领看看，投降了仍然是当原来的官，管原来的地盘，大元政府对投降者秋毫无犯。

伯颜大声宣布：一个人都不能进城，谁进城就军法处理谁。

至此，阿术提出的战略构想基本实现。阿术派阿尔哈雅过来，请伯颜丞相赶快布置渡江工作，不能再拖下去了，再拖下去就会把机会拖掉。

哪知，伯颜却什么也不说。

第二天，阿术又派阿尔哈雅过来，问老大渡江的日期定在哪天。

伯颜仍然不笑也不语。阿术也是聪明人，知道伯颜并不是想拖延时间，而是不想跟阿尔哈雅商量这件事，便自己跑过来跟伯颜商量。

伯颜看到阿术来了，这才说："我们两人受命南征，肩负着重大使命，一切工作只能由我们两人商量好，再拍板决定，怎么能让其他人知道呢？"

两人在伯颜那里进行了分析研讨，最后确定了进攻日期，阿术这才离开。

夏贵上了大当

此时，宋朝方面的夏贵也行动起来了。夏贵现在是淮西制置使，手下还是很有力量的。他把一万艘战舰分别部署在长江沿线的险要之处。如派都统制王达镇守阳逻堡、京湖宣抚使朱禩孙则带着游击军往来于中游，接应各方。

元兵一时还真无法前进。

阿术心里很急，问大家有什么办法？

马福说："从沦河进入湖北中部便能够从阳逻堡西边的沙芜口进入长江。只要蒙古大军进入长江，就不怕他们了。"

伯颜一听不由大喜，马上派人去沙芜口侦察，发现夏贵已经派精兵镇守。伯颜没有想到夏贵居然还能有这个想法。于是，伯颜就向汉阳进军，到处高调宣称：要夺取汉口，进入长江。

夏贵本来头脑就不怎么复杂，没有多动脑筋，就把沙芜口的精兵都调出，去增援汉阳。

伯颜要的就是这个效果，他看到沙芜口的宋兵被调走，立刻派阿喇罕带着部队日夜兼程，突袭沙芜口，很轻松地把这个险要之地拿下。沙芜口的水并不多，但伯颜却把汉口的水坝打开，放水进入沦河，然后全部水师顺着大水进入了长江。

夏贵一看，几十万元兵突然就出现在自己的面前，数以万计的大元战舰摆满了江面，不由傻了眼。

夏贵知道自己真的上了大当。

到了这时，伯颜想，可以迫使阳逻堡的宋朝守将投降了吧？哪知，王达坚决不投降，说，即使明知宋朝将亡，我们仍然会打好最后一仗，打到死为止。

伯颜没有办法，只得下令全力攻打，可打了三天，一点进展都没有。这才知道，王达不是吹的。

伯颜马上跟阿术商量："再这样蛮干打下去，看来都是白费劲。咱们得改变战术了。你晚上带三千骑兵乘船往上游开进，做好等敌人空虚时再进攻的准备，明天渡过长江，袭击南岸。你过江后立即派人通知我。”

阿术说：“我看可以分一半的部队埋伏在青山矶下面，等待对方出现漏洞，然后一举打击，肯定能成功。”

伯颜说：“好。就这么干。”

两人计议已定，伯颜派阿尔哈雅带着张弘范等人继续逼近阳逻堡，做出一副猛攻阳逻堡垒的架势。本来，这个办法，伯颜已经第二次使用，夏贵已经上过一次当。对于一个有着丰富战场经验的人来说，是不应当再上当的。

可夏贵却再一次上当。

夏贵只是简单地看出阳逻堡的战略地位很重要，是兵家必争之地，却没有看到，那是个易守难攻的地方，王达一个人完全可以守得住。当他看到元兵浩浩荡荡地开向阳逻堡时，立刻情绪动荡，怕此堡一失，长江防线就会全盘皆输，马上带着大军过来援救。

伯颜和阿术看到夏贵十万火急而来，就笑了。

阿术就在这天的黄昏，带着自己的部队乘船逆流四十里，到达青山矶。

这天是1274年11月13日。黎明时分，阿术透过白茫茫的江雾，看到了长江的南岸，南岸不少的沙洲都已经露出水面。他下令全体人员都带着马上船，然后向南岸尽力划过去。

当时驻守南岸的宋朝方面将领是荆鄂都统程鹏飞。大元这边第一个冲上去的是万户史格。他才带队冲上岸，就被程鹏飞迎头猛击。史格的部队刚从江上过来，大概还没有适应新环境，被对方打了个大败，连史格的身上也受了三处伤，瞬间被砍死百名士兵。

阿术没有想到，宋朝这里还有一个猛人，知道要是不突破这道障碍，他和伯颜的计划就会泡汤。他下令后面的士兵都冲上去，死也要冲上岸，战况更加激烈。

史格又中了一箭，但他没有退缩，继续拼命砍杀。

程鹏飞虽然很猛，但士兵却不多，眼看敌人的士兵越来越多，也越来越拼命，就开始退却。你是知道的，在这个时候，谁退却谁一定失败。

阿术也徒步登上沙洲指挥作战。他的部队被程鹏飞打散了四次，但他硬是又把大家集中起来，最后上了南岸。蒙古兵一上了岸就是他们的天下。

他们迅速把马牵出，然后向宋兵冲过去。

程鹏飞这才知道，自己的退却已经造成不可弥补的大错。他拼命死战，身受七处伤，终于下令撤回。

阿术此战全靠殊死搏斗，这才把对方打败，夺得一千艘战船。他把这千艘战船连接起来，成为一座临时浮桥，让部队排队着渡过长江，然后派人去向伯颜报告：成功登上南岸了！

伯颜一听大喜，下令全力猛攻阳逻堡。

本来，只要夏贵冷静一想，还是可以抵挡一下的，因为阳逻堡仍然很坚固。但夏贵到了这时，已经乱了手脚，听说阿术已经登上南岸，自己还在这里打仗，已经没有什么作用了，心里一阵慌乱，也不管战局如何了，只带着自己直属的三百艘船夺路而逃，沿江东下，而且还放火焚烧西南岸，并且对沿岸百姓进行了一次规模极大的抢劫活动，然后回到庐州。

其他各路官兵看到老大都已经逃走了，大多都跟着撤了，只有王达一人还在战斗。

但王达还能扭转这样的局面吗？

阳逻堡很快就被伯颜攻破。王达以及他手下八千人全部战死。

伯颜的手下都要求乘胜追赶夏贵，但伯颜却不同意，现在夏贵还算战将吗？本来他打了这个胜仗后，正想派人拿一封信到临安去，恐吓一下贾似道。现在就让夏贵把这个大好消息带回去吧。我们现在放心地渡过长江，去跟阿术会师吧。

会师之后，伯颜开了个会议，讨论下一步的军事行动。很多将领都认为，现在宋兵已经不堪一击，我们尽可以放心去打，直取临安，完成灭宋大业。

但阿术反对，理由是，如果继续向下游前进，遇到什么意外，他们的退路就没有了，还是先拿下鄂州、汉阳。一来可以彻底打掉敌人的一切幻想；二来可保咱们万无一失。这个行动，虽然费点时间，其实也就是十天左右而已。

伯颜再次同意阿术的话，下令攻取鄂州。

伯颜很知道造势，他在进攻之前，先在江面上焚烧了三千艘船。城里的人本来就已经情绪不稳定了，突然看到四下浓烟滚滚，都觉得世界末日近在眼前。

更要命的是，那个朱禩孙本来带着部队前来救援，半路上听说阳逻堡被打破了，大吃一惊，觉得再硬着头皮前进，跟送死没有什么区别。于是，果断回到江陵。

汉阳的王仪就更软弱了，看到元兵大规模出现，立刻投降。

鄂州与汉阳的关系，就跟襄阳跟樊城的关系一样，本来是互为犄角的，一存俱存，一亡俱亡。

吕文焕对这个关系是深有体会的。他看到汉阳一投降，拿下鄂州真不在话下了。

吕文焕把自己的部队都带到城外，排好战阵，然后大声向城头喊话："你们大宋凭借的就是长江和淮河。现在长江已经被我大元控制了，淮河还算什么？现在你们投降还来得及。你们看着办吧。"

鄂州守将张晏然看到朱禩孙那家伙逃跑了，王仪这小子投降了，夏贵也没有踪影，朝廷好像也不管他们了，自己抵抗也是白抵抗，还是投降吧。于是，他带着大家出来，办理了献城手续。但他的幕僚张山翁坚决不投降，算是为大宋鄂州高层保住了一点颜面。

那个曾经跟阿术大战过的程鹏飞也带着自己的部队前来投降。

几乎所有的人都要求把张山翁砍死。

伯颜说："这才是义士！杀义士是不义之举。"他下令把张山翁释放了。

伯颜对程鹏飞还是很器重的，任他为荆湖宣抚使。大宋高层也知道鄂州的重要性，因此老早就在这一带积蓄了大量的物资。这时，伯颜攻破这一地区，迅速拿到四十万斛粮食，解决了军饷大难题。他叫阿尔哈雅带四万人守鄂州，然后自带其余兵马沿江东下，目标直指临安。

阿尔哈雅彻底改变了蒙古兵的传统做法，他禁止官兵侵扰百姓，谁敢不遵守纪律，他就敢杀谁的头。

部队果然秩序井然。

第三章
胜利在望

刘整郁闷而死

长江防线全面失守的战报传到临安，整个朝廷陷于一片恐慌当中。

贾似道到处督派各路兵马前来打仗、保家卫国，好像造成现在这个局面的原因都是因为各路兵马还没有前来。

但那一群大臣以及一群太学生却一眼看出，真正的原因在贾似道身上。他们强烈要求，朝廷必须派贾似道亲自出马。

贾似道读着这些奏章，看到联名的人也太多了，知道再不表示一下，自己非被这群人揍死不可。于是，决定自己兼任抗元总指挥，但都督府却开设在临安，然后让孙虎臣当前敌总指挥，统率全国所有的兵马。

一看这个布置，就知道是个准备打更大败仗的指挥系统。

贾似道当了这个总指挥后，下令从国库里拨出黄金十万两、银子五十万两，外加纸币一千万贯，全部拿到都督府里让他花。

在贾似道拼命腐败的时候，伯颜已经派程鹏飞跑到黄州，做陈奕的思想工作，让他献出黄州，归顺大元帝国。

陈奕当然也知道形势已经坏到不能再坏的地步了，虽然大臣们都说必须贾似道出马才能救国，其实谁都知道，国事坏就坏在他的手里，现在他被迫出来当抗元老大，只会让国家灭亡得更快。所以，他也不想打下去了。他为了表示自己投降是有诚意的，还主动派人过长江去，向大元方面联系投降事宜，当然，还是有条件的，至少官位要比现在大一点。

伯颜什么话也不说，直接拿出一张委任状送给他：沿江大都督！

陈奕一看到这几个字，两眼瞬间大放光芒，投降还真是对了。

他心情一舒畅，马上产生极大的表现欲，说他跟蕲州知州管景模的关系很铁，完全可以劝他也投奔光明。他给管知州写了一封信，说投降大元帝国有好处，不投降就只有死路一条了。沿江各个据点全是吕文焕的老部下，现在老领导出来一号召，大家基本都听从老领导的召唤，投奔大元。

只有李庭芝还在忙着调集部队，要与元兵决一死战。

管景模接到老朋友的信后，什么也不说，宣布把蕲州献给大元帝国。

这几个城池一划归大元的版图，临安就已经不远了，但大宋决策层却除了慌乱之外，仍然没有拿出什么办法来应对，好像元兵现在打的不是他们，而是别的人。贾似道仍然在那里搞顺昌逆亡那一套。

江州此时已变成最前线。江州兴国宫提举吕师夔看到情势危急，就向朝廷要求招募新军来抵御元军。不管谁看到这个要求，都会觉得实在是太正确了，就连谢太后也觉得不错，便下令让他跟江州知州钱真孙一起负责招兵事宜。

大宋朝廷这么多年来好不容易采纳一个好建议，可又让贾似道弄砸了。

贾似道现在可以放着大好河山不断地被元兵抢占而不管不顾，但谁要是有被朝廷重用并且有要立功的苗头，他是一定要果断出手阻止的。此时，他看到吕师夔要去招兵买马，接下来就会利用这支招到的部队去立功，再接下去就会成为朝廷的重臣，他们一成为重臣，自己的权力就会被分掉。他万万不能让这些人成功。

在吕师夔正信心满满地去做征兵工作时，贾似道却以皇帝的名义，命他和钱真孙当都督府的参赞。

吕师夔一看，就生气了，他与钱真孙果断派人去向元兵表示，我们也可以献出蕲州。

伯颜一看，本来一个好好的抗元强硬派大将，硬是被贾似道逼着投奔自己，不由大为高兴，立即答应，只要能帮他们拿下江州，那么吕师夔就是江州第一把手。

1275 年的 1 月，元兵向江州进攻。

这场战斗的结果是毫无悬念的。

知安东军陈严知道江州已经守不住了。他不想投降，只得连夜逃走。知寿昌军的胡梦麒觉得打也打不过人家，干脆自杀身亡。江州辖区内的另外几个地方，也都宣布投降。

吕师夔投降后，大概总结了他在大宋这边的遭遇，主要是没有做好巴结业务，导致贾似道不把他当自己人，所以就不想让他立功。投降之后，觉得自己应该做好巴结工作，让伯颜把自己当心腹，以后的事业就好了。于是，他严选了两个美女，说是大宋皇家血统的，把她们打扮得很漂亮，然后献给伯颜丞相。

伯颜一看，当场把他骂了一通。

吕师夔一看，这才知道某些做法还真不是放之四海而皆准的。他只得哭丧着脸，带着两个美女走了。

当然，伯颜并没有因此而给吕师夔小鞋穿。他还得靠这些投降人士为他效力。他进攻南宋，这些人的贡献是最大的，尤其是刘整和吕文焕。

但他更喜欢吕文焕，而不愿放手让刘整去干。

因为吕文焕的智商比刘整低多了，而刘整比吕文焕更想立功。

本来，此前南伐之事都由刘整一手策划，而且刘整也是最有经验的前方将领。后来，因为史天泽的建议，应该由宰相级别的高官来统一指挥灭宋战役，于是刘整就不断地被边缘化。

伯颜选的左右手是阿术和阿尔哈雅，而不是刘整。

但到了这时，刘整仍然还在努力为大元帝国灭宋不断贡献金点子。

当他接到南伐分工时，他的任务是向淮南进军，而且看看命令还是独当一面，他像打了过量的鸡血一样很兴奋，终于可以独自立功了。他很兴奋地向伯颜建议，现在大军从襄樊东下，宋兵必定会全力向西抵抗，东部地区一定很空虚，我军出其不意直捣临安，一定会大功告成。

刘整投降以后，提出了很多攻击宋朝的建议，每个建议都让宋朝很头疼，但他觉得最让他血脉贲张的建议还是这一个。他在那里信心满满地等着伯颜丞相的批复。

伯颜的答复很快就到，但这个答复是不同意他的建议。伯颜说："你的建议很正确。可惜啊，皇上的诏令只是让我阻止东边的宋军，不让他们西进，并没有渡江过去的命令，也就是说，你的任务只是牵制，而不是进攻。"

刘整没有办法，只得执行伯颜的命令，去攻打无为军，居然是久攻不下。他心里越急，越是没有进展，眼看西路大军战果屡屡，今天拿下一个州明天又拿下另一个州。最让他郁闷的是，西路大军很快就拿下长江防线，把曾经的硬骨头鄂州也轻松地拿下了，而且还是吕文焕拿下的。他是最先为灭宋出谋划策的人，现在他居然连吕文焕也比不上了。

刘整到了这时才知道自己跟吕文焕一样，在大元帝国高层里面，尽管忽必烈对自己还很客气，其实只是在利用自己当向导，而且带路党里面，他也不如吕文焕。他为什么不如吕文焕，因为他的能力比吕文焕突出，他此前立的功劳比吕文焕多。现在大元帝国不需要他再立功了。他这才知道，他刘整如果是蒙古人，伯颜能这样把他搁置起来不断边缘化吗？

当他接到吕文焕拿下鄂州的消息时，忍不住一声长叹："现在我明白了。伯颜大帅原来已捆住了我的手脚，不让我立功。善于筹划的人往往不能成功。这话说得真正确。"他的原话是："首帅止我，顾使我成功后人，善作者不必善成，果然。"

他说过这话之后，情绪极为低落，最后居然死在无为城下。他永远没有想到，自己最后居然死得这么窝囊。他原来是赵方的手下。赵方老早就发现他是个人才，临死的时候，就对儿子赵葵说："刘整才华横溢，汝辈不能用，宜杀之，勿留为异日患。"但赵葵不听，继续重用刘整。

再后来，刘整又成为孟珙的手下，随孟珙去打金国的信阳，而且担任先锋。刘整在半夜里带着十二个人组成一个夜袭队，突然越过壕沟，登上城头，直接把敌人的守城将领抓住。孟珙知道后，都觉得不可思议，说："以前李存孝率十八骑拔洛阳，现在刘整才带十二个人取信阳，比李存孝更猛！"于是就给他取了个绰号"赛存孝"，而且还把这三个字写在旗帜上，让他高举着上战场。

如果按他的能力继续在宋朝干下去，当个军方牛人是不成问题的。可是，看好他的大佬却一个个死去，赵葵虽然是他的老领导，也很长寿，但却晚年失势，自己都差点被贾似道以反腐的名义搞定，哪还能管到刘整？

不久，刘整入蜀，不断立功，成为泸州知府兼潼川路安抚副使。他本来是金国人投奔过来的。南宋那些同事看到他一个北方人居然立了这么多功劳，他们南方系将领实在是情何以堪，于是都眼红他。最眼红他的就是吕文德。本来，两人都是赵葵的手下，算起来是战友关系，但吕文德硬是不服他，觉得再让他立功下去，自己的地位就有点不稳定了。吕文德虽然出道比刘整晚，但他靠战功和巴结，很快就出人头地，地位在刘整之上。如果是个有雄才大略的帅才当了刘整的领导，一定会好好地重用刘整。可吕文德离雄才大略还有很大的距离，他当了刘整的领导之后，就是限制刘整的行动，以不让刘整立功为第一要务，只要是刘整提出的建议，他看都不看，直接一票否决。即使刘整立了功，他也基本忽略不计，不去上报朝廷。大家知道，刘整最后是被俞兴逼反的，但很多人不知道，俞兴能到四川当老大，就是吕文德重用的结果。吕文德让俞兴去四川，并不是让俞兴有独当一面的能力，而是因为俞兴跟刘整有矛盾。这个人事变动，完全不是为了保住四川，而是为了搞定刘整。

俞兴果然不负领导期望，借着贾似道施行的"打算法"，终于可以好好地收拾刘整了。刘整被俞兴逼来逼去，心里很害怕，就派人去临安投诉。哪知，看好重用他的领导们都已经没有说话的权力了。他白白派人上访了很多次，却没有一点效果。后来，他看到向士璧和曹世雄这些人都被贾似道无情地搞定，知道自己很快也会完蛋。于是，投靠了大元。他投降后，大半个四川都被他划到元朝的版图中。对于宋朝而言，后果说有多严重就有多严重。当时宋朝只把他恨得要命，却根本没有想到刘整的叛变是什么造成的。

刘整投靠大元之后，不但提出围困襄樊的战略决策，而且还为大元训练了水军，为伯颜能顺利渡过长江打了下坚实的基础。他也认为，最后受命挥师打过长江去，把那些曾经迫害过他的南宋群臣统统俘虏的，一定非他莫属。

哪知，伯颜掌握了水军之后，就不再利用他了。他已经六十多岁，基本没有利用的价值了。现在没有他这样的带路党，伯颜也能轻而易举地干掉大宋了。

刘整很有能力，不仅勇猛得让人感到害怕，其战略眼光也无比远大。然而却一辈子陷于地域歧视当中——投奔南宋，被一批南方将领眼红，投降蒙古，又被人家当成汉人天天提防。如此一来，他注定郁闷而死。

他死前的职务还是很高的：骠骑卫上将军、行中书左丞。死后，忽必烈也很优待他：赠龙虎卫上将军、中书右丞，谥号“武敏”。

贾似道出征

虽然大家都知道刘整因为是汉人，受到排挤才郁闷而死，但并没有阻止其他宋将弃宋投元的行动。

你还记得那个范文虎吧？他前些时候天天打仗败，但手下兵力还是很多的，安庆城里物资丰富，而且他还是贾似道的女婿。这样的人，没有投降的理由，因此伯颜也把他当成长江沿线最大的劲敌，从没有劝他投降的想法，正在苦苦思索打败他的办法。

哪知，在伯颜刚进到江州时，突然接到报告，范文虎派人前来慰问大军。伯颜叫人把范文虎的代表团团长带来，问他到底是什么意思？为什么投降得比别人更干脆、更积极主动？

那个团长立即转告范文虎的话：“你们张榜的布告，我们都认真学习了，老早就想投奔来了。只是怕大家心里不服，这才不敢行动。现在丞相来了，我们就可以主动了。”

伯颜大喜，知道范文虎投降的分量是说有多重就有多重，立马派最得力的助手阿术出马，前去跟他见面。

范文虎看到阿术过来，觉得面子很足，当场就办理了献城手续。他的部下都选择了投降，只有通判夏椅不愿意投降，服毒而死。

伯颜当场任命范文虎为两浙大都督，让范文虎兴奋得要命。

虽然范文虎投降大元，但对贾似道的心情并没有造成巨大的影响。

贾似道虽然不得不就任抗元的总负责，但却只在临安那里开府，不敢到前线走一走。这时听说刘整已经死了，信心突然就爆棚起来，大声说：“真乃天助我也！”原来他不敢上前线，居然是怕刘整。

他马上觉得历史机遇正向他逼近，怕人家会抢在他面前把功劳捞走，因此立即上表，请求让他带着大宋子弟兵去抗元。他的请求在宋朝还能不批准吗？

他迅速调集十三万大军出发，这是大宋最后的家底。贾似道此时信心超级爆棚，不但队伍显得浩浩荡荡，而且各类锱重都装在船上，前后连接有一百多里长。他在出发时，发了道指令：宰执小事可专决，大事则须白督府，不得擅行。然后任他的死党韩震为殿帅，当禁兵的老大。

他向前线进发，觉得自己很拉风。哪知，船才开到安吉州，却突然不动了。他大怒，派人去看，原来是搁浅了。这么小的船居然也搁浅，实在是太不给自己脸了。但他还有什么办法，他叫人下去，就是拉也得把他坐的船拉过去。哪知，拉也拉不动。他就只得换船再出发了，搞得心情一点不舒服。

大家看到他这么高调出征，都以为他终于要大打一场了。

哪知，他到达芜湖之后做的第一件事，并不是指挥大军过去把元军痛打一顿，而是偷偷派人去找吕师夔，说：“老吕啊，看在咱曾是同朝为官的分上，你到伯颜那里通融一下，让他议和吧，这也是功莫大焉之举啊。”

不久，夏贵也带着部队前来与贾似道会师。

宋军最后主力已摆在元兵面前，不打一场还真说不过去了。

全体宋朝人民都在看。

大宋两大牛人在长江上会师时，正是早春二月。长江水面上风急如吼，波涛滚滚，两大牛人站在船头上，衣袂鼓荡。远远望去，人们会以为他们正展望将来。其实，他们只交换了一个动作。

夏贵从衣袖里抽出一书，直接递给贾似道。

贾似道一看，只见上面写着几个字：宋历三百二十年。他不由大惊。他当了这么多年的奸臣，牢牢地控制着大权，虽然对元朝的入侵没有一丁点办法，但他的智商还是很高的。也许你看到这几个字，不会去想很多。但他却深知，这七个字真的内涵丰富。他知道，夏贵已经被对方收买了。夏贵亮出这几个字，其实就是在向他宣布：咱们联起手来吧，让宋朝只活到今天为止。因为宋朝从开国到现在正好有三百二十年。

夏贵在跟元兵对决时，对元兵行动预测的准确度基本为零，但他对贾似道的了解却比谁都透。贾似道虽然在朝廷中谁都敢搞定，连皇帝也都敢威胁一下，但其实他怕元兵怕得要命，也怕打仗怕得要命。如果你现在要求他去打仗，他会勃然大怒，把你大骂一通之后，再贬官三级。可你要是跟他商量去议和，去做卖国求荣的勾当，他立马会眉开眼笑，把你当祖国最大的人才看。夏贵此前偷偷摸摸投降了大元，坚决不让其他人知道，但他却敢于在贾似道面前亮出底牌。

贾似道果然什么都不说，如果他现在不是大宋的首席大臣，估计马上就跟夏贵握起手来，带着大宋最后的家当去投降，然后掉转枪口，向大宋开火。现在碍于他的身份，所以他只是来个低头不语——这个低头不语其实也是很有内涵的，就是给自己留条后路。否则，他早就喝令刀斧手过来，把夏贵当场杀掉，然后丢进长江里喂鱼了。

宋朝高层到了这个时候，终于知道人才越来越不够用了。于是，他们不得不起用贾似道的一个对头。

这个对头叫汪立信。

汪立信本来也是大宋的高官。他还在京湖制置使任上时，给贾似道写了一封长信。他在这封信里，提出了三个建议：一是从全国七八十万的武装力量中精选五十多万，然后把他们全部调往长江沿岸驻守。长江沿岸只有七千里，如果每隔百里设屯驻军，每个屯都设守将，十屯为一府，每府设一总督，险要处则派驻三倍兵力。驻军无战事时，驾船在长江上往来巡游。发生战事时则各屯通力协作，相互呼应，形成一个整体。精选良才担任统制，分管东西两府。这是上策。二是把敌人的使者放回去，长期拘禁人家的使者没有别的好处，坏处倒有一大把。答应敌国提出的条件，每年纳币给他们，借以拖延时间，在两三年内，使边境安宁一些，然后抓紧时间巩固边防，训练新兵，以便以后收复失地，报仇雪恨。这是中策。三是以上两策都不用，继续什么都不做，那大家就准备好投降吧。

你一看，这个方案很不错，也许还真能救大宋。

可贾似道一看，立刻勃然大怒，直接把这封信丢在地上，然后踩上一脚，骂道："瞎贼！胆敢如此狂言！"

当然，只骂一句就什么都不做，这不是贾似道的风格。他痛骂一顿之后，制造了个罪名，把汪立信的官全部免掉。

汪立信被免之后，贾似道就任命朱祀孙接替他的职务，结果朱祀孙到任没几天，元兵打下来，他立马投降。

这件事发生之后，并没有人去追究贾似道的责任。因为现在只有贾似道追究别人的权力，其他的只能当观众，看他重用的人一个个投降大元，看着大宋地皮不断地被元兵缩小。

到了这时，宋廷觉得真的需要敢打仗的人出来用一下了，于是就想到了汪立信，就又让他出来召兵去救江上各郡。

汪立信接到命令、准备上任时，就把家小托付给金明，说："我不负国家，尔亦必不负我！"

汪立信很快就来到了芜湖，与贾似道会见。贾似道这时已经吓得脸色发白，见到这个"瞎贼"之后，不但没有脾气了，而且还像小孩一样，伏在汪立信的背后大哭起来。更让目击者们大跌眼镜的是，贾似道不但哭了，还一边哭一边说："后悔没有听老兄的话，才到现在这个地步。"

汪立信只是冷冷地说:“现在没有什么话好说了。”

贾似道还在厚着脸皮请汪立信一定要挤出一个办法来救国救民。

汪立信说:“现在江南已经没有一片干净的土地，我准备去寻找一个属于赵家的土地，然后死在那里，当然要死得明明白白。”

他用鄙夷的目光看了一眼贾似道那张还挂着泪水的脸，转过身去，带着自己的部属继续前行。他到达建康时，看到建康已经乱成一团，守兵全部溃散，好好一座历史名城此时已经陷于无政府状态。他知道，凭他的能力是守不住这个城了，便带着他的几千手下到高邮暂时驻扎。

贾似道虽然泪流满面地求汪立信出办法，最后白白地浪费了一次表情，但他仍然记得汪立信曾经提出的那三点意见，上策他是做不来的，下策还没到时候，于是他就把几个元军的俘虏放回去，而且还让他们带着荔枝和黄柑当礼品送给伯颜，想让伯颜看在这些礼物的分上不打了。当然他还派宋京当使者去见伯颜，说只要罢兵，我们可以称臣，每年给大元皇帝纳币很多很多。

阿术对伯颜说:“老大，千万不能相信他们的话。宋朝人什么都讲，唯独不讲信用。对这样的人，只有使用武力最有效。况且，如果对贾似道避而不打，那些已经投降了的州郡恐怕就会动摇，我们下一步就不好走了。”

伯颜觉得很有道理，就派囊嘉为使者，去告诉贾似道:“你送来的水果很好吃，我们蒙古都没有。不过，我们还是很遗憾地告诉你，如果渡江前你提出称臣议和，我们是很赞同的。可是现在形势不同了，沿江各州郡都归顺我们了。如果是你，你同意议和吗？当然，你一定要议和，也还是可以谈谈的。但谈谈的条件是，贾大人必须亲自来跟本丞相见面，有问题当面解决。”

你要贾似道亲自玩蟋蟀他是很有大无畏精神的，可你要叫他去跟伯颜亲自谈判，再借给他一万个胆他也不敢去。

他不但不敢去，连答复的胆量都没有。囊嘉等了他大半天，他居然在那里默不作声，跟他要国书，他更不给。

囊嘉只得回去向伯颜报告了。宋京也回来向贾似道交差。

贾似道以为自己不作声，对方也不作声。可是伯颜能跟他一样沉默下去吗？

双方使者回去之后，伯颜就在第一时间派兵去攻打池州。

池州的知州王起宗看到元兵势大，自己这点力量估计连人家第一轮进攻都顶不住，也不跟其他同僚打一声招呼，独自一人卷起包袱先行跑路。通判赵卯发自觉顶替知州的职务，号召大家跟他一起跟蒙古兵死磕到最后一刻。可是连都统张林都不愿听从他的号召，一有时间就劝他投降。

赵卯发一听，就瞪着眼睛，怒视着张林，说只要他还活着，就不要再在他面前提投降两个字。

张林当然不再在他面前提这两个字了，但仍然在积极准备投降。他表面上积极配合领导的工作，但那双眼却在认真寻找机会。不久，他借口带兵去巡江，派人偷偷去跟元兵取得联系，说自己已经做好了投降的准备工作。只要大元部队开到，他就打开城门。

赵卯发不是笨蛋，很快就知道这个城他是守不住的，城里的投降派比战死派要多得多。于是，他开了个家庭会议，和亲朋好友们彻底告别。他对他的老婆说："此城即将失守，我身为第一把手，不能像王起宗大人那样逃跑，你先走吧。"

他老婆雍氏说："你做忠臣，难道我就不能当忠臣的老婆吗？"

赵卯发哈哈大笑。

雍氏说："我请求先死。"

赵卯发不同意，说，要死也要一起死。

第二天，他把所有的财物都拿出来，全部分给亲友们。

他做完这些工作后，元兵已经到达池州城下。赵卯发在桌上写了几行字："国不可背，城不可降，夫妇同死，节义成双。"然后与雍氏自缢于家中。

张林知道后很高兴，他立即打开城门，把元兵放进来。伯颜进入池州，第一件事就是问，知州何在？人家告诉他，早就自缢死掉了，现在还挂在他们的从容堂中。伯颜立刻下令做好棺木，厚葬赵卯发夫妇。

赵卯发死了，另一个人也死于当天。

这个人就是史天泽。他本来也参加指挥南下伐宋行动，但却主动放弃权力，让伯颜一个人指挥这场战役。史天泽回到真定后，就生了重病。他觉得这病有些不寻常，就给忽必烈上了个奏章，说自己要死了，自己当然死不足惜，只是希望天兵渡江之后，千万不要滥杀。

史天泽以前跟他的老哥投身于蒙古，后来他哥死去，他才接过大哥的班，为蒙古国冲杀在开疆拓土的第一线，深得几任蒙古大汗的信任，官位越做越高，地位也越来越重要。但他深谙官场权力争斗的阴暗和危险，因此官越大就越低调，从来不让皇帝对他产生怀疑。只要皇帝稍一有想法，他就立刻主动交权。他相信，他的水平在那里，皇帝总会重用他的，用不着自己努力去争取。据说他直到四十岁才知道读书的重要性，才开始钻研书本知识，但他对历史经验的体会却远比那些饱学宿儒深刻。他是现在为止汉人在大元帝国中，地位最高的人。他拜相那天，家中一片寂静，好像什么事都没有发生一样。

很多人都劝他，何不利用手中的权力，扩大一下自己的利益啊。但他不为所动，说这些权柄都在皇帝手中，我们要来有什么用？他在蒙古帝国里混了整整五十年，但皇帝从没有怀疑他，别的人也没谁说他坏话。也许刘整的军事能力并不在他之下，但因为刘整的境界远比他低，于是，刘整只有郁闷而死。

人活着，有时并不完全靠能力。

史天泽为蒙古立了很大的功劳，前期与宋朝对垒基本全靠他。可以说，他为忽必烈打下了灭宋之战最为坚实的基础。

丁家洲大捷

史天泽早已预见元兵渡江已经没有什么悬念了。

因为现在大元方面不但人才多，而且兵势盛，让他们头疼的长江防线已全部被摧毁。而更妙的是，宋朝方面仍然是贾似道当权，要兵没兵，要人没人，虽然心里急得去死的心情都有了，但就是不舍得用一个稍微有水平的人来挽救局面，仍然毫不动摇地坚持原来的用人原则——亲者上，能者下。

贾似道既然不敢亲自去议和，只得做些打仗的准备工作。当然他的这个工作基本是往失败的方向去开展的。

他明知夏贵已经投降，却仍然让他掌握兵权，明知孙虎臣是个打败仗的专家，仍然把最精锐的七万兵力交给他。为什么交给孙虎臣？因为孙虎臣是他的死党，他现在觉得只有孙虎臣才可以放心。

贾似道、夏贵、孙虎臣带着这支最后的主力，驻扎在池州下游的丁家洲。

没错，就是丁家洲！

你一看到这三个字，就知道著名的丁家洲大战就要开始了。

当时贾似道的部署是：夏贵带着水军主力共二千五百艘战船横在江中，很有气势；孙虎臣带着七万精兵列阵于丁家洲；贾似道则带着后援部队在鲁港接应。

1275 年 2 月，贾似道宣告议和失败，而 16 日伯颜的水陆大军就进至丁家洲，与宋军主力相距不过数里，双方说话的声音都差不多能听到。

伯颜通过观察，突然发现，宋军部署在该战区的军事力量远比自己的武装力量雄厚，而且是在水面上。大家都知道，在水上打，宋兵要比元兵强多了。以前元兵多次不胜，大多都吃了水战的亏。

如果按这个逻辑推理下去，元兵绝对完败。但这个推论的成立，必须有一个首要的前提，就是宋兵必须有一个得力的主帅和一群努力作战的指战员。

现在宋兵缺的恰恰是这个首要前提。

因此，伯颜决定干，即使是水战！

更让他有信心的是他有个秘密武器。这个秘密武器就是夏贵。夏贵打了一辈子的仗，现在已七十多岁了，应该是这里最资深的老兵。他因为在鄂州之战中大败，觉得很丢脸，不好意思再在宋朝这里混下去了，就偷偷地跟伯颜取得联系，决定投降大元，继续在宋朝这边当卧底。更可笑的是，他已经向贾似道主动暴露身份，而贾似道居然还在让他带着主力部队跟自己合作对付元军。

这个世界就有这样的奇葩人物，而且让伯颜偶遇了一次，还是关键时刻偶遇的。

伯颜有了这个秘密（其实已经不是秘密了）武器，胜利已经向他招手，但他仍然想了个计谋。他下令在军中制作几个木筏，然后砍来很多柴草放在上面。他们离宋军很近，这些动作都被宋军看得清清楚楚。他们做完这一切后，就大声宣布：要用这些易燃木筏去烧掉宋朝的船。

面对元兵这些木筏的正是夏贵。夏贵现在怕的不是宋兵大败，而是贾似道得胜。贾似道得胜了，他投降的事就会曝光。即使贾似道不处理他，他仍然觉得很丢脸。这段时间他老是打败仗。现在贾似道一出马就打了个大胜仗，他夏贵还有什么脸面混下去？现在他不但要为自己的投降去失败，更要为自己那张老脸去促成这个大败仗。

于是，夏贵只在那里懒洋洋地上班，看上去一副毫无斗志的模样。大家看到老大都这样了，谁还把斗志放在心里？

当然，贾似道还是勉强打起精神来对付一下伯颜的。他听说伯颜已经准备好材料要烧他们水军的船时，急得下令大家一定要加倍提高警惕，提防元兵纵火。因此，宋兵都睡不着觉，提心吊胆地过着水兵的日子，他们本来士气就低迷，现在又不能安心睡觉，没多久就都陷于疲惫的状态。

伯颜的预期效果全部达到。

他现在不需要对夏贵做出什么动作，只需全力对付孙虎臣。

伯颜认为，总攻时间到了。他命令阿术全力对付孙虎臣，同时下令步兵沿长江两岸进军，夹击孙虎臣部。

阿术在江面上与孙虎臣对峙。伯颜亲自在岸上指挥，他命令步兵用巨石炮轰击江面上宋兵的船只。而阿术则率着船队向孙虎臣水面阵地杀去，一时之间，千船竞发，喊杀之声，响彻云霄。

本来，以目前宋兵的实力，跟元兵来个死磕，谁胜谁负，还不好判断，但大宋全体官兵到现在已经彻底丢掉了死磕精神，虽然天天跟人家在江面上对垒，明明知道人家很快就打过来，但就是没有做抵抗的准备工作。现在看到敌人打过来了，这才匆忙应战。元兵岸上的巨石炮，本来也不是什么秘密武器，如果早做防备，也没什么可怕。可孙虎臣天天拿着那颗全军最大的主帅大印，却什么都不做。此时，元兵岸上的巨石炮猛轰下来，石头像雨点般地落到船头船尾，他才这知道这些巨石炮的可怕，吓得面如土色。

当然，宋兵方面仍然有不怕死的。

他就是姜才。姜才看到敌人冲过来后，率兵与敌人大战。哪知，他才跟敌人一接触，没打几个回合，突然发现孙虎臣正带着他的小老婆离开战场。原来孙虎臣看到姜才出战，挡住了元兵的攻击，急忙趁着这个机会逃跑。大家看到他逃跑，便都大叫起来："老大跑了。"

当年苻坚兵锋大盛，最后在淝水岸边因朱序一声"秦兵败了"，尚且兵败如山倒，直接导致强大的前秦亡国灭种，何况现在的宋兵士气远不如当年先秦的部队，这时听到"老大跑了"的叫声，更是没有一点打仗的欲望，都打定主意先逃一步。于是全军大乱，没有一点章法，被元兵打得溃不成军。

阿术见状，率战船冲入敌阵，横冲直撞。

夏贵本来就盼着宋军大败，哪知自己捣乱的方案还没有定下来，孙虎臣却先弃军而逃，败得一点没有脾气，不由大喜过望。

夏贵于是很有理由地逃跑了。

夏贵虽然很老了，但他逃跑的动作仍然很迅速，一口气直到庐州这才停下逃跑的脚步，捋着那把雪白的胡须，看着溃散而来的宋兵们，笑而不语。夏贵虽然以前经常打败仗，但每次打完败仗后，心情还是很郁闷的，但这一次他败得兴高采烈。

在夏贵享受着失败的快感时，贾似道当然很恐慌。

夏贵在逃跑时，还驾着那只小船故意绕道来到贾似道的船前，然后大声叫着："敌众我寡，势不可当。"

贾似道看到这个情况，也有些想不通了，好像还没有正式开打啊，怎么就打败仗了？怎么就敌众我寡、势不可当了？可他看到自己的部队真的在溃散，元兵真的在追杀他的大宋子弟兵，有着几十年大战经验的老将夏贵真的在逃跑啊。

最后，他确定他不是生活在幻觉之中，铁的事实告诉他，他真的败了，而且是历史性的大败，是一场完全可以载入史册的大败。

贾似道还是很敏感的，知道现在去分析这些原因除了浪费时间之外，已经于事无补。现在他最需要做的是，赶紧逃跑！再晚一分钟，就逃不脱了。

在他准备逃跑的时候，他突然想起自己可是最高统帅啊，逃跑也得有责任通知大家一声，于是他命令鸣金收兵。

其实他不用鸣金，广大指战员们都已经到处逃跑了。阿术带着几个大将，左冲右突，到处截杀宋兵。大量的宋兵落入水中，溺死者不计其数。阿术俘获了大量的船只和物资。

贾似道逃到珠金沙，这才停了下来，把夏贵叫过来商量一下，如何收拾这个局面。

不一会，开逃跑先河的孙虎臣也灰头土脸地前来报到。

贾似道看到两人之后，又大哭起来，他一边哭一边说："为什么啊，我们这么多士兵在战场上，却没有一个人拼命死战。这是为什么啊，为什么？"

其实很多人都可以回答这个为什么，但谁愿意回答？

夏贵却笑呵呵地说："我貌似血战抵挡过敌军。"大家一看，那张老脸上毫无愧色。

贾似道停止了痛哭，问："请问老将军，现在还有什么办法御敌？"

夏贵说："各路部队都已经被吓破了胆，还没有看到敌人就逃跑了，我还能有什么办法呢？不过，我还是建议，师相马上去扬州召集溃散了的部队，然后到海上迎驾，我在淮西死守一下，还是可以的。"这个老家伙此时心情超爽，说完这话后，也不管贾似道同意不同意，直接驾着小船扬长而去。贾似道看着他慢慢消失在江上，还有什么话说？

夏贵靠着贾似道一路提拔，以前从不敢在贾似道面前怎么样，可现在他根本不把这个师相放在眼里。贾似道站在被水波摇晃的船上，突然觉得自己已沦为弱势群体了。

贾似道后来仍然照着夏贵的话去做，乘船到扬州。

他来的时候是带着倾国之兵，旌旗蔽空，舳舻千里，浩浩荡荡，凌风逆流而上，一副大国统帅的大模样。哪知，不到一个月，他再顺流而下时，满江溃兵，争先恐后，残兵败将，四处乱跑。他满心凄惶，抓着船舷，眼望长江滔滔浊浪，这才知道什么叫穷途末路。

什么叫穷途末路？就是现在这个样子。

贾似道这时的打算就是到扬州之后，整军再战。既然夏贵都说可以这样做，那就这样做。

伯颜在丁家洲大败贾似道之后，并没有收工，继续追击。连他都没有想到，他居然胜得这么容易，贾似道怎么就这么不会打仗？好像皇帝都曾称赞过他啊，说手下那么多人都比不过一个贾似道。现在看来，皇上也有走眼的时候。当然，更加走眼的还是赵宋皇帝，忽必烈只是跟贾似道打了一次交道，看走眼实属情有可原，可大宋皇帝几十年来却老在走眼，这就让人难以想象了。

伯颜一口气追杀一百五十里，直杀得宋兵血染大江，尸横水面。

贾似道一边漂流一边下令官员登岸做好收集散兵的工作，他们扬起旗帜，向江中的溃兵打招呼，要求他们不要乱了队形，重新进入战斗序列。哪知，没人理睬。他大声呼喊，士兵们居然对他破口大骂。

他真的蒙了，原来夏贵说的也不正确啊。

很快元兵到达饶州城下。

饶州知州唐震带着全体军民守城。

元兵派使者前来，请他们快快准备出城投降。

唐震不理。但到了这时，城中的投降派往往很多。虽然唐震的意志很顽强，但通判万道同却带着几个人在加班加点地收集着白金、牛、酒等东西，做好投降纳款的准备工作，然后言语闪烁地做唐震的思想工作。

唐震对着万道同大骂了一顿。

士兵们看到唐震骂得很有气势，情绪跟着高涨起来，抓住元使便一刀砍了。

伯颜只有下令攻城。

城头的士兵早已无心战斗，纷纷丢下兵器，逃得无影无踪。

唐震却不惊慌，他早就预料到这一刻。他整了整衣冠，回到他的办公室端坐着。

元兵冲了进来，把一份降书递到他的面前，命令他签上大名。他把笔直接扔到地上，怒目而视。元兵看到他不肯投降，只得把他杀了。

贾似道终于到了扬州，他继续按照夏贵的方案，上书请皇帝迁都。按往常的经验，除了退休撂担子外，他的其他请求皇帝都会超额满足，但这一次不同了。

太皇太后不再独裁了，而是把贾师相的建议拿来讨论。其他的大臣基本无话可说。只有一个太学生在上奏，强烈要求不能迁都，理由很简单：现在迁都，不是到元庆，就是到平江，如果继续危险下去，就乘船下福建，好像到处都能跑。其实稍微用脑子一思考就知道，这种逃跑政策是救不了皇帝和国家的。因为你能跑到的地方，敌人同样可以打到啊。他们本来远在蒙古草原那里，现在已经杀到江南来了啊。难道他们还怕杀到福建吗？

太皇太后觉得有道理。不迁都，就得想办法守住首都，要守住首都，靠的是人才。

于是，宋廷终于下令各地兵马都以京师为目标前进。诏令发了很多份，可响应的却没有几个。只有张世杰拿到诏书之后，带着部队快速前来。他从郢州拼命跑来，一路还顺便收复了饶州。宋兵这次败得很难看，就他取得了这一场意外的胜利，按理说应当大力表彰一下，至少可以鼓舞一下人心。哪知等待他的却是一片怀疑的目光。

宋廷到了这时，本来应该清醒一下。可是宋朝统治者向来不是一个清醒的统治者。贾似道虽然还在扬州那里垂头丧气，但朝中掌权的仍然是他的手下。

此时，代理首席大臣事务的是陈宜中。

庸相陈宜中

陈宜中也是草根出身，家里穷得要命。如果按他的这个家境，估计是上不了学读不了书的，但因为有个商人没事时，帮他推算了一下八字，得出的结论是“大富大贵”。商人大喜，立即拍板，把自己的女儿嫁给他，然后资助他读书。后来，陈宜中进入太学。成为太学生后的陈宜中，文章写得很好，但他并没有靠文章来混饭吃，而是朝着“大富大贵”的目标前进。当时要想大富大贵的只有当官，而且要把官当得很大很大。年轻的陈宜中不但文章写得漂亮，而且人品也很上等。当时在朝廷上掌权的是丁大全。别人都怕丁大全，但陈宜中不怕，硬是联络了六名同学一起上书，要求朝廷打倒丁大全。

最后，他们打倒不了丁大全，反而被丁大全取消了太学生的资格，并发配充军。这一下，陈宜中六人立即名声大震，被人称为“六君子”，成为著名的学生领袖。丁大全倒台后，吴潜为他们平反昭雪，让他们又回到首都。此时，贾似道已经成为首席大臣。刚刚上宰相的贾似道为了巩固自己的地位，也很注意网罗一下人才。他觉得陈宜中是个人才，应该把他培养成自己的死党。于是，陈宜中就成为贾似道的门生。

贾似道在宋理宗面前说，陈宜中等六人是大大的人才，可以免他们的乡试，直接参加会试，宋理宗当然同意。结果在会试中，陈宜中果然没有辜负贾似道的期望，拿到第二名的好成绩。在贾似道大人的提携下，陈宜中很快就成为监察御史。贾似道提拔他当这个职务，就是想让他去弹劾反对派。陈宜中弹劾的第一个人就是陈元凤。陈元凤当时与贾似道同时任丞相，平分最高权力，让贾似道很不爽。于是，他叫陈宜中出马，大力弹劾一下陈元凤，说陈元凤是丁大全的总后台，丁大全所有的罪恶都是陈元凤指使的。

陈元凤应声倒台。

陈宜中也不是傻瓜，知道自己这些年帮贾似道弹劾完这个又诬陷那个，结怨必定很多，还继续在朝中混下去，下场可能很不好看，于是请求去地方任职。他的请求当然也很快得到满足，先后任浙西提刑、崇政殿说书、福州知府。他不光会帮贾似道弹劾政敌，而且玩起内政也很有一套，当了几个地方的第一把手，政绩还是不错的。

贾似道当然不能老让他在地方待着。不久又把他提拔为同知枢密院事兼权参知政事，成为决策圈中的重量级人物。

陈宜中个人事业越做越强大，而宋朝却越来越不妙。

贾似道提拔陈宜中不是为了让他为国分忧，而是想把他安置到这个位子之后，帮自己处理朝政，自己好放心地玩蟋蟀。

当贾似道不得不出征时，陈宜中就成为朝廷中最有发言权的人物了。

陈宜中虽然曾是个很有正义感的愤青，但现在身上已经完全没有太学生时期的英姿勃发之气了。贾似道不知道逃到哪里了，而张世杰虽然带兵前来勤王，但他却又不相信张世杰。

他觉得，连他敬爱的师相都失败了，长江沿线一片大败，为什么只有张世杰没有失败？师相都带不回一兵一卒，而这个张世杰居然还能带回这么多军容整齐的士兵？伯颜能把师相的精锐部队秒杀在长江之中，为什么就不能把张世杰这点兵马打败？

综上所述，张世杰很可疑。他一定是跟元兵有什么约定，然后从元朝那边过来的，等站住脚跟之后再图谋举事。

陈宜中本来就没有多少主见，性格也摇摆不定，现在疑心一起，当然不能让张世杰再带这些部队了。他下令把张世杰的部队全部更换。陈宜中这个动作，又在大宋的身上加了一根很有分量的稻草。

陈宜中觉得自己这是在力挽狂澜。

与此同时，大元这边还是很从容的。

阿术知道，灭宋只是时间问题，现在要做的是如何降低灭宋的成本，而不是急着拿下临安。

他向忽必烈建议："现在宋朝最有力量的地方不是临安，而是江陵。此地处于长江上游，兵力尚有几十万。如果现在不趁着得胜之势一举拿下它，一旦长江水涨时，我们就对它没有办法了。如果我们对江陵没有办法，那么鄂州、汉阳的变数也就大了起来，到时再从我们手里丢失的可能性就大了。"

忽必烈认为阿术说得很对，派人去江陵进行劝降活动。

这时，另一个历史性的牛人也隆重登场。

文天祥！

文天祥从小就是一个品学兼优的好学生，而且长得很帅，史载他"体貌丰伟，美皙如玉，秀眉而长目，顾盼烨然"。当然，如果只是长得帅，那也不算什么，他的文章还写得很好。据说殿试时，他没有写草稿，直接就完成一篇一万多字的策论，当场被宋理宗点为第一名，主考官王应麟对这篇文章更是大力点赞，直接向皇帝祝贺。按说他以这个姿态进入仕途，前景会一片光明。哪知，他因为性格耿直，看不得那些奸臣当道，上书请宋理宗"斩杀董宋臣，以统一人心"。当时宋理宗对董宋臣十分宠爱，看到文天祥的这个奏折，哪能采纳他的意见？

文天祥知道自己惹祸了，不等董宋臣反击，就主动辞职。不久，他又被任用，不断地被提拔，直至刑部侍郎，成为副部级官员。此时，董宋臣仍然在朝廷里很嚣张，文天祥又忍不住再上书，历数董宋臣的罪行，再次请求皇上把这个奸臣杀掉。但皇帝就是偏爱奸臣，不管你怎么说，他就是不听，你说多了，他就把你贬出京城。于是，宋理宗让文天祥出知瑞州，然后又改迁江南西路提刑。后来，又多次被一帮台官议论而被罢职。不久，再被起用，担任军器监并兼任代理直学士院。才上班没几天，正碰上贾似道玩辞职把戏，其他人都像棋局边上的君子一样只看不说，他却在起草制诰时，公开夹带了几行讽刺贾似道的文字。结果是，贾似道辞职没有成功，却成功地把文天祥罢免掉。

不过，文天祥的运气还是不错的，几落之后又几起。没多久，他又成为荆湖南路的提刑官。之后，成为江西安抚副使，他就是在这个安抚副使的任上接到朝廷勤王的诏书的。他接到诏书的时候，当众放声痛哭，然后行动起来，在辖区里开展征兵活动，还联络边远山区的少数民族首领，组成了一支一万多人的军队开赴京师勤王。

他的朋友看到之后，劝他说："现在元国侵略军已兵分三路而来，首都以及城郊都已经不保。你带着这一万新兵过去，跟送死实在没什么区别，还是不去吧。"

文天祥说："这个我也懂。只是国家危难到这个地步，我身为大宋臣子，岂能看着国家的危难而袖手旁观？"

文天祥虽然很正直无私，一上书就敢于请皇帝斩杀奸臣的脑袋，敢于用锋利的字词讽刺贾似道，其实他也"天祥性豪华，平生自奉甚厚，声伎满前"。

这是一个对生活充满热爱的人。

文天祥热爱他的幸福生活，他更爱国。当他决心带着这一万新招来的兵员去京师时，他彻底戒掉了他的这套奢华的生活方式，把全部财产都拿来当军费，然后他上路了……

文天祥满脸庄严地上路，而贾似道还处于失联当中。

贾似道一失联，大家终于都鼓起勇气，大力弹劾贾似道，说就是贾似道造成现在这个局面，请朝廷对这个大奸臣绳之以法。谢太皇太后看到几乎所有的大臣都在弹劾贾似道，如果不处理他，只怕大家都会逃走。目前响应勤王号召的没有几个，倒是天天传来大臣们投奔到元国那边的消息。

她万般无奈，只得下诏免去贾似道的本兼各职。

贾似道倒台，陈宜中就顺势成为第一大臣。他原来靠贾似道上位，这些年来基本都在看贾似道脸色办事，按贾似道的指示工作，现在突然取代贾似道的地位，觉得幸福真的来得太突然了。他也是个聪明人，深知全国人民对贾似道已深恶痛绝了，个个恨不得当场挥刀砍下贾似道那颗奸臣的脑袋，就是贾似道集团里的骨干分子也都得陪贾似道去死。他是标准的贾似道集团的骨干成员，大家肯定也很恨他。于是，他积极开动脑筋，拍着脑门想办法与贾似道师相进行切割。可是他跟贾似道的关系太铁，实在不是想割断就能割断得了的。

正好翁应龙从军中把都督府的印信拿回来缴还。这套装备原来是由贾似道掌管的，应该由贾似道随身带着才对，现在却单独回来，看来他已经有些不妙了。

陈宜中问翁应龙："贾似道现在人呢？"

翁应龙摇摇头说："场面太乱了，不知道他现在哪里去了。"

陈宜中一听，立马断定贾似道看来已经可以宣布为永久失联人员了。只要贾似道已死，他就好办了。他连夜写了一篇奏折，直接要求对误国误民的贾似道处以死刑！

这个奏章一上去，不管谢太皇太后同意不同意，至少可以把自己坚定的反贾立场亮出来，让全国人民知道，自己跟大奸臣不是一伙的，自己也跟全国人民一样，恨不得砍贾似道的脑袋，让全国人民知道，自己也是大义凛然地站在人民的立场上的。

谢太皇太后仍然秉承她老公的传统，虽然局面恶化到国家摇摇欲坠的地步，虽然也知道造成这个地步与贾似道有着莫大的关系，但她仍然舍不得杀这个大奸臣，似乎这个大奸臣被砍掉，太阳要从西边出来一样，所以她接到陈宜中的奏折后，居然在上面批道：似道勤劳三朝，安忍一朝之罪，失待大臣之礼。在她的眼里，贾似道只是偶然犯了一点小毛病，仍然是功大于过的，要是把他治罪，就太失礼了。

谢太皇太后下诏只罢免贾似道的平章、都督官职，仍然授他为醴泉观使。按这个处理结果，贾似道只是没有了权力，但仍然可以过着幸福的高官退休生活。

大家本来就已经绝望了，看到对贾似道这个处理结果，这才知道这个天下，没有最绝望只有更绝望了。最感到绝望的是现任右丞相章鉴，他什么也不说，低调地找了个机会，逃了出去，直接投降元军。沿江制置使、建康留守赵溍丢下城池，也逃跑了。大量的城守都把城池献给了强大的大元帝国。

殿帅韩震也怕得要命，天天嚷着赶快迁都，否则就完了。

陈宜中一看，韩震嘴里全是贾似道那一套。正好拿这家伙来开刀。他不动声色，先埋伏了几个大力士，然后请韩殿帅来商讨迁都事宜。

韩殿帅不疑有他，风尘仆仆地前来商讨大事。可他那圆滚滚的大屁股还没有坐到位子，几根大铁棍就已经向他的脑袋猛砸过来，直接把他击毙。

陈宜中虽然敢于拿韩震开斩，但他做事很不严谨。居然没有想到韩震混到现在，肯定还有很多同党，你搞定了他，那些死党还在啊。这些死党虽然没什么水平，但要是搞起事，影响仍然巨大。

韩震的死讯一出，他手下最铁的死党李大时立马就宣布叛变，带着部队进攻嘉会门，大家向宫中不断地射箭，而且还是火箭。宫中立刻乱成一团。

陈宜中这才急忙发兵来攻打他们。这伙人大概也知道，作为贾似道的同党，他们在这里不会有他们的同情者，因此闹了一把之后，就带着韩震的家属逃出城外，投降了元军。

此时，汪立信也已经悲愤而死。

有人把汪立信以前给贾似道贡献的那几条策略告诉了伯颜，请伯颜丞相把汪立信的儿女全部杀死。伯颜一声长叹："宋朝有这样的人才，却不会用。如果听他的话，我现在哪能打到这里？"命令部下立刻找到汪立信的家属，"厚恤之"。当时汪立信的儿子汪麟在建康，从小路逃到福建，不久也郁闷而死。

而此时大元方面已经在考虑灭宋之后，如何处置赵家的孤儿寡母了。

刚投降没有多久的张晏然给忽必烈上书，说："宋朝这些年来，扣押使者，不讲信用，其实都是那些大臣所为，跟宋朝的老大没多少关系。所以，灭宋之后，请陛下不要让赵氏绝后。"

忽必烈很高兴，说："你说得太正确了。你既然怀有忠心，就一定也能够为朕努力工作。我现在已经命令伯颜勒兵不前，派廉希贤等人出使宋朝，劝他们归顺。如果他们真的愿意归顺，朕怎么会处理他们呢？就是对贾似道，朕现在都还没有处理他的意思，哪能让他们赵氏绝后呢？当然，如果他们抵抗到底，以后发生什么事，那就只有天知道了。”

忽必烈给伯颜下了个诏书，说现在是夏天，太热了，实在不宜打仗，还是等到秋天再开工吧。

伯颜不同意，说宋朝地盘上有江有海，还有险可守。现在我们已经扼住他们的咽喉，如果稍一松手，他们就会挣脱。他们要是挣脱出去，以后就难以收拾他们了。

忽必烈一看，急忙搬出那句老话：将在外君命有所不受，你看着办吧。为了给伯颜足够的拍板权，他下令设立建康行省，由伯颜驻扎建康，统一调度南方军政。

伯颜进江南之后，进兵速度有所放缓。他放缓的原因不是因为赵宋方面的抵抗，而是宋朝那边投降的人太多。

此时，忽必烈向宋朝派出的使者也到了。这个使者的团长就是廉希贤，副团长是严忠范。

廉希贤是个胆小鬼，要求伯颜派兵保护到宋朝去。

伯颜说：“你是去谈判的，不是去打仗的，带太多的武装力量没有多大的用处，反而会引起人家的怀疑，对你是不利的。”

但廉希贤却一定要伯颜满足自己的要求。伯颜没有办法，只得派出一支五百人的部队跟廉希宪出使临安。廉希贤带着这支队伍，浩浩荡荡地向临安出发。

他觉得很安全。

他们很快就到来独松关，突然碰到宋军的袭击，结果严忠范被杀，廉希贤被俘之后，被押送临安，最后也因重伤而死。廉希贤这次出使固然失败，而宋朝方面此时也已经乱了手脚，作为当时世界上文明程度最高的国家，连两国交兵不斩来使的规则都不记得遵守了。

当然，如果宋朝能够坚定信心，组织力量抗战到底，杀个使者团，用来鼓舞一下人心，也可算是非常之举。但你知道，非常之举，必须有非常之人来开展。可现在宋朝有非常之人出现了吗？杀使者团的行动，完全是胡闹之举。

他们干脆地干掉了这队规模庞大的使团之后，并没有组织力量，拿出最后决战的勇气与元兵一搏，而是想出一个十分窝囊的办法，派人去找那些投元的人比如吕文焕、陈奕、范文虎，把他们当成自己的人脉资源，让他们当大宋的托儿，到大元中央去帮大宋求情，别再打他们了。

你想想，这些小儿科的办法能阻止大元的铁蹄吗？

只有求和

大元帝国的前线指挥官阿术命令阿尔哈雅继续前进，攻打岳州。岳州的守将高世杰还是有点硬气的，他看到元兵杀过来，就会集郢州、复州等各路军队几千艘战船，排列在荆江口，与阿尔哈雅对峙。

如果是以前，阿尔哈雅估计还真的打不过高世杰，但现在不是以前了。元兵经过几场大战，水上战斗力已经大为提升，完全可以跟大宋水师处于同一个档次了，而且他们连番大胜，士气高涨，牛气冲天。宋朝自丁家洲之战后，士气全面归零，广大指战员们虽然手里还握着兵器，其实跟拿着锄头的农民已经没什么差别了。

高杰世虽然壮怀激烈，但士兵们不想打。于是，双方一开战，宋军就大处下风。

阿尔哈雅放开手大打一场，在洞庭湖上对大宋水师一阵疯狂屠杀，全歼高世杰部。高世杰也成为俘虏，被阿尔哈雅斩杀。

至此，上游的宋兵基本被清除。

当然，这些失败，对于大宋来说，已经麻木了。

面对大元大军的步步逼近，大宋继续按过去方针办，没有拿出积极的办法来跟蒙古大兵较量一把，而是继续把希望寄托在那些投元人士的身上。

他们下了一道诏书，全面赦免投降的将士，欢迎他们回来。只要回来了，统统官复原职，而且能收复一州的就直接当知州，收复一县的就当县令。

这个诏书下发之后，没有收到一点效果。

宋朝在这个时期，不但没有哪个人投入祖国怀抱，反而还有几个重量级人物又投降到大元那边去。

高达和朱祀孙。

高达应该是最有成为统帅潜质的人物，作战也很猛，向来被元军列为劲敌，鄂州一战，成为当世名将，可是因为立了大功反而处处被打压，心里一直窝火。近来虽然再被朝廷重用，但因为大势已去，他虽然努力拼命，但仍然都在打败仗。高达就生气了，于是，他找来朱祀孙开了个会，宣布把长江岸边的最后一个重镇江陵当作礼物献给元朝。

本来元朝高层对江陵还是有所忌惮的，现在居然被高达自动送上来，哪能不笑纳。

阿尔哈雅到达江陵之后，叫朱祀孙发檄文，让他的那些部下赶快过来归顺。他一发话，那些部下就纷纷响应，将自己把守的地方全部贡献出来。阿尔哈雅再一次觉得有这些投降的人真好，他要是攻打这些地方，不知还要费多少力气，现在朱祀孙一张纸就全部搞定，基本秒杀出一片地盘。

宋朝到现在基本没有可以跟人家打一场仗的战将了。

文天祥还在前进，爱国热情十分高涨，可他到底只是个读书人，如果比学问，没多少人比得过他，但上战场就是另一回事了。而且更让他恼火的是，他带着那一万人马在夏天里拼命赶路，跑到吉州时，正碰上江西制置副使黄万石。这个黄万石也是贾似道那一派的，跟文天祥也有不少旧怨，看到文天祥居然带着这么多军队前去救国，要是让他成功了，自己会很丢脸的。他就抱着宁愿要国家亡国，也不能让文天祥成功的心态，向朝廷说："文天祥带的那支部队，军容一点不整齐，是标准的乌合之众，哪有什么战斗力？派这样的部队去前线，只能给国家丢脸。"

宋朝那几个高层也不用脑子把黄万石的话过滤一下，就百分之百地相信了，他们为了大宋的那张脸，就降旨要文天祥率部留驻隆兴府，不要来救首都了。这时候的文天祥能不郁闷吗？

阿尔哈雅突然攻占了一大片地盘，发觉这些地盘是需要治理的，打天下不容易，治理天下更不容易，于是紧急向忽必烈建议，请个有能力的人来治理这一片土地，否则过不了多久，就又会乱的。

连阿尔哈雅都知道治理的重要性，忽必烈当然更知道。他立马派出廉希宪出马，在江陵那里开府理政，而且给廉希宪一个特权，可以自主授予三品以下官职的权力。

从忽必烈的用人政策看，确实做到了放手用人的程度，远比赵宋那些皇帝有远见。

廉希宪负责稳住西边，伯颜却继续东进。

元军到处，宋将基本都投降，即使有个别抵抗的，也只是打得有气无力，对元兵根本造不成一点威胁。各路大军中，只有李庭芝还在坚决抵抗。

阿术派李虎拿着一张很大的招降榜过去，劝李庭芝不要再顽抗下去了，人家都投降了，你还坚持也没有什么用。这样的朝廷有什么好效忠的？

李庭芝接过招降榜，一把撕得粉碎，然后大手一挥，几个刀斧手跑了过来，把李虎架起来就摁倒在地，然后一刀砍掉！

阿术仍然不死心，又派另一个降将孟子缙出战。孟子缙此战的目的并不是要打败李庭芝，而是负责把一封劝降信交到李庭芝军中。

李庭芝手下的总制张俊奉命出战。

两军对垒之后，孟子缙却很亲切地交给张俊那封信，之后就拜拜了。

张俊读着那封信，觉得还真有道理，就把他交给李庭芝，希望李大帅不要死硬到底了。

李庭芝一听，当然又是大怒，于是把那封信当众烧了，再下令把张俊推出斩首，让大家知道想要投降的下场。当然，他也知道现在想投降的人真的太多了，整个朝廷也已经陷入混乱的状态，不但没有办法，更没有军饷。李庭芝就向文天祥学习，拿出自己的家产来与大家共享，还杀牛摆酒请全军吃了一场大餐。全军上下都对他感激涕零，表示愿与他死守扬州到底。

于是，扬州成为江南最为坚固的一座城池。

从李庭芝的模式看，其实要挽回军心也还是有办法的，就看老大的水平如何了。可是现在宋朝只有一个李庭芝，而且还不是大宋的第一把手，他只是负责扬州的保卫工作。

陈宜中仍然拿着最后的决策权。他也有点焦头烂额了。他没有办法，但他又必须想出办法，太皇太后看着他，全国人民在看着他。他没有办法也得装着有办法，否则他都没有脸坐在宰相的位子上了。

于是，他又来老一套，派人去见伯颜，说你们使者团被杀的时候，朝廷一点不知情。现在已把那几个人处理了。我们再一次表示，愿意向大元帝国称臣，岁岁纳贡。

伯颜听了以后，当然不会把陈宜中的话当话，他估计这些使者肯定是来探听虚实的，因此也决定派人进临安去看看大宋首都现在是个什么样子了。于是，他派了秦中和张羽跟着宋朝使者过去看看。

哪知，这两个使者才到平江驿，还没有看到临安的城墙，又被宋兵砍死。

伯颜大怒，他下令阿术不要停下来，继续打。

阿术接令之后，向真州开展军事行动。真州老大苗再成应战，被阿术打了个大败。

阿术接着向扬州进军，他决心拿下这块硬骨头。

张世杰的三路大军

其实现在，宋朝方面也在下一盘很大的棋。

几路勤王兵马陆续开到了临安。这时，大宋朝廷仍然处于乱套的状态当中，败仗打到这个份上了，居然还没有人总结教训，然后提出解决的办法来。不是他们不会总结，而是没有人总结。因为到现在为止，他们还没有成立一个战时的指挥协调系统。此前贾似道搞了个都督府，但现在大都督被罢免了，都督府的公章也宣布无效了。

御史们看到几路牛人带着部队前来，居然没有一个统一的指挥，便上书朝廷，要求皇帝派一个高级别的大臣当全军的统帅，全面协调各路军队。哪知，几个宰相看了之后，不敢拍板，拿到朝堂上，请大臣们讨论。大家讨论得很热烈，但最后却没有得出一个结论来。

陈文龙看不下去了，就大声说，你们看看敌人，今天修了这个城，明天又在修那个堡垒，而我们却天天在这里玩文字游戏，这样能挽救我们的国家吗？

大家一看，就干脆什么话也不说，连文件也不下发、会议也不召开了。

过了好久，宋廷终于任命张世杰为保康军承宣使及总都督府军，负责全面协调全国的战事，也就是说，大宋把最后的希望全部寄托在张世杰的身上。

大宋此前把全部的希望寄托在贾似道身上，最后被大元全面打败。现在他们终于意识到，在战争年代，把国家安全寄托在一个不会打仗的文官身上，无异于自杀。于是转变观念，把希望转移到职业军人张世杰的身上。张世杰是个坚决的主战派，而且近来宋军的一系列成就，基本都是在他的领导下取得的。所以，把希望寄托给他，好像很合理，至少远比寄托给贾似道更合理一点。

其实，他们都不明白，近来大元方面突然止住以往生猛的势头，是因为又发生了内乱，这才让他们缓过一口气来。这个内乱就是著名的“海都之乱”——此是后话，暂时不表。

张世杰当了大宋军方头号人物之后，就积极做好打大仗的准备工作，决定打破临安外围元兵的壁垒。以便能有效地把宋朝最后的各路兵马组织起来，跟元军作决战。因为现在宋朝在江南江北一带的各路部队，已经被元兵分割成块，都是可望而不可即，容易被人家各个击破，最后全部消灭。

张世杰的想法没有错，但大宋已力不从心。

张世杰也力不从心。

但力不从心也得干下去。他终于为大宋布了最后一盘大棋，调集所有的兵力，与元兵作最后的决战。

而此时，几路勤王军先后到达临安，张世杰清点了一下，觉得可以跟元兵一战了。于是，他跟淮东制置使李庭芝和殿前指挥使张彦商量之后，达成共识，三路人马齐向元兵展开反攻。这时确实是反攻元军的最佳时机，伯颜不在军中，只有阿术一人在前线忙碌。现在他们三路大军一起出来打阿术，应该没有多大难度。

他们盘算得很好，但在实际操作中却不断地犯错误。

最为致命的就是分工搞错了。张世杰是北方人，水战能力几乎为零，而他偏偏带着部队要跟元兵进行江面大战；李庭芝和张彦的部队都是水军精锐，最后却被迫在陆地上跟大元的铁骑硬拼。

三个人当时都没有意识到这一点，都雄心勃勃地做好作战计划，并一致决定七月初一同时出发。

这个同时出发，又是一个更要命的决策。因为他们的部队并不在一起，路程有远有近，而且中间还要突破元兵的堵截。如此一来，三路大军势必不能统一集中起来，形成合力，对敌人进行有效的打击。

三路大军出发的线路为：张彦从常州向长江边的镇江进攻；张世杰则率水军从下游进军到镇江附近的金山，以便协同张彦攻取镇江。镇江一收复，则江淮的交通线就可以打通，夺取长江下游的控制点，大江南北的宋军也能相互照应。李庭芝那一路则向瓜州进军。三路大军齐出，阿术一个人肯定应付不了。

对于大宋而言，这张蓝图很鼓舞人心，如果实现，则大宋起死回生，也不是没有可能的。

接下来又应了那句话：计划不如变化快。

最先面对变化的是李庭芝部。本来，他也记得七月一日的约定。但他的部下姜才还是忍不住出手与阿术打了一下。他看到阿术太过嚣张，天天宣称要拿下扬州。

姜才曾经在孙虎臣手下混过，现在归李庭芝管。

姜才也是个强硬的主战派，上次在长江那里，他本来正要带兵跟元兵硬拼，可孙虎臣却逃跑，结果全军大败。他很不服气。

这时他看到阿术的大军前来，便在三里沟布阵迎敌，阿术没把姜才放在心上，挥兵冲击姜才的阵地，被姜才打败。

阿术已经很久没有打败仗了，现在突然被人家打败，觉得必须认真对待了。他看到姜才是个猛将，如果硬拼，估计仍然失败，于是就想了个计策，假装溃败而逃，诱姜才追过来。

姜才直追过去，现在他的大宋太需要一场胜利了。阿术看到姜才中计，突然反身回击。双方在扬子桥再战。姜才手下的雷大震首先冲锋，最后牺牲在战场。

两军隔水对阵。张弘范最终打破战场上的沉闷，带着十三骑横渡过去，冲击姜才的阵地，但宋军岿然不动。

张弘范这才知道，对手不是一般的厉害，便假装退却。这一次，姜才部将忍不住了，跃马挥刀而出，直取张弘范。张弘范看到有人追来，突然来个回马枪，把人刺落马下。元兵看到张弘范如此强悍，都是大声欢呼，声音响彻云霄，然后都鼓劲猛攻。

姜才连折两将，士气也有些下跌了，被阿术和张弘范打得溃散。他只得率军后撤。元兵在后追杀，宋兵损失惨重，很多士兵在抢着后退时，掉进护城河里淹死。姜才也被一支流矢射中肩膀。

阿术一看，高喊活捉姜才！但姜才却大喝一声，拔出利箭，突然挥刀奋力向前砍杀，元兵一看，又都猛然屏住气息，不敢逼近。姜才徐徐收拢部队，退回城中。

阿术看到姜才如此英勇，知道这家伙是不好对付的。于是，在扬州城外筑起围墙，要把姜才困死在里面。这道围墙的规模很庞大，从扬子桥一直到瓜州，东北方面跨越湾头到黄塘，西北方面则抵达丁村。

姜才这一战，虽然以失败而告终，但阿术也没有讨到很大的便宜，而且姜才还成功地遏止了元兵的进攻，使得阿术不得不筑围墙来做长久的打算，还真的提振了一下宋军的士气。

没过几天，环卫官刘师勇又出兵收复常州，大宋军威又开始有点振作。有几个投降过元朝的将领又乘机带队回归大宋，跟张世杰会合。

一切似乎都在向好的方向发展。

如果李庭芝和姜才继续坚守，到约定日期再进攻，也许局面就不会是那个结果了。他们确实已经忍到六月下旬了，离约定的时间差不了几天。李庭芝突然发现，长江江面上刮起了西北风。他现在处于下游，而张世杰等友军驻扎在上游。于是，他就断定，友军们肯定会趁着这股西北风进军。于是，他下令部队提前动手。

负责动手的人是姜才和张林。他们带着两万人去夜袭元兵，准备冲垮扬子桥的木栅栏。冲垮木栅栏之后，大军就可以直奔目的地，与另外两路友军联合，大战元军了。

负责守卫木栅栏的是万户史弼。他看到宋军在夜里冲杀上来，急忙派人向阿术大帅告急。阿术得报后，同猛将管如德率兵从瓜州出发，狂奔去救史弼，第二天才到达木栅下。

姜才仍然没有攻下木栅栏。

他看到元兵大军前来，并没有撤回去，而是夹水列阵以待。阿术下令冲击宋军，但没有效果。阿术知道姜才精通阵法，硬打是打不过这个猛人的，于是又故技重施，引兵退却。姜才向阿术进逼而去。阿术正是需要他这么做，看到姜才军进来，不由大喜。他率兵反击，步骑联合，大破姜才军。管如德还在战场上活捉了张林，而姜才也仅以身免，损失了一万士兵。而这两万人是大宋陆军最后的精锐。

姜才的失败，意味着李庭芝这一路已经提前被打败了。三路大军只剩下两路了。

张世杰接到姜才的败报后，虽然很郁闷，但他仍然没有改变主意。既然李庭芝那一路提前完事，就再派人去找沿江制置使赵溍和知泰州孙虎臣，命他们把战船全部开过来，然后按时出发。这一次，他再集结了一万多艘战船。

张世杰看到江面上大宋水师再一次旌旗蔽空，不由信心大涨。他现在很有信心。因为不管从部队人数还是气势上，他都足以压倒阿术。

大元的部分主力已经随伯颜北上平叛，剩下阿术一个人在江南这里到处惹事。这个局面对于大宋而言，确实是最后的机会。

张世杰确实也抓到机会。可是光抓到机会，不会乘势而为，抓到机会反而会被机会害死。

不光从人数上看张世杰比阿术强大，而且从装备上看，张世杰的宋军也强过元兵。大宋这些年来致力于海上贸易，很多穆斯林从海上开船过来与大宋做生意。大宋从穆斯林那里学会了造船的龙骨技术，船只的航行性能大为提高。张世杰现在的船队，全是这些改良过的战船。而阿术统率的那些水兵，仍然是体型很小的船只，俗称“水哨马”，比起大宋的船来，立马显得太落后了。

如果正面对打，不管阿术用什么办法，结果都是完败。

机会是好机会，装备是好装备，队友却不是优秀的队友。李庭芝提前行动，被人家玩完。张彦不知什么原因，本来说得好好的，同时出发，哪知到了约定日期，他却没有发出进军的命令。于是，就只有张世杰一支孤军，而且张世杰对水战一点不精通。这几个因素综合起来，同时作用于张世杰的身上，结果可想而知。

阿术本来已经很紧张了，看到只有张世杰一支孤军挺进过来，知道他的机会到了。他命令张弘范带一千艘战船把江面上零星的宋军全部肃清，确保没有一个宋兵过来支援张世杰，让张世杰这支孤军进行到底。

张世杰仍然不怕，他要是怕了他就不是张世杰，而是贾似道了。因为他知道，他现在的力量仍然比阿术强，两方直接开打，他仍然可以保持不败。他站在船头，望着自己的部队，信心仍然十足。他按照大宋水师的习惯模式布阵。广大指战员的士气也很高涨，大家行动迅速，但由于江面风浪大，他站立有些不稳。他决心用自己的办法解决这个战船摇晃的难题。

他很快就想到了自己的办法，就是下令用铁索把战船全部绑定，每十艘绑成一组，可以相互救援。然后他又下令用铁碇将船扣死在原地上，这样一来，大家都不想在大战中划船逃跑了，同时也让船更加稳固，便于近距离交战。

第二天，也就是七月初，阿术登上石公山，观察张世杰的点阵。他刚看到宋兵的船队时，倒吸了一口冷气，这么多的船啊。但当他看到张世杰的做法时，他就笑了。

在这场大战开始时，阿术只想着如何跟张世杰对峙下去，不被打败就已经谢天谢地了，后来看到宋兵三路进军变成一路孤军深入，就想着如何把张世杰打败一场，止住他们的暂时嚣张，现在他又改变了主意，决定把这支宋朝最后的主力全部围歼，一个不能逃出去。

阿术立刻开了个会，给诸将分配了任务：董文炳负责攻击张世杰右翼，刘国杰打宋兵左翼，自己居中。船上都是善于射箭的高手。

此外，他还令万户怀都率领部队在岸上做好准备，水军万户王琛的船队则沿着长江南岸迂回，与之前在江面上清除零星宋兵的张弘范会合，最终完成了对张世杰部的包围。

当阿术忙着干这些事时，张世杰部已经牢牢地固定在长江水上，坐等人家的包围了。从这一刻起，大宋最后精锐部队的命运已经注定了。

当然，如果是精通水战业务的人，此时完全可以暗中解开铁索，重新变阵，那么第二天目瞪口呆的就是阿术了。

可惜，张世杰忠勇有余，能力却严重不足。

首先发动进攻的是董文炳，董文炳原来就是镇江的守将，此战他当然比谁都卖力。他带着他的儿子董士选登船时，他弟弟的儿子董士表也提着兵器跟上来。董文炳叫董士表下船。董士表说：“我为什么要下船？你们都去打仗，为什么不让我去？”

董文炳说：“我弟弟就你一个独子，我不能让你去冒险。”但董士表坚决不下船，董文炳没有办法，只得带着他前去。

他们冲到宋兵水军阵地前时，董文炳乘船居中指挥，而两个兄弟则分居两翼，三人齐声呼喊，拼命前冲，其他士兵一看，个个奋勇争先，向张世杰的部队冲杀。此时，元军左翼和中军也发起攻击。

张世杰当然不是贾似道，看到敌人冲过来，也急令全军反击。

一时之间，江面上的箭矢、炮石往来对射，打得难分难解。宋军这次打得也很努力，仗着船只的稳固，往来冲杀，火力更猛。

看到这里，你肯定会奇怪，打到这个份上了，阿术为什么没有用火攻。难道他忘记了？或者没有带火种？

他当然没有忘记这个必胜技，而是因为条件还没有具备。这个条件就是风！当年周瑜准备了很长时间，到头也是要万事俱备，只欠东风啊。这时，阿术也在等。只是他一边打一边等，心情一点不比周瑜轻松。

如果风不来，阿术就彻底完蛋。

双方从上午打到中午，仍然没有风。

而宋军却越战越勇。他们已经很久没有这样的状态了，这一次，他们都鼓足干劲，要跟元兵死磕到底，争取一场胜利。

阿术盼着大风，江上也有大风，可全是东风。当年周瑜需要东风，但现在阿术需要的是西风，而且由于张世杰的部队是逆流而上的，西风对他们更有利。

在阿术急得想一脚跳进水中时，突然有人叫，风向改变了。

阿术的脸面这才恢复原色，抹着脸上的汗珠，大叫火箭手们出场。

一千名火箭手们冲到了最前面，向大宋水师的船狂射过去。宋兵战船的风帆和桅杆被火箭射中，立刻着火。火焰很快就顺着桅杆烧到甲板和船舱里。由于各船连在一起，只要一艘船着火，其他几艘船基本就逃不掉了。

当然，你也许又觉得奇怪了，为什么宋兵现在不马上砍断铁索，把船只解开？

其实士兵们也有这个想法，但张世杰没有这个想法，没有他的命令，谁敢拿斧头来砍断铁索？他们不敢砍断铁索，更不敢起铁碇。于是，只好在那里继续奋战了。

江面上，浓烟越来越大，惨叫之声此起彼伏。宋军前排战船最先被尽数烧毁。到了这个时候，你还指望宋军有着超常的战斗力，那是标准的痴心妄想。刚才还奋勇杀敌的大宋水师战士们，在烈火之间，已经疲于奔命。

张弘范指挥着小船乘机攻击宋军的侧翼。他的船只都很小，本来主动前来进攻，是送死的行为，但现在宋军已经动摇，陷于烈火之中，哪还有什么反击之力？张弘范对宋军的大船分割包围，居然一下就俘获了对方八十多艘战船。

张世杰看到这个场面，脑海里瞬间被四个字占满：大势已去。他不得不下令全军撤到夹滩躲避。哪知，王琛早在此处埋伏，看到张世杰部前来时，突然现身，对着宋兵猛打。此时宋兵已经打了整整半天，而且还被烧得个个焦头烂额，把船开到这里时，早已累得手都提不起来了。

于是，全军溃散！

宋朝方面好不容易重组的水军舰队就这样全军覆没，覆没得基本没有理由。宋朝水师的战斗力当世第一，在此战中的人数比元兵多，装备比元兵强，但这些都没有用。

元兵只有一样比宋方强。那就是阿术比张世杰更猛！

张世杰从策划到实际操作，都在一步一步地失误，导致了此次大战的失利。

在这次大战中，阿术俘获宋兵的战船七百多艘，俘虏宋兵一万多人。

在张世杰全军覆没的第二天，张彦又来了。

七月初三，好像要故意跟张世杰作对一样，张彦终于出现，他是跟另一个搭档刘师勇一起出现的。他们带着的部队是两浙水师。其实，水师也没有关系，只要在江面上行走，别人也拿他们没办法。可是他们偏偏上了岸，在吕城那里碰上元朝的淮西军，二话不说直接就开打。

当时元兵是全世界最强的陆战部队，张彦率水军与这样的军队硬碰硬，结果跟鸡蛋碰石头有什么区别？他们的拼命，除了给元朝送上一场胜利之外，没有别的效果。

至此，张世杰部署的三路大军，全部败绩！

大宋最后的赌注已经拼光。

第四章
逼降大宋

贾似道的不归路

张世杰大败之后，向朝廷求救。但朝廷不理。其实，不是宋廷不想理，而是已经没有办法理了，把全部军队都交给你了，你全部输光了，朝廷手里也没有兵了啊。

宋廷这时觉得很无辜。但是现实已经这样了，再怎么无辜也得继续生活。

没有办法去打败敌人，就只好在内部玩了。现在肯定不能追究张世杰的责任，他已经尽力了，还想让他怎么样？

大家选来选去，终于把所有根源都套到贾似道的身上，都是这个家伙，把好好的大宋江山玩成这个样子，还让他好好活着，那真是天理难容啊。

于是，大量的人集体上奏，请求处死贾似道。虽然现在处死他有些晚了，但总比不处死好一万倍。即使对现世无补，对后世还是有极大的警醒作用的。

大家以为，这次要求处死贾似道的人很多，太皇太后不会反对了吧？

哪知，这个太皇太后别的能力没有，可一到要杀贾似道时，她就发言了：不能杀。

她认为贾似道这点罪算什么，哪用得到动刀？

可是后来连贾似道自己都觉得不好意思了，就上奏来个自我揭发，当然他对自己的揭发基本上都是避重就轻，拣了几点无关痛痒的事说了一段，然后说，全是夏贵和孙虎臣两个人骗了他，最后把国家搞到这个地步。他只是犯了领导错误，主要责任还是夏贵和孙虎臣。要是处死，请把那两个家伙处死吧。

太皇太后一看，人家自己都认罪了，自己还保他也太不像话了吧？于是，把贾似道最后的三个官职全部免去，叫李庭芝把贾似道送到绍兴，说是让他在那里给他老妈服丧。

可贾似道不愿去绍兴，他现在想让李庭芝当他的保护伞。他要是去了绍兴，估计很多仇家就会跑过来，砍他的脑袋。他现在也知道，不但他的仇人恨他，全国人民都仇恨他。

王爚再上书，把贾似道痛骂一顿，说他这么不忠不孝，实在太不像话了。

贾似道只得背起包袱向绍兴开路，哪知他来到绍兴时，绍兴的第一把手下令关起城门，坚决不让他进城。

朝廷也没有办法让那个太守开门，只得叫他到婺州去，那里的太守是下不得这个手的。这个太守倒没意见，可是婺州的老百姓却不答应了。他们就在城里到处发公告，要求把贾似道驱逐出境。谢太皇太后想不到自己几代人喜欢的死党，原来这么不受欢迎。

谢太皇太后又发个通知，让贾似道去建宁吧，那里可能没事。但大臣们又不干了，纷纷上书说，对贾似道这样的大奸臣处罚得太轻了，只有把他斩首才对得起全国人民。有人更是给他列了十大罪状，求利不止、攻击别人、贪婪、荒淫、狭隘等，什么都有，每个罪名都让人感到恶心愤怒。

谢太皇太后说还是算了吧，不要这么痛打一个早就没了权力的大臣。

可大臣们就是不愿放过贾似道。最后，谢太皇太后没有办法，就又下了个诏书，贬贾似道为高州团练副使，循州安置，派使者押送他前往目的地。

谁也不想领这个任务。

郑虎臣说，你们都不愿意，那就让我来吧。

郑虎臣当时只是一个县尉。

朝廷当然同意。

郑虎臣很高兴，他可以报仇了。因为他的老爸当年得罪了这个大奸臣，被发配到很远的地方，郑虎臣做梦都想干掉贾似道。可他只是一个县尉，根本没机会跟贾似道这样的人打照面，因此报仇的事基本都是在梦里才敢有的。哪知，现在居然让他抢到这个机会。

他很快就去找到贾似道。

当时，贾似道住在建宁的开元寺。他虽然不断地被贬来贬去，这些天基本都在被贬的路上，但生活仍然很腐败，服侍他的美女还有几十个。郑虎臣看到这个情况，不由大怒，他把那些美女都赶出去，然后把轿盖也掀翻，让轿夫抬着空轿上路，然后叫贾似道走路。这时正值七月，天气热得要命，尤其是在南方。贾似道在大太阳底下被逼着大步走，蚊虫围着乱叮，大汗湿透全身。他此前万万没有想到，天下居然会有这样难受的生活。他更没有想到，他居然也会过这样的生活。但他还有什么办法？

郑虎臣报名领了这个任务，就是想报仇雪恨，他觉得光一刀砍了大奸臣的脑袋，那太便宜他了，必须把他折腾到不能折腾的地步再让他完结。一路上，他编着歌谣，让轿夫大声唱。这些歌全是讽刺贾似道的歌。贾似道每个字都能听得懂。

有一天，他们来到一座庙前。

赶了一天路的贾似道很想到庙里歇歇脚，他觉得自己太累了。他现在连庙边蟋蟀的叫声都不想听到了，他只想听到郑虎臣一声令下，叫他到庙里坐坐。

郑虎臣还真的叫大家进庙里歇歇。

贾似道大喜过望。

可他还没有坐下，郑虎臣却指着庙墙上的字对贾似道说："贾团练，你认识这些字吗？"

贾似道这才看到上面真的有人题过字。他细一看，居然是吴潜题的字，他抹着脸上的汗水说："我认识这些字，是吴潜题的。"

郑虎臣冷冷笑道："好啊，你真聪明。不过，我还有一个问题，你一定要好好回答。请答题：吴丞相怎么会到这里的？"

贾似道当然最有资格把这个问题回答得完整，但他能回答吗？他只是在那里脸色刷白地紧闭着嘴。

不久，一行人到了泉州的洛阳桥，正好碰上叶李。叶李当年就因为反对贾似道被流放漳州，现在正好被平反，从漳州回家路过这里。双方是在客舍里相见的。

叶李说："想不到居然在这里相见。我没什么礼物送给师相大人，就送你首诗吧。"

贾似道一听，心头不由大为感动，他眼巴巴地看着叶李。

叶李是个才子，很快就把诗写好，然后递给贾似道。

贾似道接过一看，差点把头撞到地板上。

原来这是一首讽刺诗：

君来路。吾归路。来来去去何时住。公田关子竟何如，国事当时谁汝误。雷州户。崖州户。人生会有相逢处。客中颇恨乏蒸羊，聊赠一篇长短句。

叶李看着贾似道想哭的样子，大笑而去。

郑虎臣押着贾似道继续向前。

一个月后，他们顺着水路来到南剑州的黯淡滩。

郑虎臣说："这里的水真清。贾似道啊，你为什么不死在这里呢？"

贾似道可以不怕皇帝，也不怕别人，但就是怕死。一路过来，不管郑虎臣如何折磨他，他都不敢顶嘴，但现在他必须发表自己的意见了："太皇太后答应不让我死。我必须服从她的命令。”

他们到了漳州的木棉庵，郑虎臣算是完成了任务，贾似道也算是到了自己的贬所。他以为，只要郑虎臣离开之后，自己幸福的新生活就马上降临了。哪知，郑虎臣却不想让他活下去了。

郑虎臣把贾似道的儿子和小老婆们都关在一个地方，然后让贾似道独自一人居住。

贾似道上厕所时，郑虎臣满脸横肉地冲过去，把贾似道杀死在粪坑上。

贾似道也许给自己预测过很多种死法，但他绝对没有想到自己会在粪坑上被人杀死。

郑虎臣后来被陈宜中抓住，死在牢中。

文天祥也无奈

虽然大家拼尽力气，把贾似道搞定了，但宋朝的形势却越来越严峻了。

江南一带，元兵已经全面保持高压态势，完成对临安的包围。而在四川，元兵同样取得了几连胜。当时宋朝方面驻守成都的是成都安抚使昝万寿，与他玩对手戏的元方将领是赛音谔德齐。这两人虽然天天为敌，但个人关系却很不错，表现得很君子，有点儿像当年的羊祜和陆抗。赛音谔德齐知道成都目前很难打下，因此就下令部属不许骚扰成都，让大家都先和平相处。昝万寿一看，对赛音谔德齐也很尊敬，双方由此都佩服对方。

没多久，忽必烈把赛音谔德齐召回去。昝万寿知道老朋友要走了，就摆个酒席给赛音谔德齐饯行。

赛音谔德齐接到邀请后，连衣服也不换，直接就去赴宴。他手下人都劝他说，宴无好宴，会无好会啊，还是别去的好。

赛音谔德齐却笑着说：“你们不要怕。昝将军可以毒死我，但他能毒死全体大元人吗？”

昝万寿一听，就更加佩服了。

赛音谔德齐回去后，忽必烈令汪良臣过去，说："咱们对成都用兵已经很久了，可就是没有效果，现在让你过去主持四川大局。"

汪良臣绝对是个鹰派人物，到四川之后也不停歇，直接就部署兵力去攻打嘉定。

昝万寿守在城里，就是不出战。

汪良臣一看，立刻知道他的用意了，昝万寿肯定是在山谷外设了埋伏。他下令撤回攻城部队，跑到山谷中搜索，果然抓到一大批埋伏的士兵。

汪良臣把这些士兵全部处死，然后再带部队到城外修筑工事，准备攻城。

昝万寿这才知道，自己的这个小阴谋在汪良臣面前，实在是太低级了。如果让对方把工事做好，自己以后的日子就会更难过了。于是，他带着全体部队杀出来，与汪良臣大战一场。

汪良臣本来就盼望他出城来对抗，现在看到他真的出来了，就下令，大家不用修什么工事了，直接在战场上打赢他们。大战的结果，汪良臣轻松地把昝万寿打败。大败的昝万寿最后选择投降，把自己辖区内的三龟、九鼎、紫云等几个城都献给汪良臣。

于是，四川一大片土地又划入大元的版图。整个四川只有张珏守的重庆没有归顺，但已经被包围得水泄不通。

其实到了这个时候，四川的成败对大宋已经不重要了。因为现在他们的首都已经处于难保的境地。

那个曾经不停地要求重罚贾似道的王爚，现在又把枪口对准了陈宜中。

他罗列了陈宜中一大堆罪状：贾似道的死党；假公济私；接受投降分子的贿赂；听信谗言阻拦文天祥带兵救国；表面说严惩国贼，实则当贾似道的保护伞；勤王军队已到首都，陈宜中却把他们往外派遣；元兵抵达吴门，宰相应该出来督师，可陈宜中却没有出现；派张世杰去统率水师，派刘师能带水兵去陆战，是陈宜中最为典型的指挥失误……

最后，他总结出陈宜中误国的程度并不比贾似道轻。

陈宜中一看，气得要吐血，可这些事却实实在在是他做出来的，于是他也像贾似道一样，把一纸辞呈递交上去。他比贾似道做得更像是真的要辞职。他交了辞呈之后，就立马走人。朝廷派出四批使者去追他，他也不回来。

历史经验告诉他，只要是干坏事的，这个朝廷永远舍不得他们离开。

陈宜中刚离开，伯颜又受命出征临安了。

伯颜本来已经回到首都向忽必烈述职，并建议忽必烈尽快进军临安，忽必烈就又让他带军出征。但伯颜发扬风格，认为现在阿术的功劳比他大多了，应该排名在自己的前面。

忽必烈于是提拔阿术为左丞相，然后兵分四路继续灭宋战争：伯颜直接攻打临安；阿术则攻淮南；阿尔哈雅负责夺湖南；万户宋都木达带着吕师夔等一批投降派打江西。

在元兵大面积打过来时，宋朝方面虽然已经毫无办法，但再没有办法也得应付。他们也作了一个调整：再提拔夏贵为枢密副使、两淮宣抚大使，与知扬州的朱焕对调，然后召李庭芝回朝廷。哪知，夏贵老早就跟大元暗通款曲，目前是领着大宋的高工资、享受着大宋的特供生活，却在为大元工作，而且还不怕身份暴露，继续公开地潜伏。他之所以敢于这样，就是因为他有自己的势力，可以完全不怕大宋对他怎么样。现在要把他调离他的根据地，他是万万不答应的。所以，他拒不受诏，朱焕也不愿意离开扬州，李庭芝一看，光我一个人服从中央，又有什么用？于是也不动身。

既然几个老牌牛人不服从命令，就提拔一些新人吧。现在又听话又爱国的新人是谁？

只有文天祥了。

于是，他们任命文天祥为兵部尚书。文天祥终于进了大宋的决策圈，而且成为军方大牛人，只是现在已经没有军队了。

虽然没有军队，但文天祥仍然列出了一个整体收复失地的方案。这个方案很大气，重点内容就是，在全国设立四个大镇，组织力量全线向元兵反击，让元兵四处应敌，疲于奔命，然后取得胜利。这时，整个朝廷除了内斗还有力气之外，别的激情已全部蒸发。看了文天祥的这个方案后，都觉得文天祥满脑子是不切实际的幻想。于是，把他的方案丢到一边。

他们不理文天祥的方案，但还是让他去当平江府知府。

宋朝的内政越来越乱，元兵却越来越近。

阿术也越来越猛，他派兵攻下泰州。泰州的守将就是孙虎臣。孙虎臣虽然专打败仗，也干过很多敌快亲痛的事，但这时他还记得自己是大宋的人，看到元兵涌进城后，果断自杀而死。

姜才这时手下又有了一万五千人。他是个勇士，虽然打了几次败仗，但就是不服，只要有点力量就忍不住去拼命。他带着这支部队又去找阿术，结果又被阿术打败。

阿术再向前进军，这次的目标是吕城。前一段时间，宋朝的刘师勇居然突然出兵，把吕城拿下来，让阿术觉得很丢脸。现在宋方守吕城的是张彦。

张彦级别很高，但打仗水平很差，上次带着一批水兵行动缓慢，不但没有去跟张世杰会合，导致张世杰这个步兵大将在水面上跟人家拼，直到拼光了，才开到附近，而且又玩起反串的把戏，把一群本来该在水里打的水兵，带到陆地上被大元骑兵打得满地找牙。这次奉命驻守吕城，能守出什么来？

阿术彻底看扁了张彦，一来就猛攻，张彦果然没有一点办法，城门很快就被攻破，他也成了俘虏。成了俘虏的张彦，根本不用谁动员一下就举手投降。

阿术打这几个小城，真正的意图是剪除常州的外援。现在常州周边的卫星城都被拿下了，该是主攻常州的时候了。

阿术带着主力部队打常州。他本来以为，到了这个时候，拿下常州应该没什么难度。可他一连猛攻多次，却都不成功。他也有点傻了。

消息很快传到大元的首都，忽必烈开了个会来研究这个问题。

姚枢说："这不是因为宋朝的战斗力突然膨胀，主要问题是出在我们的身上。当初伯颜南下时，因为陛下颁布了止杀令，所以伯颜没用多少时间和精力就接连拿下三十多座城池。自古以来，平定江南没有这么神速的。可是现在这个势头被叫停了，自从今年夏天以来，南方再没有一座城主动投降过来，不管那座城的守卫力量如何薄弱，但他们都在抵抗到底。这是为什么？这是因为我们的将士被胜利冲昏了头脑，忘记了陛下的教导，到处滥杀无辜，迫使南人拼命抵抗。虽然我们这段时期都还能取得胜利，可这些胜利的代价已经越来越大，军人伤亡的人数也越来越多。现在认真算起来，宋朝的整体实力连一个割据的政权都不如，只要用力一打，临安就会应声而下，可是到现在我们仍然拿不下临安，剩下那几个大城仍然在坚守。他们拼死抵抗的原因其实很简单，就是怕我们屠杀他们。所以，现在应该重新下诏，坚决禁止杀戮，给南人看到还有生存的希望。这个希望一出现，他们抵抗的决心就会弱化。他们抵抗的决心一弱化，我们就少一些士兵牺牲。"

忽必烈同意。

这些政策虽然很有效，但对李庭芝无效。阿术还在猛攻，但李庭芝仍然守得住。

阿术已经完成了扬州外围墙的修建，彻底断绝了扬州与外界的联系，城中的粮食已经吃光，城中的道路上到处是饿死的人的尸体。但李庭芝仍然面色如故，一脸肃穆地带着军队守城，只要敌人攻上来，他就坚决反击。

阿术没有办法。以前他可以来个避实击虚，这个城太顽强了，他就带队跑到别的地方打，可现在已经没有什么城可打了，只有李庭芝在这里了。

当然，还有临安、常州等，可那是忽必烈分配给伯颜的任务，而且伯颜已经带着大军隆重开出，并分路向临安进发，打响了亡宋的最后一枪。

伯颜是八月底来到湾头，然后率大军渡过长江，二十五日他到达镇江，给诸将分派了任务：阿喇罕从建康出发，直赴独松关；董文炳率左军顺长江入海，以范文虎为向导，最后取道江阴，主要任务是拿下澉浦和华亭；他自己由吕文焕为向导，去攻取常州。这些目标一旦达成，则临安立即成为孤城一座。

伯颜的攻势很猛烈，一轮攻击下来，大宋的常州守将就不得不向朝廷告急。

宋廷派出两千人跟张全过去救援，算是尽点中央的义务。文天祥一看，两千人能做什么，便又从自己手下抽出三千兵由麻士龙、尹玉、朱华带着随张全过去，这才使得这支队伍有点规模。

张全绝对是个奇葩式的人物。

伯颜看到宋朝居然还有援兵派出，就让部队前来打援。

双方很快就碰到一起，麻士龙首先与元兵开打。张全部就在附近，但他只是站在那里当观众，好像麻士龙不是自己的队友一样，一直到麻士龙彻底失败、光荣牺牲之后，他才突然想到，元兵打完麻士龙，肯定又会来打他，于是抓紧时间退回五牧。

朱华看到元兵势大，急忙带着自己的部队挖好工事，做好迎击的准备。可张全坚决不同意。

元兵一看，就逼近过来。

伯颜知道，如果打张全，朱华肯定会去救，但如果先打朱华，张全会继续当观众。张全现在出场，完全是为了当专业观众，而不是来打仗的。元军全力攻击朱华，双方从上午一直打到下午，不分胜败。张全在一边看得都累了，也不前去救一下。

到了晚上，元兵从后山绕道，想从背后再插朱华一刀，哪知，尹玉却在那里防守，奋力迎击，把一千元兵打死。张全此时就在河对面，双方交战的情形看得一清二楚，但他就是舍不得放一箭过去，生怕自己一不小心前去帮忙，自己的队友会取得胜利。

最后，尹玉寡不敌众，被元兵击败。败军渡河逃向对岸时，张全出手了。他下令士兵们一定要看好河里的船，只要尹玉的部队攀上船舷，就挥刀剁手，不少人就这样落水淹死。

尹玉做梦也没有想到，自己居然跟这样的人做同事，只得咬牙带着剩下的兄弟反身回去跟元兵拼命。估计他现在最想跟张全拼命，只是他不能这样干。

这时，他手下只剩下五百人了。

元兵以为要消灭这五百人，不会花多长时间，哪知这五百人一拼命，勇猛得跟野兽一样。他们从傍晚一直打到第二天天亮，才结束这场战斗。

元兵到天亮时才发现，田地里堆满了一大片尸体，全是穿元兵服饰的。而尹玉居然还没有死，大家围上去，居然又让他砍中几十人。最后神一般的尹玉终于累倒在地。他连举刀自杀的力气都没有了。

元兵本来很敬重英雄，如果是拖雷在现场，肯定会对尹玉这样的人努力劝降，即使尹玉誓死不降，他也会很体面地让这个英雄死去。这么多年来，宋朝很多人都在殉国，但还真找不到尹玉这样的英雄。尹玉的官远比吕文焕低，也比张彦那些人低，就是比还在对岸上观望的张全也低，他没有指挥过千军万马，没有说过多少豪言壮语，但当他浑身鲜血倒下时，是真正的气壮河山。南宋时代的风骨终于在这个腥风扑鼻的黎明，得到了有效的展现。

此时的元兵离拖雷时代已经遥远，那种英雄情结也已经消失。他们看到这小子居然这么强悍，杀死了这么多无敌的大元士兵，觉得这是对他们的一种侮辱，他们必须以牙还牙、以眼还眼。

于是，他们在尹玉的颈部横架四枪，然后用木棍将他击毙。

文天祥知道后，当然极为愤怒，他能不愤怒吗？他要求朝廷处死张全，以儆效尤。然而这个奇葩的朝廷说，算了吧，尹玉都死了，那几千兄弟都为国捐躯了，就是杀了张全，他们也不会活转过来的。

是的，这就是宋朝的统治者。他们对那些敢于危害国家的大奸大恶之人永远是法外施恩，唯恐杀完这些人之后，奸臣就会灭绝，大宋的江山就会无趣，他们就会活得一点不精彩。而对于那些能力挽狂澜的英雄，永远抱着提防的态度，能残酷打压的就尽量残酷打压，即使到了眼前这个地步，仍然不肯悔改。

至于张全在破坏国家的大事，他们比谁都清楚。他们为了给文天祥一个交代，就让他交一笔罚款了事。然后追增尹玉团练使、麻士龙高州刺史。

宋廷高层救了张全的性命，但却救不了自己。

逼近临安

伯颜在张全这些人强有力的配合之下，顺利清除四周的据点，完成对临安的包围。

陈宜中看到蒙古大军源源不断地开来，临安城里已经没有多少兵员了，这才知道当初打焦山之战的决策是多么错误。他在慌乱之中，只得下令征兵、征兵再征兵！

可临安城里还有多少适龄青壮年男子给他征？

但也必须征。

于是，十五岁以上的男性公民全部免体检入伍去保家卫国，还取了个很漂亮的称号：武定军。这时，陈宜中同志终于想到了文天祥，想到文天祥手里还有兵马。虽然此前他断言，文天祥的兵马是乌合之众，开到首都来只能添乱不能打仗。

伯颜直属的军队取得预期的胜利，江西战场上也是捷报频传。

宋都木达一部进入江西之后，根本没有碰到多少障碍，一路长驱直入，锋芒大盛，连取十一城，直达抚州城下。

大宋江西第一把手就是黄万石。他此时的职务是江西制置使。本来，他的任务是主持江西一带的抗元事宜。可他到任后，这方面的工作一点没有开展，这时接到元兵进逼的消息，就吓得脸面发白，于是，卷起包袱闪人。

黄万石手下的都统密佑倒不怕死，带着自己的部队前去迎战元军。

双方在进贤坪那里相遇。

近来元军接受太多的投降部队了，突然看到前面又来了一支宋兵，便很热情地大叫："你们哪一部分的？是来投降的还是来打仗的？"

密佑一听就气炸了肺，他大声回答："我是来打你们的。"挥兵前冲。但终究人数太少，没冲出几步，就被元兵重重包围。

宋都木达知道宋朝现在想要投降的人很多，但只要哪个人敢于硬冲上来，其战斗力是不能轻视的，要是不认真对待就会吃大亏，因此他下令只向密佑部放箭。

宋兵在密集的箭雨中纷纷倒下，密佑也身中四箭、三枪，但还是舞着双刀，带着一批亲兵向前血拼，元兵居然挡不住他们。

密佑杀到河边，准备渡河而去，哪知，河上的板桥却突然断掉。宋都木达终于把他抓住。

宋都木达很佩服密佑，亲自劝密佑投降。但密佑不同意，他就把密佑关了一个月，消消他的意志。可密佑仍然不投降。每次宋都木达派人去看密佑时，都听到密佑在破口大骂黄万石，说黄万石是卖国贼，害了他也害了国家，反而没有骂大元多少。

宋都木达觉得密佑不但勇敢，也很清醒，就更加想把他招到自己的手下，便又派出吕师夔和刘琍出面，拿着任职金牌去做密佑的思想工作，密佑只是冷冷地看着这两个家伙在喋喋不休，一言不发。后来，吕师夔两人发现自己逻辑严密、评论得当、说服力极强，但跟对牛弹琴没有什么差别，对方根本不把一个字装进耳朵里，只得灰溜溜地跑了出来，向宋都木达报告劝降失败。

宋都木达仍然不甘心，又把密佑的儿子派过去劝。

密佑的儿子对老爸说："老爸，你要是死了，我们怎么办啊？"

密佑可以在吕师夔面前保持沉默大半天，但他不能对儿子沉默，就大骂儿子："你可以到处乞讨啊。你只要说你是密都统的儿子，人家都会可怜你的。"他儿子还能说什么？

密佑觉得自己该说的已经说完了，就解开衣服要求去死。宋都木达没有办法，只得满足密佑的要求。据说，处死密佑的时候，连元兵们都在流泪。

宋都木达追着黄万石打，很快又到建昌。黄万石才刚到建昌没多久，听说宋都木达又开到了，不由大骂不已，但骂归骂，还得继续逃，又逃到了福建。

于是，宋都木达兵不血刃地又拿下了建昌。

碰到这样的对手，宋都木达笑得脸都歪了。几个月后，黄万石也投降了。

伯颜却不一样了，他还在常州那里没日没夜地作战。伯颜已经把能用的军队全用上了，但仍然没有打下常州。

他也派人进去劝降，里面那几个守将没有一个人动摇。

伯颜本来脾气很好，现在被折腾到这个地步，也非常气愤，把降将王良臣叫来，命令他把附近的群众都调来，运泥土在常州城外修建土垒。那些老实巴交又怕死的群众挑着泥土上去之后，伯颜一声令下，士兵们冲过去，把这些群众推进土垒中杀死，然后把这些死人都拿来熬油，用这些油来当火炮，打进城里。这些火炮打进去之后，能烧掉盾牌和其他木质障碍物。

伯颜也不休息，天天督战，一刻也不放松。城里终于挺不住，但城里守军的意志却更加顽强，战斗力没有一丁点下降。

伯颜天天气急败坏地出现在前线，大声喝骂着士兵，驱赶着他们拼命前冲。伯颜已经完全失态。元兵就是在伯颜完全失态的状态下攻下了常州。

当时常州宋将有刘师勇、姚訔、王安节、陈炤等几人。最先战死的是姚訔，陈炤和王安节仍然在打巷战。有人跑过来对正在巷战的陈炤说："西门和东门还没有关上，现在逃跑还来得及。"

陈炤大声说："离开这里一步，就不是我应该死的地方。"一直打到中午，陈炤最终战死。

伯颜进城。这时伯颜仍然处于高度的愤怒之中，挥舞着手臂，大声命令屠城、屠城，把所有的人都杀光。

王安节被活捉送到伯颜面前。伯颜问他投降吗？他坚定地说不。伯颜下令将他杀掉。你可能还不知道他是谁的儿子吧？他是王坚的儿子，作为王坚的儿子，他能投降吗？

刘师勇带着八名骑兵杀出重围，然后逃到平江。

常州一役，让伯颜见识到了南宋将士不怕死的抵抗精神。

拿下常州，伯颜算是松了一口气。因为常州的坚固曾经引起过忽必烈的关注，拿不下这座城，他真的无法向忽必烈交代。

宋朝这时又做了个可笑的动作。陈宜中居然相信谢枋得的话，再次启动议和程序，而且这个议和实在太搞笑了。谢枋得被提拔为江西招讨使后，突然有个重大的发现：淮西、江东、江西州郡的守将基本都是吕师夔的部下，所以才排着队去投降，而他跟吕师夔的私人关系很铁，保证吕师夔是完全可以信任的，只要给吕师夔足够的职务，他就又会变成大宋自己人。大宋的高层全盘照着谢枋得的方案去实施，先把长江沿线划出一块给吕师夔管辖，任命吕师夔为镇抚使，然后让吕镇抚使代表大宋去大元帝国讲和。这个方案是要多可笑就有多可笑。现在吕师夔是大元的高官，他们居然让他当自己谈判的代表。当然还没有完，谢枋得还亲自去找吕文焕，要他看在过去的交情上，帮大宋讲点好话。他的动作倒快，说做就做，跑过去与吕文焕见面，哪知，吕文焕到大都去了。他只得空着手回来。脑残方案实施到一半，就宣布结束。

在宋朝热衷于玩这些脑残游戏时，伯颜的大军已经杀到独松关。

独松关的守将有两人：一个叫冯骥，另一个叫张濡。两人都知道，以他们的这点力量根本挡不住伯颜。但冯骥却带兵守到最后一刻，然后战死，张濡却提前逃跑了事。

独松关一失守，等于宣布临安的大门已经大开。

临安周边的城镇和据点看到元军大踏步杀过来，都吓得纷纷逃走。临安城里更是一片混乱，亡国前期的恐慌气氛到处弥漫。

文天祥和张世杰还是很镇静的，他们碰了个头，商量着如何应对。文天祥说："只要在淮东加固工事，那个福建路和广东路就还可以得到保全。如果跟敌人血拼能够取得胜利，就可以下令淮东那里的部队截断敌人的后路，也许国家还有救。"

张世杰觉得很正确，两人集体上书，要求朝廷按此方案去实施。

哪知，陈宜中仍不愿相信文天祥能够救国，接到张世杰的上书之后，看了一眼，就丢在一边，慢条斯理地说："咱们天朝的军队，只宜固守首都。别的做法都不正确。"

有个叫陈著的秘书监知道后，上奏强烈要求采纳文天祥的建议。陈宜中看到这个家伙还在力挺文天祥，就大怒起来，当场把他贬出首都，出知台州。

陈宜中打压正确意见很果断，但一谈到如何对付敌人，就在那里犹豫来犹豫去，好像什么办法都不行，什么办法都比不过议和更安全有效。伯颜的大军四面围拢过来时，他又派柳岳去见伯颜，再次为廉希贤之死道歉。请伯颜开恩，把他们的军队撤回去。

伯颜只是看着这个一脸刷白的使者，没有作声。柳岳说着说着，最后大哭起来："现在我们的皇帝还是个孩子啊，而且还在穿着丧服守丧之中啊……"

伯颜冷冷一笑，说："别再把自己说得那么可怜了。你们杀了我们的使者，而且是多次干这些事，我们这才出兵打过来。现在被打败了，才觉得自己很无辜。当年吴越钱氏向你们交出土地、南唐后主向你们举手投降，那时你们是怎么做的？现在你们觉得自己的国主很小，很可怜，可你应该还记得当初你们也是从人家孤儿寡母手里夺取政权的啊。"伯颜虽是花剌子模国人的后代，但对中国的历史还真熟悉，一开口就把大宋开国的事说得很流畅，把柳岳批得无话可说。

伯颜驳得很是有理有据，明确无误地告诉大宋高层：投降，只有投降才是唯一的出路。但陈宜中仍然在那里不厌其烦地动着脑筋。他想了很久，又想出一个办法，吕师夔靠不住，吕文焕应当靠得住吧？吕文焕比吕师夔有分量多了。陈宜中先追封吕文德为和义郡王，接着任命吕文德之子吕师孟为兵部侍郎。他以为如此一来，吕文焕就会对他们有好感，就会帮他们在大元皇帝面前说好话。可吕文焕一看，居然打起他大哥的牌来，实在好笑啊。现在就是打他的牌，他都不当一回事。

伯颜知道张世杰正带兵去守平江，便加快进军步伐，在张世杰部到达之前，向平江进发。虽然文天祥曾在平江当过老大，但他走之后，这城的几个官员却一点不把他的教导记在心上，看到伯颜的大军隆重开来，就先举手投降，献出城池。而主持平江受降仪式的正是吕文焕。

张世杰正带兵狂奔而来，半路听说平江已经换了旗帜，只得停止前进，然后回临安去。如果再晚了，只怕临安又失陷。

那个在伯颜面前痛哭的柳岳很快就回来交差，说伯颜对咱们已没有一点同情心，你看来得另想办法了。但陈宜中除了对自己人有办法外，他对敌人有过办法吗？

他明知人家已经不给他们议和的机会了，但还是硬着头皮，又组织了一个求和代表团去伯颜那里哀求。这次代表团组成人员有柳岳、陆秀夫以及吕师孟。

这次他们给出的条件是除了纳币之外，还称侄皇帝，并且还很不要脸地给吕文焕下了一道命令，命令他务必说服元方高层，让他们停止军事行动。伯颜一看，居然连这样的赦令都敢下发。伯颜最后只是说，你们回去吧，现在要么投降，要么出来打仗，没有第三条路可走了。

陈宜中又拍着自己的脑门，提出另一个方案，咱们就再放一下身段，不当侄皇帝，只求大元帝国封咱们当个小国皇帝。这应该可以吧？

太皇太后一听，既然丞相都这么说了，那就这么办吧。

可是伯颜仍然不同意他们这么办。现在提什么条件都不行，只有无条件投降。

湘中烈士

再来看看阿尔哈雅那一路。

他在潭中也碰到了一个硬骨头。这个硬骨头叫李芾。李芾的职务是湖南安抚使兼潭州知州。阿尔哈雅居然跟他在潭中对峙了三个多月，几乎天天打仗，却仍然没有进展。阿尔哈雅没有想到李芾居然这么顽强，一个孤城能守这么多天，也算厉害了。他很想派人进城去劝降，可是城门就从没开过。他就把信绑在箭上射进城中，信里全是恐吓威胁的文字："你们要是再不投降，我们打进去之后就屠城。"

可射出去很多天，也没有一张纸从城头落下来，搞得阿尔哈雅也很郁闷。

阿尔哈雅后来才知道，对付李芾这样意志顽强的人，劝降是无用功，只有老老实实攻城才是硬道理。他在城边转了一圈，就把诸将召集过来，划分区域来加以围困，决开护城壕沟、放干里面的水后，就在里面架起云梯，然后拼命攻城。这一次，阿尔哈雅比伯颜还拼命，亲自跑到第一线指挥，结果中了一支流矢，身体都有点摇晃起来。可他重伤仍然不下火线。大家看到老大都拼了老命，都更加不要命地向城头攻去。

城里被围攻了三个多月，本来就已经很困难了，这时就更加危急起来。很多部下都跑到李芾面前哭着请求："老大，守不住了，咱们这些领国家俸禄的可以不怕牺牲，可是不能让老百姓跟着死啊。"

李芾大骂："是你们想投降，却拿老百姓来说事。谁要是再说这样的话，我先砍他的脑袋。"

李芾刚说完这话，就到了1276年春节。这个大年初一，潭中城的城头城下，双方兵器乱舞，到处血肉横飞，城内则人心惶惶……阿尔哈雅指挥的元兵已经密密麻麻地攀上了城头……城内，衡州知州尹谷正在家里举行一个活动。他的儿子在今天正好满二十周岁，按当时的传统习惯，这一天必须为这个儿子举行冠礼。大家一看，都对他说："现在都什么时候了，你还做这个活动？人家都打进来了，要砍咱们的头了，还搞什么冠礼！"

尹谷却从容地说："我现在是要儿子戴着成人的帽子和腰带，好去见祖先。"他说完这话之后，立刻把这个活动举办了。而举办完这个活动之后，他吩咐大家在家门口堆满了柴火，然后把门锁上，全家人都在房里坐好，然后放火烧起来。

邻居看到他们家起了大火，便都去救火。但火势太大，无法靠近。

后来，大家看到熊熊烈火当中，尹谷和他的儿子戴着帽子端坐着。帽子有一次落下来，他又捡起，重新端端正正地戴上。

城可以破，头可以断，冠不可以落！

李芾知道后，大为感叹，命令用酒祭奠他。此时，大元帝国愤怒的大兵们已经冲进城内……

李芾留下宾客们在家里喝酒，然后提笔写下“尽忠”二字。

接着，他把宾客们全部礼送出门。

此刻，喊杀之声已经响遍全城，李芾浑然不顾，似乎这些声音与他无关。他取出金子，把自己的亲信沈忠叫来，对他说：“这是我给你最后的命令。我现在已经精疲力竭，我死之后，我的家属也不能成为敌人的俘虏。所以，你先把他们杀死，然后再杀我。”

沈忠一辈子做了很多梦，但从不会梦到这样的事情。他服侍李芾已经多年，李芾向来待他如至亲。他常常想着，此生都无法报答李老爷的大恩大德，哪知，最后居然要他亲手砍死李芾全家。

他当场跪倒在地，叩头不已，说他做不到。但李芾却坚持要他这么做。

沈忠只得涕泣答应。

大街上已经惨呼迭起，容不得他再抒发那无穷无尽的情感了。

沈忠终于举起刀，一口气把在场的人一刀一个，全部杀死。这些人死得不明不白，但手起刀落的沈忠却痛苦万分。

李芾没有流泪，他早就预料到今天这个场面。潭中被围三个多月，他对自己最后下场的场景已经在心里作了多次的预想，心理准备已经足够。他看到全家人都死了，然后走到沈忠面前，把颈脖伸出……

沈忠举起了大刀，春节的寒风，不断地吹落着大刀上的血滴……

沈忠完成这个任务之后，觉得自己也不应该活了，于是跑回家里，杀死自己的家人，再跑到李家放了一把火，然后自杀。

李芾的几个幕僚也都跟着自杀。后来，城中的很多百姓听到这些故事后也都自杀。一时之间，街道上横陈着很多自杀者的尸体。据说，井里都有很多跳井的人，树上到处是自缢者僵硬的摇摇晃晃的尸体。

1276年的大年初一，潭中城中在流行一种叫自杀的活动……

国已破，家岂能独存，不死胡为？这就是当年这些潭中人心里的唯一想法。

作为军事最高负责人的吴继明和刘孝忠最后选择了投降。

阿尔哈雅这天的心情也跟伯颜在常州的心情差不多，准备在进城之后，放纵士兵大肆劫掠。这些打了几个月硬仗的士兵，更想在取得胜利之后靠打砸抢来发一笔大财。

不过，在阿尔哈雅准备发布这个命令时，和尚宣在第一时间劝住了他："抵抗我们的是宋朝的军队，而不是老百姓。现在老百姓们投降了，就成了我们的老百姓。我们有什么理由杀自己的老百姓？何况周边还有这么多城池在等着我们去攻打。如果我们不放过一群投降的老百姓，就意味着也不许他们投降，就会增强他们拼死抵抗的决心。一个潭中我们费了多少时间，牺牲了多少人才打下来啊。"

阿尔哈雅一想，这个命令一下达，后果真的很严重，立刻收住自己狂怒的情绪，全面采纳了和尚宣的建议。

果然，止杀令一发，附近的很多城池都主动放弃抵抗，过来办理投降手续。

阿尔哈雅一看，幸亏有和尚宣提醒啊。看来进中原，还真需要懂中原文化才行。

大宋终于投降

阿尔哈雅派吕师夔去打江东地区。有些搞笑的是，此时与吕师夔对峙的正是那个自称是老朋友的谢枋得。谢枋得曾经拍着胸脯表示自己跟吕师夔关系铁得要命，完全可以叫他在元朝那边当大宋的代理人。哪知，现在这个代理人却来找他打架。他想都不想，直接带着军队去迎战。谢枋得以为老朋友会怕他，因此他叫他的前锋在看到吕师夔的部队时就大叫：“谢提刑来了。”

吕师夔一听，下令放箭。

一支箭杆正好落在谢枋得的马前，差一丁点就射中马头。谢枋得吓得拨转马头就逃，一口气逃到安仕。当然，他也不想担当不抵抗的罪名，于是就叫张孝忠去打仗，说我是文官，救国的本事是靠嘴皮，你是武官，必须带兵去上战场。

张孝忠也懒得骂出声来了，只是鄙夷地盯了谢枋得片刻。谢枋得却仍然厚着脸皮对他微笑着。

张孝忠不再说什么，取出双刀，带着部队去迎敌。

张孝忠就像他的名字一样，奋力为国战斗，箭射完后，就带头去跟敌人肉搏。吕师夔看到张孝忠这么勇猛，只得后退。然后派另一支部队从背后搞袭击活动。

张孝忠本来部队就不多，突然看到自己被人家突袭，都乱了手脚，然后四下溃散。张孝忠没有办法，只得硬拼到底，最后被人家射死。他的马倒是逃了回来。

谢枋得的记忆力很不错，看到那匹马独自逃回，立刻认出那是张孝忠的坐骑。他当场从“马上没人”推理出“张孝忠已死”的结论，便逃跑了。他还是很孝顺的，逃跑时连老婆孩子都不通知一声，但却背着自己的老妈跑路。他终于知道，凭自己这点本事，真不能在这个乱世里混了。他从此不再当官，改行去当算命先生了。

谢枋得背着老妈逃跑了，参知政事和同签书枢密院黄镛也偷偷逃跑。

几乎所有的人都看得出，临安已经彻底不安全了。

大元官兵当然也知道。他们更知道临安作为宋朝的首都，经过大宋朝这么多年的经营，已经成为全大宋最为繁华的城市了，谁能够冲进去谁就会发大财，因此都强烈要求去打临安。

伯颜想了很久，也想不出什么办法来解决这个事，他就把孟祺找来，问他怎么办？

孟祺说：“我认为，不能攻得太急。如果用大军逼迫临安，他们就会逃到福建。他们一逃，临安就会很乱，盗匪就会横行。如此一来，临安三百年的积累就会全部毁灭。所以，最好的办法是想办法让他们投降，和平过渡。当然这是需要一点时间的，得慢慢让他们不必那么恐惧，然后出城投降。”

伯颜一听，大声说好。

其实现在大宋实际最高领导人谢太皇太后已经不想硬撑下去了。

陆秀夫出使回来向她报告，说伯颜不同意他们称小皇帝。太皇太后只得又把条件降下来，说：“那就称臣吧。”

陈宜中觉得太丢脸了。他听到太皇太后的话后，就苦着脸不说话，用表情来告诉太皇太后，他觉得这个很为难。

太皇太后其实更为难，说：“只要能保证宗庙，也不计较什么名分了。”活人可以不管，但一定不能丢祖宗的脸。

陈宜中继续他的风格，觉得为难之后，就什么办法也没有了。太皇太后知道这事不能再拖下去了，现在敌人就在城外，说进来就进来。她派使臣去见伯颜，说我们愿意称臣了，以后每年进贡绢二十五万匹、白银二十万两，条件是保存现有的国土，以便供奉赵氏的宗庙，并且约定由陈宜中与伯颜在长安镇上相见，商量一切事宜。

哪知，这个事才刚刚定下来，大宋满朝文武又都乱了手脚，个个觉得宋廷已完，于是都抢先走人，几任参知政事刚接过委任状就闪人，搞得任命都来不及。陈宜中看到大家都在逃，心里更恐慌，就去求见太皇太后，说还是迁都吧，这里真的太危险了。

太皇太后向来都是听从他的话，既然他说迁那就迁吧。可才到晚上，太皇太后又觉得迁都也跑不过人家，就关起门，谁也不见。

陈宜中去求见，她也不开门。陈宜中本来想第二天一早就出发，哪知，太皇太后突然不见朝臣，不发命令，他哪能逃得开？陈宜中只得在那里发呆害怕，赴伯颜之约也忘记了。

伯颜也很郁闷，好好地做了约定，现在居然连陈宜中的影子都不见。既然他们不出来，那就只好进兵了。

正月十八日，伯颜的部队驻扎在皋亭山，而阿喇罕和董文炳的部队也隆重前来会合，临安城里的人只要往城北看一眼，就可以看到蒙古骑兵在飞奔而来。

文天祥和张世杰认为，真的保不住临安了，建议太皇太后和皇帝直接跑到海上去，然后由他们带兵与元军决一死战。

陈宜中现在怕得要死，哪同意文天祥和张世杰的建议，逃到海上，也只是暂时安全，以后怎么办？

陈宜中派人带着传国玉玺去交给伯颜。当然，还有大宋皇帝的降表。降表全文如下：

宋国主显谨百拜奉表于大元仁明神武皇帝陛下：臣昨尝遣侍郎柳岳、正言洪雷震捧表驰诣阙庭，敬伸卑悃，伏计已彻圣听。臣眇焉幼冲，遭家多难，权奸似道，背盟误国，臣不及知，至于兴师问罪，宗社阽危，生灵可念。臣与太皇日夕忧惧，非不欲迁辟以求两全，实以百万生民之命寄臣之身，今天命有归，臣将焉往？惟是世传之镇宝，不敢爱惜，谨奉太皇命戒，痛自贬损，削帝号，以两浙、福建、江东西、湖南北、二广、四川见在州郡，谨悉奉上圣朝，为宗社生灵祈哀请命。伏望圣慈垂哀，祖母太后耄及，卧病数载，臣茕茕在疚，情有足矜，不忍臣祖宗三百年宗社遽至殒绝，曲赐裁处，特与存全，大元皇帝再生之德，则赵氏子孙世世有赖，不敢弭忘。臣无任感天望圣，激切屏营之至。

这是中国历史上最为沉重的一张降表。

赵宋王朝数代昏君奸臣，把玩朝政，终至江山易于外族之手。

当年，宋朝大军灭蜀时，蜀国的花蕊夫人曾写了一首诗：

君王城上竖降旗，
妾在深宫那得知？
十四万人齐解甲，
更无一个是男儿！

不知道现在谢太皇太后此时此刻再念这一首诗时，心中是何滋味？几代君王把江山玩完了，最后却由她和那个小皇帝来承担这个责任。而满朝文武，此时个个低头看着脚尖。为什么国家一亡，就会变得“更无一个是男儿”？

这是一句亡国之问，应该很容易回答，但谁也不愿意去回答。

文天祥使元

伯颜这次满意了，他派人把传国玉玺以及这张降表拿去大都，献给忽必烈，然后派人把陈宜中叫来，商量出城投降事宜。

可陈宜中就是不来，半夜里逃跑了。

陈宜中虽然把国家玩完了，但他还不想当投降派，最后时刻闪人。张世杰、刘师勇和苏刘义等人看到朝廷也太软弱了，还有这么多军队，完全可以再打一场，于是，都表示不服，带着自己的部队出走，到定海那里驻扎。

石国英看到张世杰跑了，便问，谁去劝张世杰回来投降？

卞彪说：“我跟他是老朋友，我去。”

他很快就跑到张世杰那里。张世杰看到老朋友前来，以为他是来跟自己干抗元事业的，心里很高兴，他杀牛来招待这个老朋友。

老朋友一看到张世杰这么热情，更是心里高兴，看来这个功劳可以归自己了。

两人都很高兴。

酒喝到一半时，卞彪这才不紧不慢地把自己的任务讲出来，劝降理论才说出三分之一，张世杰就叫他住嘴。他还不想停，但张世杰已经下令打手过来，把他的舌头割下，然后把他带到巾子山上肢解，让他死得很惨。

刘师勇则逃到海上。他本是个勇将，向来敢于在第一线冲锋，但此时面对茫茫大海，风浪滔天，突然之间觉得前途已经极为渺茫，便狂喝痛饮，最后酗酒而死。

伯颜仍然是在按规矩办事，催促宋朝方面派首席大臣前来谈投降的最后事宜。

由于几个丞相都已经逃跑，朝中已经没有首席大臣了。

太皇太后没有办法，只得任命文天祥为丞相。

文天祥自出道以来，由于看不惯那些奸臣的所作所为，仕途一直不顺。几乎可以断言，如果没有出现这些变故，他这辈子是很难在宋朝的官场里上到高位的。在那些庸官眼里，他好像连保家卫国的资格都没有，但他没有更多的埋怨，他仍然在尽着本分去努力，一直努力到今天。

现在别人都逃跑了，但他不能跑，他要尽忠。当时，他们尽忠的对象就是皇帝，所以，皇帝在哪，他就在哪里。

谢太皇太后到了现在，才终于发现谁是忠臣，谁是奸臣。当然，她觉得文天祥还是有用的，至少可以把这个首席大臣职责承担起来，代他们赵家去履行投降手续。

于是，她任命文天祥为右丞相、都督诸路兵马，既是最高行政首脑，又是全国武装力量最高司令，跟贾似道差不多同一个级别。其实只是为了能有个头衔去见伯颜而已。

伯颜还是不错的，他严禁大兵们进城，谁一定要进就杀谁。他派吕文焕带着安民告示进城。

此时临安已经失控，那些黑社会团伙已经公开到街上杀人越货，就连三司的卫兵也干起了抢劫的勾当，大白天公开举刀杀人抢东西。

吕文焕的榜文一贴出，社会治安才逐步好转。

文天祥任丞相的当天，就带着吴坚、谢堂、贾余庆出使元军，这是现在他这个丞相的唯一职责，只要完成这个任务，他的丞相之职就自然消失。

文天祥还在半路，天台有个叫杜浒的人带着自己征集到的四千人前来，说要勤王。可是那些当官的都不愿跟他谈勤王的事，他就去见文天祥。文天祥很高兴，对他大大地加以表彰。他也跟文天祥一起去出使。

伯颜在明因寺会见了文天祥。

文天祥见到伯颜后，直接就问："本朝承帝王正统，衣冠礼乐之所在，北朝将以为与国乎？抑将毁其社稷也？"

也许你现在看他这几句话，会觉得可笑，可是当时这些话还是很有气场的。尤其是对元朝这样，在中原一带很没有文化自信的帝王，一听到这几个字，就会觉得有点心虚。

伯颜本来就得到过忽必烈不毁赵家宗庙的指示，听到文天祥一问，就笑着拿出忽必烈的诏书来，当场承诺："社稷必不动，百姓必不杀。"

文天祥又说："北朝若以欲为与国，请退兵平江或嘉兴，然后议岁币与金帛犒师，北朝全兵以还，策之上也。若欲毁其宗庙，则淮、浙、闽、广，尚多未下，利钝未可知，兵祸联结，必自此始。"

伯颜一听就火了，他怒气冲冲地面对着文天祥，说话也越来越不客气。

文天祥却一点不怕，说："我是大宋状元、宰相，你就是用锯子锯死我、用锅来煮死我，我也不怕。"

伯颜看着文天祥，这个读书人满脸正气，说这话的时候，神色坦然。伯颜征战多年，心里还是很有英雄情结的，看到文天祥这个神态，知道这位状元不但长得帅，而且有学问，更是一位英雄，心里也有些佩服，态度当场软化。

伯颜手下的人一看，脸色都变了。他们在伯颜手下很多年，谁都不敢得罪这位相爷，哪知这个宋朝来办理投降手续的读书人居然一点不给伯颜大人面子，好像目前他是胜利方一样，从头到尾都在牢牢地把握着主动权，每一句话都在逼着伯颜，而伯颜居然没有拿他怎么样。

伯颜看到文天祥一点都不想屈服，觉得要是把他放回去，肯定等于把一个后患放回去，因此就不放他回去，只让文天祥的那几个副手回去复命。

文天祥大怒，对伯颜大声说："我是来谈判的，你有什么理由扣留我？"

伯颜换了一副笑脸，说："先生不要生气啊，你现在是宋朝最高大臣，我还有很多事情必须和你当面一起研究研究。"

文天祥就这样被伯颜扣押起来。

伯颜派董文炳和张弘范等人去封存了宋朝的府库，撤除了皇帝的禁军，遣散了文天祥的勤王部队。

伯颜很高兴，一个当时全世界最发达的国家被他亲手消灭，这样的丰功伟绩足可以在历史上大书一笔了。他把从宋朝投降来的高官都请来排排坐，而且还让吴坚等人跟文天祥同桌。文天祥大声骂吴坚等人是卖国贼。

吕文焕过来做和事佬，说现在都这样了，文丞相要看得开些，不要骂吴大人……

文天祥果然不骂吴坚了，但他头一转却把吕文焕以及他的侄子吕师孟骂了个狗血淋头。

那些人在文天祥的大骂中无不满面羞红。他们此时的心情除了羞愧之外，还有愤怒。他们集体向伯颜建议，对文天祥这样的人，一定要拘禁到底，最好把他带到北方去。

到了这个时候，大家都以为不会再出现什么事故了，哪知，仍然有事故发生。

大宋的杨淑妃突然带着她的两个儿子赵昰和赵昺逃跑了。

伯颜一听，就知道坏事了，这两个人虽然还是小孩，但他们是现任皇帝的兄弟，现在皇帝投降了，那些不服气的大臣就会把这两个小孩找回来当作招牌，然后起兵与大元作对。历史上这样的例子实在太多了。他急忙派范文虎带兵去追。他们在杨镇的帮助下，躲在山洞里七天七夜，范文虎硬是找不到。后来，张全带了几十名士兵过来，把他们护送到温州。

还记得夏贵吧？

他老早就跟元兵有过默契，带着自己的部队什么也不做。他一直没有公开高举大元的旗帜，仍然挂着大宋的招牌，直到宋朝宣布退出历史舞台后才说出来。

伯颜便任命夏贵为淮西安抚使。他很高兴拿到那张委任状，可他的那个曾经的死党洪福却不跟他保持一致。

洪福过去是夏贵的童仆，长大后就成了夏贵的家里人一样，跟夏贵到处打仗，立了很多功，不断得到提拔，现在是知镇巢军。这个童仆出身的军人虽没读过什么书，但却很有觉悟，心里装着一颗坚定的爱国心。夏贵宣布投降后，他接着就宣布坚决不投降，把夏贵惊得发呆。

夏贵很焦急，就派洪福的侄儿去劝。洪福脸色一变，当场把这个侄儿砍了。

阿术说，不用跟他啰唆了，把他打一顿。于是派兵去打，但却打不下来。

夏贵说："还是让我出马吧。"

夏贵偷偷做了一番布置，然后去叫城门，说要去和洪福聊天。

洪福看到是夏贵一个人前来，就相信了老主人兼老领导的话，亲自去开城迎接夏贵。哪知，他才一出城门，就立马觉得不对头。原来城门边上早已埋伏了很多人，只等他前来就把他捉住。

现在被这个家伙搞得这么没面子，夏贵这时很恼火，决定向蒙古人学习，下令屠城。

现在蒙古人都不屠城了，夏贵杀自己同胞却比蒙古人更卖力。蒙古人屠城更多是出于一种习惯或者想发财，而他却充满了仇恨。他更仇恨洪福。他叫人把洪福全家找来，要亲自动手杀洪福全家。

洪福的儿子洪源大叫："按照法令，只杀首谋。现在为什么要杀我们全家人？"

这小子居然要在夏贵面前讲法律。

夏贵还没有说出现在他就是法这句霸气的话，洪福就已经大声责骂："我们用性命来报答国家，坚决不能向敌人求饶。"

夏贵挥刀对着洪福的家庭成员们砍过去。洪福则在一边破口大骂，他一边骂一边历数夏贵的种种恶行，直至夏贵把他的脑袋砍下，这个声音才戛然而止。

随着谢太皇太后宣布投降，很多大臣都很自觉地跟皇帝保持高度一致，迅速转换身份，从大宋的人民公仆变成大元的公务员，继续过着腐败的生活。虽然他们此前，每天一谈到人品，嘴里都是忠孝二字，可事到临头，他们的节操还不如那些他们平时最看不起的宫女。

从蒙古大草原上狂奔而来的大元子弟兵们都知道宋朝宫中的宫女很多，而且这些宫女个个漂亮无比，因此他们进城之后，都有两个心愿，一个是抢钱，还有一个就是抢宫女。然而他们想不到的是，居然有几百宫女投井自尽了。

伯颜进入临安，真的是意气风发。他在临安城中竖起大旗，带领诸将巡视全城。三百年的大宋王朝，一朝被他收编；江南风物，尽收眼底，试问古往今来，又有几人有过这样的丰功伟绩？

他当然意气风发，他也有资格意气风发。

他对江南风物应该是很留恋的，但他知道，他还必须回去，回到大都，向忽必烈复命交差。

忽必烈对宋帝还是很宽大的，至少表面上看来，他允许小皇帝在投降仪式上，不用按传统那一套需要“系颈牵羊”。当吕师孟向赵㬎宣布这个决定时，太皇太后对他的儿子说：“这是天子给咱们莫大的荣耀，咱们应该拜谢啊。”以前，天子的荣耀是从他们那里发出的，现在他们也成了天子荣耀的承受者。

部署完毕，伯颜宣布班师回朝。

作为伐宋最高指挥官，他已经完成了自己的历史使命。

然而，宋朝的故事仍然没有结束，仍然留下一个震撼历史的强大尾声！

第五章
崖山，崖山……

当年明月依旧

伯颜虽然宣布完成自己的历史使命，带着大宋皇帝向北方而去，带走了一个历史上最为花团锦簇的王朝。然而事实上，大宋还没有完全归附，南方诸省仍然还在打着大宋的旗号。因此，伯颜下令几个部将负责肃清这些零星的势力，大力开展剿匪行动。

在伯颜离开临安的时候，还有两个人也离开了临安。当然，他们不像伯颜那样离开得空前隆重，而是偷偷地开溜。

一个叫陆秀夫，另一个叫苏刘义。

他们跑出临安之后，狂奔至温州。到了这个时候，你也知道，他们是去找大宋的益王赵昰和广王赵昺。

几个人到了温州之后，就先着手让两个小孩再次扛起大宋的招牌来。后来，他们发现自己的级别太低，两个王爷的年纪太小，号召力明显不足。他们迅速打探到陈宜中就在清澳躲着，他的级别比较高，于是就派人去把他请来，商议再造大宋。

陈宜中虽然怕死逃跑，是个不负责任的宰相，但接到这个邀请后，便又精神一振，第一时间就来到温州，拜见了两个小王。

当然，只有几个读书人是玩不了中兴大业的。他们又打听到张世杰在定海，手里有部队，就又派人去请他。张世杰真的让很多南宋人脸红，他先在张柔手下当兵，后来才投奔吕文德，但现在他却成为大宋最坚定的爱国人士，比他的老领导对大宋更加忠心耿耿。

张世杰来到之后，他们立马请赵昰就任皇帝之职。赵昰现在才七岁，估计连皇帝是什么都搞不明白，但也不要紧，你不明白，在场的大爷大叔们明白就行了。

皇帝要即位，那是个重要的事情，虽然现在是困难时期，可以因陋就简，不要太复杂，但也要找个像样的地方，安置一下皇帝啊。

他们很快就找到了一个内涵十分丰富的地方——江心寺。

不错，就是一个寺庙。传说当年宋高宗赵构就在这个寺里住过，而且那张椅子还原地摆在那里。于是，那张赵构坐过的椅子就成了临时的御座。他们把赵昰扶了上去，算是接过了赵构的班，然后大家在赵昰的面前跪拜。

场面虽然不大，人数虽然不多，但仪式感却十分强烈。

他们还是讲究程序的，先让赵昰当天下兵马都元帅，这也是当年赵构任过的职务，赵昺当副都元帅，然后发动天下兵马讨伐元朝。

元朝高层知道后，一时难以组织力量去镇压他们，就叫谢太皇太后写了一封信，派两个宦官带八个士兵过去，请他们回临安。

陈宜中下令把八个士兵全部沉入江中，然后带着大家进入福建。因为温州离敌人太近，安全系数太低。

你还记得那个黄万石吧？

他从江西前线逃跑之后，一口气跑到福建，可因为元兵太强大了，于是就干脆投靠过去。他投降之后，发觉自己远不如吕文焕他们吃得开。经过研究分析，他很快发现，吃不开的原因是自己投降的时候，没给元朝立过什么功劳。他必须找个机会立功。他想了想，很快就找到了立功的突破口：他曾当过福建漕使，那里有自己的人脉，完全可以靠这个资源夺取福建，然后把全闽献给大元帝国。这个功劳要比吕文焕他们大多了。

黄万石就这样动员闽中的汀、建诸州跟他一起去投降大元。

哪知，那些州的老大正在动摇的紧要关头，赵昰他们跑了过来。那些州的老大一看，原来大宋又活了过来，便都决定不跟黄万石投降了，看到黄万石过来，都关起城门叫他走。

黄万石大怒，可却没有办法。几个州只是关门来对待他，而南剑的林起鳌就对他不客气了，直接派兵过来打他。两人打了一仗，黄万石被打了个大败，再次“仅以身脱”。他官虽然当得很大，但仗打得实在太差，当带兵对付元朝时，被元兵打败，当了元朝的将领来打宋兵时，又吃败仗。真是情何以堪！

林起鳌打败了黄万石，同时收编了黄万石手下的部队，军队人数又多了一些。

陈宜中这时又想到了一条计谋，其实就是制造了一个谣言，然后以檄文的形式到处散发，说老将军夏贵已经重新做人，脱离元朝重新回到大宋的怀抱，现在他已经大发神威，一举收复濒江诸郡。南方一带的元兵都刚到南方，不但水土没有适应，信息也很闭塞，听说夏贵已向宋军反正，都争着要去驻守确江。但广西宣慰使史格却大声说：“这是敌人制造的谣言，咱们坚决不能信，被敌人吓倒，这样只会乱了阵脚。要是夏贵真的叛变敌人，也要等他过了岭海。咱们仍然可以取道云南回去。现在怎么听到一点谣言，就抢着放弃已经占领的据点和城池呢？”

当时元行省高层，连广东境内的几个州，都把兵力集中起来去保卫梧州——保卫梧州，就是保卫进入云南的通道。但同样被史格阻止了。

如果没有史格，元朝以后的麻烦还真大。

而此时，大宋的太后和赵㬎正被押送在大都的路上。

他们必须到大都去，去向忽必烈报到。这是传统，没有亲自向皇帝递交降表，这个投降就还不能画句号。

他们来到了瓜洲，时间是1276年的3月，春天。

当年也是春天，大宋的宰相王安石在这里写了那首诗：

京口瓜洲一水间，
钟山只隔数重山。
春风又绿江南岸，
明月何时照我还？

只是当时王安石是要进京拜相的，而现在的孤儿寡母却要到大都去完成投降任务。王石安感叹“明月何时照我还”时，心情肯定会有点小得意。而这对母子，面对王安石故地，要是想到“明月何时照我还”，就只能对着明月江南流泪了，就只能咬着嘴皮遥想靖康之年赵佶父子被掳北上的情景了。只怕连赵佶父子都没有想到，他们的子孙又走了他们的老路。

当太后和赵㬎在面对瓜洲的月亮感叹时，扬州城里的李庭芝和姜才也泪流满面，他们在那里咬牙发誓，等到皇帝经过时，带兵出城把他夺回来。

两人把家财全部散尽，拿来分给所有的将士，然后带着四万人出发，直取瓜州。

负责押送宋朝皇帝的是阿术，当然也是个猛人。双方杀了整整一夜，姜才没能夺到皇帝，只能眼睁睁地看着元兵拥着自己的皇上继续北去。

阿术缓了一口气之后，派人去招降姜才，但姜才却破口大骂。但骂过之后，也无能为力。

那个苗再成也出来夺皇帝一次，同样以不成功而告终。但文天祥却带着自己十几个门客在镇江那里逃了出来。他们逃到真州，苗再成出来迎接。

苗再成觉得中兴事业前景还是光明的，他说：“目前两淮的力量还是可以用的。”

文天祥问他有什么办法？苗再成说可以号召大家同时起兵，分散敌人的兵力，然后乘机拿下敌人的元帅，就可以拥有江南了。文天祥觉得很对，决定亲自去联络李庭芝。

哪知，又出了个变故。这个变故不是来自元朝，而是来自李庭芝。

李庭芝忠诚度极高，跟文天祥没有什么差别，但这时他也有些乱套，由高度警惕变成疑心重重。在文天祥正往真州方向拼命狂奔时，有几个逃回扬州的俘虏不知从哪来的消息，报告李庭芝：元朝现在正秘密派个宰相级别的人到真州劝降。

李庭芝一听，万分焦急，第一时间就派人去告诉苗再成，请他赶快把文天祥杀了。

苗再成听罢，立刻就怀疑文天祥。但他怎么看文天祥都不像是来劝降的，所以就不忍心当场下手，而是把文天祥带到城外，偷偷地把李庭芝的信拿来给文天祥看，并且把他关在城外。

过了不久，苗再成又派人前来试探文天祥，如果看出文天祥是真的来劝降，就直接砍头。几拨人分别用各种话题跟文天祥谈，不管从哪方面聊起，文天祥给他们的印象都是强烈的爱国人士。

苗再成相信了文天祥，就派人把他送往扬州。

半夜四更天时，文天祥他们来到扬州城下。几个守门人还不睡觉，他们在半夜仍然热烈谈论着城里的热点话题。这个话题就是“制置使已经下令一定要在短期内抓住文天祥”。

文天祥哪还敢说自己就是文天祥。他骗那几个人说，他叫刘洙，因为碰上元兵，藏在围墙中才得以幸免。那几个守门人也不认得他，所以就让他们自由离开。

他们来到了板桥那里，还真的碰上了元兵，几个人急忙躲进竹丛中。

这几个元兵还真有点责任心，看到这里的竹林很茂盛，非常适合于藏人，便进去搜索。他们往里面胡乱射箭，居然把张庆射伤，而且还抓到了杜浒和金应。

幸亏杜浒和金应身上带有一些金子。两人把金子拿出来，送给元兵，元兵看到金子眼睛就发光，拿了金子，就丢掉了原则，把两人放了回去。

后来几个人请了几个打柴人用箩筐抬着文天祥来到高邮，然后再辗转来到泰州，然后由海路进入温州。

在文天祥被双方追杀而逃的时候，张世杰他们已经给赵昰上了尊号，并授尊赵㬎为孝恭懿圣皇帝。

而这位恭帝已经到了大都，正在大安殿上与忽必烈举行会见。

几个尽忠报国人

忽必烈没有折腾这位亡国之君，他参照了很多传统惯例，任赵㬎为开府仪同三司、检校大司徒，封瀛国公。

赵㬎对忽必烈十分感激，大谢不止，那些跟来的大臣看到忽必烈没有向他们开杀戒，也都松了一口气。

然而，有两个女人，也就是跟赵㬎来的安康夫人和安定才人坚决不做元国的人，她们无力反抗，就以死抗争。两人都选择以自缢的方式结束生命，而且还在裙带上写了一行字：誓不辱国，誓不辱身！

忽必烈就很看不起投降过来的宋人。有一天，他把这些投降的人都集中过来，然后对他们说："你们为什么这么轻易就投降了呢？好像都还没有打到最后时刻啊。"

这些投降者居然厚着脸皮说："贾似道专行国政，只优待文官而不把武官当一回事，我们觉得没有希望了，这才投奔光明。"这些人很感谢贾似道，要是没有贾似道，他们还真找不到这么大的理由。

忽必烈一听，脸面立刻变得难看起来。他懒得再跟这些人对话，就派董文炳过来传达他的话："似道实轻汝曹，特似道一人之过，汝国主何负焉！正如汝言，则似道轻汝也固宜。"其实就是一句话，贾似道看低你们是应该的。

不久，伯颜回到大都。忽必烈很高兴，举行了个隆重的欢迎仪式，命百官到郊外迎接，拜他为同知密枢事，以陵州、滕州户六千为食邑。

虽然南宋已宣布灭亡，但南方还没有平静，南宋残余势力仍然发展迅猛，还必须派人掌管那边的事务，打击这些势力。忽必烈于是任命董文炳为那辉路总管，全面负责剿灭南宋的工作。

而南宋那个刚刚重组的小朝廷，虽然个个满怀悲愤，动辄一群人在那里痛哭流涕，誓死驱逐蒙元、兴复宋室，但却没有人认真地总结经验。于是，喝酒过后，痛哭过后，又继续沿着老一套开展活动。

因为主持这些活动的仍然是陈宜中。

大家早已知道，陈宜中是个“成事不足败事有余”的专家，你想把什么事搞坏，请他来绝对可以出色地完成任务。他没有投降大元，对于大元而言，绝对不是一件坏事。

当小朝廷宣布开张第一天，陈宜中最先宣布的一件事就是将陆秀夫免掉。免掉的原因是，陆秀夫在军队里干过，很懂军事。任何人都知道，目前这样的局势，最需要的不是书法家、文学家，而是军事家。但因为陈宜中不懂军事，每次讨论时，总觉得陆秀夫太抢镜头，自己都成配角了，就生气起来，再次使用过去伎俩，唆使别人弹劾陆秀夫。现在皇帝才几岁？连弹劾两个字怎么写都搞不清楚，一切全是陈宜中说了算。于是，陈宜中顺利把陆秀夫打倒，贬到潮州。

陈宜中虽然在小朝廷里玩“顺昌逆亡”的把戏，但现在剩下的这些宋将都是硬骨头，工作很努力，而且元朝刚刚南下，水土严重不服，很多地方又被宋兵占领，就连婺州和衢州又都被宋兵宣布光复。

董文炳知道事态真的有点严重了，他没有料到南宋居然又形成这样的规模，而且发展还很迅猛。他把索多找来，说：“赶快去守严州，如果严州再丢掉，临安就危险了。临安要是被他们拿下，就会造成巨大的政治影响力。”

果然，宋兵集结了大量的兵力前来攻击严州。索多跟宋兵打了几个月，终于把宋兵打退，他又顺势打下了婺州，打完婺州又去打衢州。

衢州很坚固，他的几轮进攻基本都作废。最后，索多愤怒起来，亲自带着总管等高层人物擂鼓呐喊，驱赶士兵去拼命。后来，他发现，光这么叫士兵去拼命，士兵拼命的程度仍然不高，于是他亲自去拼命，果然士气大振。他这次是真的很拼，第一个冲上城头。

当时衢州的第一把手叫萧雷龙。他看到衢州已经无能为力了，在索多登上城头时就先逃走。他逃走之后，找到他的同乡黄巡检，又组织了一支队伍，宣布再次起兵。可一清点人数和装备，觉得这支队伍也太单薄了，就决定跑到福建去。

他们朝着福建方向狂奔，可才到半路，就被人家抓住，送到一个县衙里领赏了。那个县的县尹叫刘圣仲，跟萧雷龙有仇，看到他蓬头垢面地被绑进来，当场把他杀死了。

此时，文天祥已到了福安，被任命为右丞相。不过，他虽然是右丞相，可是因为他不属于再造大宋的首义人员，再加上他的丞相资格比较浅，又是从敌占区那里逃回来的，所以并没有拿到多少权力，几乎所有的决策都由陈宜中拍板。文天祥看到陈宜中的水平太差，经常发表不同意见，弄得陈宜中很不爽。最后，文天祥也不爽了，就坚决不接受这个职务。陈宜中虽然很生气，但因为文天祥的名望在那里，连伯颜都敢于顶撞，所以他看到文天祥时，还是很心虚的。现在看到文天祥不愿当丞相，就叫他当枢密使、同都督，专管军事。

文天祥没有理由再拒绝了，他立刻派吕武去江淮一带召集人马，派杜浒去温州开展征兵工作。

文天祥的本意是想回到温州，然后进取两浙。可是陈宜中不批准。陈宜中不批准并不是认为这个方案不正确，而是因为他个人的原因。他原先因怕死而放弃温州跑到福建来，一直怕人家议论他是个怕死鬼，因此老是计划着要靠张世杰去收复浙东和浙西来给自己争脸。要是让文天祥收复了这两个地方，他就大大地没有面子了。他叫文天祥去江西，那里也有广阔的天地，可以大有作为。

文天祥也不愿天天在这里看着陈宜中那张嘴脸了，就服从安排到南剑开府办公。

阿术决定先搞定李庭芝。

李庭芝确实是个大麻烦，他在扬州这里守得很顽强。阿术虽然连续把他打败了多次，但每次都胜得很困难，到现在仍然没有把他打垮。

阿术也觉得有点难办起来。他后来想了个办法，跑到临安叫谢太皇太后给李庭芝写了一封信，信的主题当然是劝李庭芝投降。可李庭芝表示坚决不服从，他叫大家取弓来，对着还在城外宣读太皇太后那封信的使者一箭射过去。城头上的士兵看到老大射箭，也都跟着放箭，把那一伙人射跑了。

阿术知道，李庭芝会抵抗到底的，于是不再玩这些取巧的把戏，决定老老实实地把李庭芝打败。阿术决定先断绝扬州的粮道。现在扬州的粮道基本是由高邮那边送过来的，他派兵死死地守住高邮和宝应，然后派手下去攻下泰州的新城。这些工作完成之后，他把一大批俘虏押到城下，专门给扬州城里的宋兵宋将看。这些降兵都是夏贵手下的士兵。

这个动作对扬州城里的官兵造成了很大的震慑。李庭芝的几个参谋就劝老大，算了吧，咱们抵抗到这个时候，也对得起大宋对得起良心了……

李庭芝说："你们说什么都没用，我现在唯有战死。"

阿术知道城里已经很困难了，就派了个使者拿着忽必烈的诏书进去。李庭芝这次打开了门，让使者进来。使者进来之后，还没有打开诏书，李庭芝就一刀砍了使者的脑袋，然后把诏书拿到城头一把火烧给阿术看。

李庭芝虽然很硬气，阿术一时也打不进来，但他断绝粮道的方法很有效，城里到处宣布没有口粮了。因为没有了口粮，淮安、盱眙、泗州都宣布顶不住了，提前投降了元朝。李庭芝当然也没有办法解决口粮问题，他只得下令搜刮城中老百姓的粮食。可老百姓的粮食也没有多少，没有几天就全部吃光了。他接着要求官员出粮，官员的口粮又都吃光；再吃将校的口粮，再吃光。最后，有人报告，已经有部分士兵在吃自己的小孩了。

李大帅很平静，什么也不说。正好这时，姜才听说高邮那边已派来送米队伍了，便带着五千步骑过去接应，在丁村那里跟元兵打了一场。元兵虽然众多，但却打不过姜才。

阿术知道后，哪能让姜才得逞？要是这一拨粮食成功送到扬州，他得在这里指挥战斗到什么时候？他派巴延彻尔带部队去增援。这支部队全是阿术的直属部队，打的是阿术的旗号。

姜才虽然不怕阿术，但他手下的士兵被阿术打怕了。本来他们正在努力痛扁元兵，个个打得精神抖擞、斗志昂扬，可是突然看到阿术的旗号打了过来，斗志瞬间跌到地平线，个个一哄而散，再次上演逢阿术必溃的戏码。姜才看到这样的局面，只得随大家一起逃走了。

姜才一逃跑，那些送米的兵就悲催了。阿术的部队没有去追赶姜才，而是去打送粮队。送粮队员本来就没什么战斗力，现在还背着一大袋粮食，碰到强悍的蒙古骑兵，基本就是束手待毙。阿术杀掉了一千多宋朝的运粮兵，从此，再没有人敢于把粮食往扬州方向运送了。

阿术虽然被李庭芝和姜才搞得很烦，但他还是很爱惜这两个人的才干和忠心的。他知道，扬州不用多久就会被他拿下，因此他特地向忽必烈做了一个请求，请忽必烈下诏赦免李庭芝焚毁诏书、斩杀使者之罪，批准他投降过来。忽必烈很爽快地答应了，可李庭芝却不理睬。

这时，陈宜中派出的使者正好来到扬州，说请李庭芝去福安，与他们共同辅佐新皇帝。李庭芝一听，也很高兴，就决定让他的副手朱焕继续守扬州，他跟姜才去福安。

李庭芝和姜才带着七千部队向东面出城，计划走海路进入福建。

哪知，他前脚才走，朱焕拱手送别的动作才收回，就大开城门，放阿术进来。

阿术进城后，立即派兵追赶李庭芝。

李庭芝本来以为朱焕至少会抵抗一两天，万料不到这家伙投降的动作比风还快，一下就被阿术追赶上来，士兵们惊慌之中，连抵抗的动作还没有做出就被杀了一千多人。他这才知道，用人失误才是最大的失误！

李庭芝带着残兵逃到泰州。

阿术立刻把泰州包围，并把李庭芝的老婆和孩子带到城下，叫李庭芝来看看，李庭芝当然不理，他还准备出战。

李庭芝打到现在，其实都是靠姜才冲在第一线的。这时，他仍然想派姜才出战，可姜才却不能披挂上马了。

姜才不出战的原因不是他不愿意出战，而是因为他的背部突发毒疮。读史的人都知道，一般只要史书里某个历史人物一旦出现“疽背突发”四个字，那么这个历史人物基本就处于不妙的状态了。

姜才现在“疽背突发”，不光他自己本人不妙，连李庭芝也觉得大大地不妙了。

当然，如果光李庭芝感到不妙，那还没有到最不妙的时候，而原泰州几个副将孙贵、胡惟孝几个人觉得不妙起来，就很要命了，他们直接打开城门，把阿术的部队放进来。

李庭芝一看，现在连逃跑都来不及了，就跑到莲花池那里，纵身一跳，想把自己溺死。哪知，莲花池看上去水很多，其实浅得很，根本没有达到淹死人的深度。

元兵冲了过来，把李庭芝和姜才一下抓住，然后押送到扬州。

阿术问：“人家都投降了，你们为什么不投降？”

姜才大声说：“不投降的是我。”然后对着阿术破口大骂。

阿术却不生气。阿术很爱惜这两个人的才干，很想为大元收编两个人才。阿术还想努力。可朱焕却怕这两个人投降过来后，肯定受到重用，到时可能就有麻烦了，于是就对阿术说：“扬州这些年来天天在打仗，出现尸骨遍野的惨象，都是李庭芝和姜才这两个家伙造成的，还留他们干什么？”

阿术估计李庭芝也不会投降了，自己的努力也会是白费的，既然朱焕这么说，只好下令把两人处死。

扬州这边一平定，元兵就可以放心地南下与小朝廷对着干了。

孤城里的赤胆忠心

阿术接着去攻打真州。

宋朝真州的实力更单薄。

苗再成的部将赵孟锦看到老是这样对攻下去，真州肯定守不住，于是趁着大雾带队去袭击元兵。这本来是步好棋。哪知，人算不如天算，他们趁着大雾悄悄地杀到敌人的营地前时，突然天色转变，大雾消失得无影无踪，大地一片通透光明，所有的袭击部队片刻之间，全部暴露。

元兵突然发现怎么有这么多宋兵在这里？于是，他们打开营门冲了出来。本来赵孟锦的兵就少，一旦暴露，袭击行动就变成彻头彻尾的送死行动。赵孟锦准备爬上船逃跑，哪知由于心急，再加上水性不好，居然失足落水而死。元兵顺势杀过去，真州也就被拿下，苗再成当场战死。

忽必烈命阿喇罕、董文炳、索多等人统领大军从明州进发，达春和吕师夔、李恒率骑兵从江西出发，分路向广东、福建各地展开军事行动。

元兵的进度是很迅速的。

吕师夔部很快就度过梅岭，与宋朝的赵溍部直接面对面。赵溍派熊飞和曾逢龙去迎战。结果两人都大败：曾逢龙被打死在战场上，熊飞逃到韶州。

元兵追着熊飞打到韶州。韶州守将看到元兵势大，不敢坚守，就开城投降。熊飞没有办法，只好带着自己的部队跟元兵拼命，拼到没有力气后，投水而死。

阿喇罕和董文炳一路也开到处州。处州守将李珏也不敢抵抗，献城投降。

南宋小朝廷看到元兵来势很猛，他们内斗还没有结束，人家就已经连续拿下建宁府和邵武军。他们的地盘越来越小，缩得好像连逃跑的地方都没有了，便都商量着如何应对。陈宜中和张世杰决定把大家都带上船，然后到海上去躲。

其实当时他们的手下还有十七万正规军，三十万民兵，规模还是不算小的，要是有一个猛人来指挥调度，打个胜仗还是很有可能的。可很久以来，宋朝就是没有找到一个猛人，长期造成有险可守、无人可用的局面，而且这个局面到这时仍然没有得到改观。

陈宜中热衷于玩弄权术，平时善于排挤有水平的人，而敌人一到，立马胆裂而逃。他们以为上了船到海上之后，就很安全了。哪知，他们才上船开出不久，正好碰上元朝的船队。陈宜中吓得软倒，不知下一步是投降好还是跳海正确。幸亏海上大雾连天，能见度极差，元兵对航海知识还相当缺乏，他们这才得以与死神擦肩而过。

陈宜中他们才逃出没多久，他们临时的首都就被留守人员贡献出去。

船队开到泉州，他们也没有上岸，而是停靠在泉州的港湾里。泉州招抚使蒲寿庚出来求见小皇帝，并请老大把泉州当成临时首都，可是张世杰不同意。

这个蒲寿庚其实也是个有野心的人，这些年来，虽然大宋到处变天，但却没有涉及他的地盘，使得他安稳当泉州的老大到现在。他看到皇帝来到这里，觉得自己当曹操的历史时刻到了。他长期在这里当官，管着泉州的市舶司。什么是市舶司？其实就是专门管理海上贸易的，是个肥缺。蒲寿庚主管这里三十多年，早已富得流油。不少人也看出他不怀好意，就劝张世杰把他扣留下来，可张世杰却不同意。

张世杰如果不同意，本来也没有什么，可是接下来他又有一个大大的败笔。他发现自己的随行人员太多，船不够用，就利用职权抢走了泉州的船，而且还把船上的财物也一并没收归公。

蒲寿庚看到自己那么多的船突然划归国有，那么多的资产都被上缴，就愤怒起来，突然发动兵变，带着他的部队把一大批大宋宗室人士和淮兵残杀。陈宜中等人急忙带着小皇帝再次出逃，一直逃出泉州地界。大宋小朝廷到了这个时候实在是太悲惨了，连一个地方老大都管不了，被追杀得没有一点脾气，只能在海上跑来跑去。

在陈宜中主持的小朝廷天天贴着海岸线航行的时候，四川那边的张珏倒干得有点红火起来。

元朝这些年来基本都把注意力集中在江南这边，就没有多少人管顾到四川那里。因为他们都认为，只要把小朝廷干掉了，其他势力还有什么作为？“皮之不存毛将焉附”讲的就是这个道理。

元朝一奉行这个道理，就给张珏创造了一个扩张的机会。

张珏本来就是个战将，这些年来一直坚守合州。当年宋廷任命他为重庆第一把手时，他因为必须留在合州前线打仗，无法到重庆上班。这时看到元兵在四川的部队不多，而且元兵在打仗时很猛，但不打仗时就很懒散，个个有性格，常闹不团结。张珏瞅准了这个机会，派手下去把泸州和涪州全部拿下，于是得以进入重庆城。

张珏进了重庆城之后，并没有停歇，而是派手下将领四处出击，居然全部获得了胜利。有了这些胜利之后，张珏就派人去四下里寻找小朝廷在哪里。可是小朝廷正在海上到处流浪，他哪能找得到。流浪的小朝廷当然也没有忘记张珏，多次想给他发指示，可是都传不到四川那里。

此时，阿尔哈雅正在攻打静江。静江的守将叫马塈。马塈是个超级硬骨头，阿尔哈雅先写信劝他投降，并承诺让他当广西大都督，他一点也不理。阿尔哈雅以为可能自己的级别不够，就上书请忽必烈亲自下诏劝降，他却像李庭芝一样，先杀使者再烧诏书。

静江就是今天的桂林。因为有两条江水环绕，所以难以攻克。阿尔哈雅就筑起了堰坝，截断大阳江及小溶江，断绝上游的水源，然后决开城东南土堤放干护城河的水。如此一来，静江立马无险可峙，被元兵攻破。马塈又关闭内城，与元兵激战。在战斗中，他的手臂受伤，被元兵抓住。元兵对他很愤怒，就当场砍掉他的头。据目击者说，他的脑袋已落到地面上，但他的身体仍然举着拳头站了起来，一个时辰后才倒下。

静江战斗结束后，阿尔哈雅就进攻邕州。

邕州守将叫马成旺。他看到元兵隆重开来，就跟儿子马应麟开门投降。但他手下还有一个悍将叫娄钤辖，原来是马塈的手下，刚从静江逃出来。他看到马氏父子连仗都不打一下就举起了白旗，自己坚决不出城投降，带着两百五十人守在月城抗拒元兵。

阿尔哈雅过来巡视一下，就这么点人，这么小一个月城，能顶得住大元士兵的猛攻吗？他笑了笑，对左右说："这也值得我们攻吗？比实战学习的难度都还低啊。"

娄钤辖刚从静江逃过来，当然知道这座小城挡不住人家的进攻，但他仍然坚守。

元兵真的没有进攻，只是包围着，看他能活多久。

十天之后，娄钤辖的粮食就吃完了。

娄钤辖看到大家都饿了，连拿刀的力气都使不出，就到城头上大喊大叫："我们现在已经饿得要死了，没有力气出来投降。你们是不是给点吃的，好有力气出来投降。"

阿尔哈雅就给了他们几头牛和一些粮食。

娄钤辖的人打开城门下来，把牛和粮食都领回去后，又关上城门。

元兵就跑到高处看这些宋兵在干什么。他们看到那二百五十名宋兵在城里忙着煮饭杀牛。看来他们真的饿到忍无可忍的地步了，牛才刚杀死，大家就过来分吃生牛肉，个个吃得满嘴血淋淋的，饭也是没有煮熟就吞下去了。

他们吃完之后，就上到城头，吹起了响亮的号角并猛擂战鼓。元兵们看到这个情况，以为他们在集合出城投降，就都跑到城下准备欢迎他们投奔光明。可事实上，娄钤辖却把大家都集中到一起，然后抬出一尊火炮，当着众元兵的点燃。元兵们这才知道，被娄钤辖这家伙玩了一把。可现在才知道又有什么用？

娄钤辖最后这一炮放了很多的火药，点燃之后，一阵雷炸似的声音响起，城墙全部崩坍，城里城外，硝烟弥漫，元兵没看过这么大的阵势，居然有不少人当场吓死。

硝烟散尽后，大家进去一看，娄钤辖等人连尸体都化为灰烬。

阿尔哈雅大怒，他没有想到这个家伙居然也敢玩弄他，而且玩弄取得了成功。可是娄钤辖又死了，这股怒气又必须找到发泄的对象。于是，就下令把全城百姓拉出来活埋。后来他发现还有七百群众躲在西山上，就说："只要你们下山来，我坚决不活埋你们。"

估计这些群众早就对蒙古大军有了清晰的认识，因此没有一个人下山。最后，七百人全部自杀在山上。

阿尔哈雅再派兵出征，很快就平定了广西全境。

如此一来，南宋小朝廷的生存空间就更加小了。

陈宜中觉得前途渺茫起来，派人来到索多那里请求投降，请索大人放过他们一马。

索多说，这事他说了不算，得皇帝大人说了才算数。于是派人带着使者去大都面见忽必烈。

赛音谔德齐之治

大宋小朝廷表示服软了，可是交趾那里却不断发生着群体事件，让忽必烈感到很郁闷。他先派湖南行省出兵讨伐，但基本解决不了问题，便叫赛音谔德齐去解决。

赛音谔德齐本来是云南行省的第一把手，性格比较温和，向来主和，能和平解决就千万不要动刀动枪。

他当了几年的云南行省老大，基本就靠这一套吃饭。当时云南远离中土，虽然挂靠着中原王朝，但实际上中原王朝从没有管过他们一天，因此还比较落后。不光没有学校，读书人不多，连硬通货都还是原生态的贝类。赛音谔德齐到了之后，开始教化这一方水土上的人们，开设学校，教他们使用钱币。可他们仍然坚持使用他们的贝壳来做买卖。赛音谔德齐也同意了他们的要求。

当时云南的匪患很严重，打家劫舍的事天天有。那里交通本来就不方便，如此一来，大家出行就更不安全了。

如果是别的人肯定会带着部队，哪里有土匪就打往哪里，可是赛音谔德齐却不这样干。因为这样干不但政府的花费大，而且剿来剿去，永远剿不完啊。

赛音谔德齐也决定采取诸葛亮的政策，进行了一次基层政权的改革：依据地理形势设立镇，每镇的第一把手都由当地人担任，然后再设百夫长一人，专门管当地剿匪。形势还真的好了起来。有几个本地人觉得自己能力很突出，却没能当上镇长，就恨赛音谔德齐不提拔自己，居然组团到大都上访，把赛音谔德齐告到忽必烈那里，说赛音谔德齐专权越职，搞乱了云南官场。忽必烈对赛音谔德齐十分了解，一听这些话就知道这几个人是来诬告的。忽必烈也是个狠角色，自己没有处理这几个诬告者，而是把他们绑起来遣返云南，交给赛音谔德齐处理，要砍要杀，全凭他的心情。

那几个诬告者这才知道，御状不好告，诬告的代价更高，他们以为，落到赛音谔德齐手里必死无疑。哪知，当他们被送到赛音谔德齐面前时，赛音谔德齐却和蔼可亲地除去了他们的刑具，然后说：“你们不知道皇上给我便宜行事的权力，所以你们才告我。你们做的没有错。现在任命你们当官，希望你们要做好官。”

这几个人没有想到居然会有这等好事，诬告回来后还能当官。赛音谔德齐真是好人啊。如此一来，云南那边就平安无事了。很多事情看起来很复杂，但只要你不把它复杂化，解决起来就很简单。

忽必烈看到赛音谔德齐能这么轻松地解决云南问题，相信他也能解决交趾问题。

赛音谔德齐接到任务后，并没有开什么大的动员会，也没有做很多预案，只是派人给交趾王送了一封信，告诉他一些朴素的道理，然后说要是觉得他说的话有道理，他们就结为兄弟。

交趾王反复读着这封信，觉得真的有道理，就跑到云南来跟赛音谔德齐见面。赛音谔德齐带着大家到城郊来迎接交趾王。最后，交趾王主动上书朝廷，愿意永远当大元的藩臣。

这个事情又完满地解决了。

交趾王算是服了，但罗槃甸却又搞了个叛变事件，并且已经动刀动枪，赛音谔德齐知道嘴皮已解决不了问题，只得带着部队亲征。

大家看到老大一边行军一边满脸忧虑，看上去十分郁闷，就问他，老大是怕打不过这些人？

赛音谔德齐说：“我是怕战斗一打响，士兵们就会出现伤亡；更怕你们会到处抢劫百姓，造成更加恶劣的影响。”

赛音谔德齐到了目的地，驻扎了三天，等着对方出来投降。可对方却很顽强，就是不理他们。赛音谔德齐手下的将领们都要求出战，但赛音谔德齐仍然摆摆手，说再做思想工作吧。要是能说服，总比流血事件好。

他再派人去跟罗槃甸的老大谈。这一次，对方的态度终于松动，答应投降。赛音谔德齐这才松了口气。哪知，这口气松了三天，对方却又没有了下文。

众将都无比愤怒起来，要求把他们全部消灭光。

赛音谔德齐仍然摆摆手，说再等等看。

有几个官兵终于忍不住了，向城里杀过去。赛音谔德齐接到报告后，大惊失色，立刻鸣金制止，把几个敢于违抗军令的人叫过来大骂："皇帝陛下命我安抚云南，并不是叫我来这里杀戮的。没有主帅的命令，你们擅自进攻，必须军法从事。"他把这些人都捆了起来，准备处斩。众将都跪下求情，这才没有开铡。

罗槃甸的老大听说这个事之后，对自己的手下说："平章大人原来如此厚道，我们要是还跟他作对，老天爷也不会保佑我们。"于是，举国投降。当然，那几个冲动的官兵也没有被砍头。赛音谔德齐顺便把罗槃甸改为元江府，使这个部落式的地区往制度化的方向大大地前进了一步。

西南诸夷就这样被他搞定，基本没花什么成本。

赛音谔德齐治滇的成功，其实给大元的治国理政提供了很好的经验，只可惜大元后来并没有很好地吸收并强化这个来之不易的政治经验。

末路英雄

转眼到了至元十四年（1277 年）的正月。这时，南宋小朝廷已经被逼到了绝路，但投降手续仍然没有办好，而没有跟小朝廷在一起的文天祥仍然在努力。

文天祥现在的根据地是汀州一带。元兵当然不会让他安然地在那里开展工作，派兵去打他，而且很快就攻克了汀州。

文天祥此时就在汀州城里。他希望能够凭借着汀州城把元兵挡住，他虽然是大宋枢密使，但到现在这个枢密使已经不值钱，没人把这个全国最高的军事长官当一回事了，只把他当作一个外来户，而真正掌握着汀州军政大权的是汀州第一把手黄去疾。黄去疾非常怕死，这时又听说小朝廷已经跑到海上去了，就决定带着军队去投降。

文天祥没有办法，只得带着自己的部属去漳州。

刚刚投降的吴浚居然从元军那里领了一个任务：去漳州说服文天祥来降。

见面之后，反而是文天祥不断地对吴浚晓之以理，劝他悬崖勒马回头是岸。他当然不勒马不回头。文天祥看到他真的不回头，大怒起来，当场把他斩首。

文天祥砍完了吴浚的脑袋后，又出兵攻占了梅州，另外一个大宋将领张镇拿下广州。南宋又有点起色。文天祥又乘势出兵江西，江西地盘上的吉州、赣州的军队都来跟他会师，又打下了会昌城。

当然，文天祥的这些成绩，都是乘虚而取得的。现在他的势力一扩张，马上就引起了元军的高度重视——不能让文天祥继续嚣张下去了，于是就派李恒去增援赣州，务必把文天祥的气焰打下去。

文天祥顺利了几天，也就放松了警惕，没有料到李恒来得这么突然，居然没有什么准备，看到李恒大军隆重开来，只得带兵迎战，结果当然是“失利”。失利之后，就得另找出路。

文天祥老早就听说邹沨在永丰还有几万人，实力还算雄厚，完全可以投奔一下。哪知，当他带着残兵去找邹沨时，走到半路才知道，他已经被人家打败了，目前正四处逃跑，还没有找到安全的地方躲一躲。

前面没有接应的部队，身后全是敌人喊打喊杀的声音。他只得再逃，但敌人来得实在太快。到了方石岭时，文天祥手下的铁杆巩信说：“老大，你跑吧，我来断后。”巩信带着一队人马在那里摆开迎敌的姿态。

李恒追上来了，突然看到这个模样，以为文天祥肯定在后面埋伏，就没有前进，只是下令用箭射过去。巩信坐在大石头上，居然纹丝不动。李恒再狂射一通，巩信仍然端坐不动，其余士兵都侍立左右，也是不动。

李恒也有些纳闷了，这么多的箭射过去，居然没有射死那几个人？他知道，再这么射下去，除了浪费箭之外，没有什么作用了。他咬牙带着几个侦察兵绕道小路过去，要近距离看一看，这几个南宋兵到底是怎么回事，居然可以箭射不死。

他到近处一看，只见那一队人早已遍体鳞伤，站在那里，原来已死去多时。只是这些人虽然已死，却还保持着站姿没有扑倒在地，把他吓了一跳。

文天祥借着这个时间逃到了空坑，但军队基本都散开了。

文天祥的另一个铁杆赵时赏知道再这么逃，文天祥仍然会被敌人抓住。他跟文天祥虽然不久，但对文天祥很是佩服，觉得这个天下可以没有他，但不能没有文天祥，于是就坐了一乘轿子向敌人来的方向走过去。

他很快就碰到了元兵。

元兵问："你是谁？"

他说："我姓文。"

敌人一听原来是文天祥啊，就把他抓了起来，回去报功。文天祥这才得以脱身，跟杜浒、邹㵯等人偷偷逃走。他们到了循州后，很多溃散的士兵也赶到那里。

文天祥手下又有一队武装，可是他的老婆和儿子全部被李恒抓获。

赵时赏被押到隆兴，不管人家怎么审问，他都一概大骂。当然，有时他也不骂。比如，有时元兵押解某个俘虏进来，他就哈哈大笑，挥手叫他们赶快走："一个小小的文书也抓来当俘虏？你们到底要不要脸？"

李恒还真要脸，把这些"文书"都放了。当然，李恒没有放掉赵时赏，下令把这个骗子押赴刑场，执行死刑。

文天祥的家属都被押往北方，他的两个儿子在半路上就死了。

文天祥到处逃跑的时候，张世杰也不好过。

张世杰这段时期，实在是郁闷至极，居然被蒲寿庚整得差点跳海了，他咬牙决心一定要把这个腐败分子狠狠地打击一把。

张世杰打蒲寿庚前，做了大量的工作，把漳州的各路大盗以及畲族美女许夫人的武装都联合起来，结成统一战线，共同对付蒲寿庚。

蒲寿庚一看，知道自己要是出战，结果就是被群殴致死，因此关起门来，跟张世杰死磕。

张世杰虽然努力攻打蒲寿庚，但仍然到处传檄，号召大家起兵来恢复大宋，还真有不少人起来响应这个伟大的号召。当然，他目前的兵力也不是很多，由于文天祥的失败，大元又能抽出手来对付他了。忽必烈命令达春和李恒以及吕师夔尽快进入大庾岭，准备跟南宋最后的势力作战，命令索多、蒲寿庚带水师下海，务必把小皇帝活捉归案，别让他老是在海上转来转去，给大元制造麻烦。

当然，蒲寿庚现在是下不了海的——他正被张世杰围在泉州。

张世杰很焦急，这样的形势无法让他在某个地方停留很久，可偏偏到现在仍然打不下泉州。他下令谢洪永一定要从南门攻进去，但谢洪永连打几次，基本都是不利。而且蒲寿庚又比较狡猾，一边打仗一边看形势。他很快发现，张世杰虽然攻得很凶，但手下士兵的成分很复杂，有的是从江南来的，有的是由本地老百姓组成的，还有一部分是畲族武装。这么点兵力，居然由几大块组成，这就容易做分化瓦解工作了。他经过研究分析，张世杰这些武装中最容易下手的应该是畲族武装。蒲寿庚别的没有，但有的是钱。他派人拿着大量的现金去找许夫人，让许夫人打仗时只要坚持出兵不出力的原则，就可以拿到很多的现金。于是，畲军每天就变得懒洋洋的，爱打不打的样子。

张世杰一看都这个样了，知道如果再打下去，只怕这些本地武装会看在钱的分上突然来个阵前起义，自己会吃不了兜着走。于是就趁着元兵主力还没有开到，自己提前开溜儿。那个小皇帝现在正孤苦伶仃地在广州浅湾等着他啊。

张世杰回到浅湾后，很不爽陈宜中的做法，把陈宜中狠狠地批了一顿。

陈宜中虽然不怕文天祥，但他还是怕张世杰的。现在只有张世杰手里有兵，可以当他的保护伞。他被批得汗流满脸，急忙派人去把陆秀夫找来，让他进入决策圈。

其实现在的决策圈也就几个人，开起会来，基本就是集中在一个屋子里讨论，那个名义上称制的杨淑妃也只是隔着一道门帘听大家的讨论，如果一定发表意见，还是自称“奴”。其他人都很宽松，只有陆秀夫仍然端正地拿着朝笏板肃立着，像在首都的朝堂上班一样。

这个决策圈天天在讨论着，但除了聚集在一起交流悲观的情绪外，几乎没有讨论出什么好的办法来。

而元朝的水陆大军已经步步逼近。

索多部到了兴化，只一天的工夫就攻克该城。他恨兴化的守将陈瓒不投降，导致他费了一整天的时间才拿下这城，不由凶性大发，先将陈瓒车裂而死，接着把全城百姓全部屠杀。到底杀了多少人？没谁统计，但现场目击者都说，街上血流成河，人们都可以听到血水流动的声音。

此时，元兵伐宋的总负责人是达春。达春要求各路大军到广州的富场会师，准备入海决战。驻守在广州的南宋制置使张镇孙看到元兵真的太多了，问谭应斗：“我们能守得住吗？”谭应斗摇摇头说，肯定守不住。

两人就把广州城献给了元兵。广州一失，小朝廷的最后屏障就完了。

最先下海战斗的是刘深。张世杰跟他对了一阵。结果失利。

失利之后就是逃跑。

这一次张世杰带着一干人逃到了秀山，这个秀山里居然有一万居民。张世杰跟秀山居民购买了一处豪宅，当小皇帝的住所。可是没几天，由于水土不服，士兵们病死了很多。张世杰又不敢在这里暂住了，带着小皇帝跑到井澳，而陈宜中则一口气逃到占城（这是越南地皮了，他确实能逃，一跑就直接出国）。

张世杰怕小皇帝生病才带着他到井澳，哪知到了井澳之后情况更糟糕。他们立足未稳，突然飓风大作，十多级台风冲上来，很多船只都被吹翻，小皇帝都差点被淹死在水里。这个小孩确实是太可怜了，才八九岁，什么都不懂，天天被一群坚贞的爱国者们夹带着，逃来逃去，时时刻刻过着九死一生的生活。他这次遇风之后，立马吓得发呆，之后生起病来。皇帝都是这个情况，其他士兵就死得更多了。十天之后，士兵们逐步聚集起来。张世杰一清点，几乎损失一半人马。

但刘深仍然不放过他们，驾着大船乘风破浪直向井澳而来。张世杰只得又带着一群人马下海。刘深追到七里洋，跟张世杰打了一仗，结果俘获了小皇帝的舅父。

后来，张世杰知道，还在近海这里活动，只会天天被人家追着打，便想踩着陈宜中的尾巴也去占城。可是不知什么原因却没有去成。

在张世杰在陆地和海里不断地逃来逃去时，四川的张珏也到了最后的时刻。

这时主持四川大事的是布哈。布哈显然已经没有耐心了，他带着汪良臣向重庆进攻。

李德辉把忽必烈的信送给张珏："君之为臣，不亲于宋之子孙；合之为州，不大于宋之天下。彼子孙已举天下而归我，汝犹偃然负阻穷山，而曰忠于所事，不亦惑乎？"这话用现在语言来说，就是你作为一个臣子，并不比宋室的子孙更亲近宋帝。现在他们的子孙都拿着天下的地皮归顺我国了，你还在这个地方帮谁守江山啊？他们都不要江山了啊。

张珏没有理会，继续加强防守工作。

布哈很快就来到重庆城下，什么也不说，把一系列攻城器械都部署完毕，然后宣布战斗。

汪良臣也亲自冲上第一线，挥刀砍人。那边张珏更是不怕死，带着部队跟汪良臣正面对抗，打得很激烈。激烈到什么地步？汪良臣身上中了四箭，虽然不中要害，但已经浑身是血。

双方打了两天，越打越激烈，而不分胜负。

汪良臣知道张珏已经作最后的拼命，再跟他蛮干下去，损失会是巨大的。现在自己的兵力远比他多，何必这么傻傻地直接血拼？他换了个战法，叫伊苏岱尔跟张珏正面硬拼，自己带着部队包抄过去，夹击张珏，把张珏的部队打得大败。张珏被打败后，退回城里。

张珏还没有坐好，他手下的都统赵安不愿打下去了，给张珏写了一封信，说现在城里的粮食已经吃光了，这个城肯定是守不住了。与其战死，不如献城活命。张珏不同意。

赵安和韩忠显就把城门打开，宣布投降。元兵冲进城里。张珏只得带着亲兵跟元兵展开巷战。他连续打了几天，觉得实在很累，真的坚持不住了。于是他跑回家中，想找那包早已准备好的毒药，哪知平时放得好好的毒药，这时就是没有找到。他知道是他手下把毒药藏了起来，逼着大家把药拿出来，但那几个人就是不拿出来。

他只得又逃了出来，坐船顺流而下，想去涪州避难。半途中，他大发脾气，突然举起斧头，猛砍船板，想自沉而死。手下又把他的斧头抢走丢到水里。张珏想跳进长江，又被那伙人抱住。布哈早命水军在半路拦截，终于把大宋后期最为强悍的战将抓住。

张珏一宣告失败，合州也挡不住，守将王立投降了元兵。至此四川全境基本平定。

张珏被押往大都，经过安西的赵老庵时，他碰到一个朋友。那个朋友对他说："公尽忠一世，以报所事，今至此，纵得不死，亦何以哉？"张珏一听，觉得有道理。他发誓坚守这块土地的时候，他就知道，他是注定失败的。但他要做一个英雄的失败者，现在他做到了。所以，他应该无憾地告别这个世界。于是，他痛饮之后，解下弓弦自缢而死。

随从人员焚烧了他的尸体，就地埋葬。

文天祥知道后，作《悼制置使张珏》诗：

气战万人将，
独在天一隅。
向使国不灭，
功业竟何如。

张珏应该是大宋最后的名将，无论在谋略和勇气上，他都比张世杰高明。如果他有张世杰的机遇，这段历史情节一定会更加精彩。

走进绝路

在这一段时期，小朝廷的那些名将基本都被打得很难看，但有一个不是名将的人却打得很有声色。他就是潮州知州马发。

索多奉命去攻打潮州。索多原本以为拿下潮州不会浪费很多时间的，只要用心打一打，没几天就可以取得胜利。他来到城下后，按部就班地摆下一大批攻城器械，然后填平壕沟，把潮州外围的障碍全部清除，无牵无挂之后下令猛攻。哪知，马知州也不好惹的，他一边抵抗，一边偷偷地派人去把索多的攻城器械全部烧毁。索多气得要命，但碰上高手，你又有什么办法？幸亏马知州守城的兵力不多，又是孤城一个，只要有耐心，就会取得胜利。这一次，索多居然打了二十几天，直到马发战死，他这才冲进城里。

索多进城之后，做的第一件事就是屠城。

忽必烈在最初的时候，因为听取那些汉儒的劝告，多次下止杀令，不得屠城。伯颜在打江南时，屠城也只是偶然发生，但小朝廷成立后，元军将领南下，屠城风气又所有抬头，只要有抵抗，抵抗得稍微严重一点，立马宣布大开杀戒。由此可知，这些部落习气在元兵内部仍然很有市场，他们仍然认同屠杀能让人屈服。元朝从建国到灭亡，都在信奉严厉打击南人的政策，最终使得这个曾经无比强大的朝代成为一个并不长寿的王朝。

潮州被破，小朝廷的生存空间更加被压缩。

文天祥在江西已经没有一点立足之地。本来，以他的号召力，当初就在闽浙一带招兵买马，也许还可以把事业做大一点，哪知却被陈宜中派到江西，什么都得从头再来，最后也是天天被赶来赶去，连家属都被人家活捉而去，导致他不得不痛苦地南回。

文天祥听说他的弟弟文璧和老妈在惠州居住，就跑过去投奔，至少也可以见亲人一面。对于文天祥来说，现在真的连见亲人一面都成奢侈的事了。他在海丰的时候，又收拢了一些士兵，驻扎在丽江浦。

而此时的小皇帝又辗转来到硇州。小皇帝在这个地方住了没有几天，就在1278年的4月病死了。虽然大臣们都在他的尸体面前放声大哭，但他却得到了最后的解脱。

赵昰死了，大臣们在痛哭之后，都认为既然皇帝都没有了，大家散伙算了。但陆秀夫不同意，他说："皇帝虽然驾崩，但他还有一个弟弟在。弟弟同样可以继承皇位啊！他仍然可以当作旗号，让大家高举着去努力奋斗，最终恢复我们伟大的宋朝。"

在场的人大多都是坚定的宋朝拥护者，听到这个话，又都来了精神，马上行动起来，把赵昺牵了过来，放到一张摆好的椅子上，然后都集体纳头跪拜，高呼万岁。八岁的赵昺就这样又承担起恢复大宋的光荣职责来，他的老妈杨太妃继续称制，跟这些最后的官僚讨论国家大事。当然，现在的大事就是如何能让他们继续活下去。

据说当他们高喊万岁时，不远的海面上跳出一条黄龙。大家都像打了鸡血一样兴奋不已，看来老天真的有眼，保佑他们完成这个历史使命。

这时小朝廷的班底仍然是以张世杰为主要人物。如果陈宜中在，估计仍然是丞相的不二人选。现在陈宜中还在占城那里，面向大海，等待召唤。经验告诉他，只要宋朝还有一丝力气，都会需要他这个首席大臣，否则就不配称为大宋王朝。可是，他等得脖颈都酸了，还没有看到一个使者拿着那份已经不像样的诏书叫他回去主持朝政。

现在小朝廷的配置是：赵昺当皇帝，杨太妃称制，张世杰总负责，陆秀夫当张世杰最得力的助手，并兼当小皇帝的家庭教师，每天下班之后，还坚持抄写《大学章句》，以便有时间就给这个学生开课。

新朝廷虽然成功注册，但硇州毕竟不是富裕的地方，这么多人住下来，很快就把当地的粮食吃得差不多了，于是，张世杰决定派人到琼州征粮。哪知，由于海中滩浅浪急，船只转运不过来，只得改道杳磊浦过来。这个地方水路没有问题，可又太靠近雷州，被雷州总管蒙古特知道后，带兵过来拦截，仍然运不过来。

张世杰很郁闷，觉得如果不把雷州变成自己的地盘，他们就会被困死在这个地方，便派张应科和王用带兵去攻打雷州。两人进攻多次，都没有成效。结果雷州没有攻下来，王用倒主动向蒙古举手投降了。

张应科信念很坚定，收拾部队再次猛攻，可是一轮进攻之后，不但没有攻下雷州，反而把自己的性命搭上了。

张世杰这才知道雷州可不是那么好打的，决定自己亲自出马，把所有的部队都带出去打雷州。雷州被包围了几天，口粮也宣布告急，很多士兵已经开始吃草来填肚皮了。但不久，史格又派人送粮来，有力地援救了雷州的守军。

张世杰看到这个形势也不敢再攻打了，撤了回去。

既然打不下雷州，还留在硇州，跟等死就没有什么两样了，张世杰决定带领小朝廷的全部人员去崖山。

是的，崖山本来只是新会境内的一个小地方，此前可以用四个字来形容：籍籍无名。但因为小朝廷一进驻，此后发生的故事，使得这个地方成为大汉民族永远挥之不去的伤心之地。

张世杰的各路军队都集中在雷州、化州之间，这里地形复杂，十分险要，而崖山在新会县南八十里的大海之中，和石山相对而立，远远看过去，就像两扇大门一样，不管怎么看，都是易守难攻的好地方。

于是，张世杰决定把小朝廷安置在这里。他派人进山砍伐木材，建造行宫三十间，军队住房三千间。行宫建设好之后，当然还得有宫名。他把正殿称为慈元，是杨太妃的专用住房。

此时，张世杰的军队还有二十万，大多都住在船上成为名副其实的水军。当这些部队进入南方时，基本就注定了他们失败的命运。张世杰忠勇有余，但打仗能力明显欠缺。几次大战，基本不胜。

元朝高层当然不会允许小朝廷在崖山那里搞武装割据。

先是参知政事蒙古岱请忽必烈下诏招降张世杰，但忽必烈不同意。他知道，这个诏书下了也是白下。然后是张弘范进言：“张世杰在海上搞了个独立王国，现在闽、广一带到处响应，应该到派兵进剿的时候了。”

忽必烈说：“好，现在任命你为蒙、汉军都元帅，全面负责攻打张世杰的军事活动。”

张弘范一看这个任命，就知道有些不好办，上奏说：“按照国家的制度，从来没有汉人统率过蒙古军队的。我是汉人，现在去指挥这么多的蒙古军，恐怕难以成功。最好同时派一个蒙古大臣跟我一起前往。”从张弘范这个担心看，就知道当时汉人在蒙古人心目中的地位了。张弘范父子两代人，为蒙古打了这么多年硬仗，很多蒙古元勋的功劳都未必比得过他们。可是当忽必烈把蒙古兵交给他的时候，他仍然不敢接受，其内心的恐惧可想而知。

忽必烈在这方面还是很有度量的，他对张弘范说：“你父亲当年跟察罕特穆尔一同出征时，他们攻破安丰后，你父亲还想留军队在安丰驻守，可是察罕特穆尔不同意，军队南进之后安丰又被宋兵占领，导致军队进退失据，最后丧失了根据地。为此，你父亲非常悔恨。造成这个后果就是军队没有统一领导的原因。难道你现在又想重复一次你父亲当年的悔恨吗？”

忽必烈为了表示自己对张弘范的绝对信任，当场赐给他锦衣和玉带。可是张弘范却说：“我奉命远征，用不着这些服饰。假如陛下赐给我宝剑和铠甲，我会带着这些装备，仰仗国家之威，使不服从命令的人都俯首听命，我的目的就可以达到了。”

忽必烈一听，很高兴，这才是去出征的样子，当场拿出尚方宝剑，亲手递给张弘范，说：“这是我亲自给你的宝剑。不管是谁不服从你的指挥，你都可以用这把剑砍他的脑袋。”

其实，张弘范要的就是这句话，他辞别忽必烈的时候，请求让李恒当他的副手。忽必烈同意这个请求，并命令达春负责为张弘范留守后方以及供应粮食。

在张弘范还没有到达指定目的地时，李恒已经开始了军事行动。他带兵来到清远，直指广州。驻守广州的小朝廷守将王道夫和凌霄与李恒打了两仗，两仗皆大败。李恒攻下广州等待张弘范的到来。

张弘范此时率舟师直指漳、潮、惠三州。

而这里正是文天祥驻扎的地方。

当时文天祥的驻地发生了传染病，他的母亲和长子都在这场病中去世。现在他的家属已经全部死了。但他仍然带着他的士兵，誓言为大宋的复兴而奋斗到底，这是他终生的信念。这时他的驻地是潮阳，他在聚集了一支力量之后，就向当地的盗匪陈懿和刘兴发动进攻。结果这股盗匪被他顺利打败，刘兴被他打死在战场上，可是陈懿却逃跑了。

陈懿的逃跑造成了很严重的后果。他逃到海上之后，知道自己再当盗匪已经没有前途了，投靠南宋小朝廷更没有前途，那就只有投靠大元帝国了。正巧张弘范的大军前来，需要熟悉地形的带路人。陈懿是最合格的向导，他果断地跑去见张弘范，把大元部队带到潮阳。

文天祥再次犯了以前的错误，打完土匪之后没有做好防范元兵的工作，直到张弘范的弟弟张弘正的大军冲过来，才知道大事不好，带着部队直奔海丰。

张弘正当然继续追。

他在五坡岭追上了文天祥。

这时文天祥正在吃饭。所有的战斗人员也都在吃饭。张弘正的部队直接杀了过来，在文天祥他们还没来得及丢掉饭碗操起大刀时就结束了战斗。

文天祥就这样被张弘正抓住。

文天祥对此早有预料，只不过他没有料到会来得这么快。他曾经是个追求过精致生活的人，此刻身上仍然带着龙脑香。他知道自己被抓之后，除死之外，没有第二条路可走，因此他拿起龙脑香就吞下去，欲以此结束自己的性命。可龙脑香只是香料而不是杀人的毒药，他的自杀没有成功。

文天祥被俘之后，很快就送到张弘范面前。

他面不改色挺立着，虽然满脸风霜，但一身傲骨凛然逼人。张弘范的左右喝令他跪下，他只是冷笑着面对张弘范。

张弘范大赞："忠义人也！"他命令手下马上把文先生的绳索解开，以客人之礼待之。文天祥强烈要求砍他脑袋，张弘范不同意，只是将他软禁在船上，而且把文天祥的族人全部释放。

文天祥一失败，崖山外围的南宋势力基本都肃清了。张弘范带着他的水师直逼崖山。

张世杰看到张弘范大军破浪而来，便问大家有什么办法？有人说："现在最应该做的就是先占领出海口。如果敌人占领了，那我们就没有出路了。此战，如果侥幸打赢了，那是国家之福。要是打不赢，我们还可以出海向西而去。"

张世杰却摇摇头，说："连年出海，到底到什么时候才算完？不如跟元军一决生死。"

大家听到他这个悲凉的话，都觉得前景已经不妙。他们不明白，为什么张世杰就这么绝望？为什么还有二十万人，在不该决战的时候一定要去决战？

这些为什么，谁也不知道，估计连张世杰自己也未必能知道。

他是一个北方人，投奔过来之后，居然成为小朝廷最后的栋梁。他并没有力挽狂澜、扭转乾坤的大才，而且他面对的又是忽必烈这样的高手，更可怕的是，这个高手的部下，又是高手如云，南宋这边虽然每天有很多人跟着他到处逃跑，很多人都跟他一样，忠贞不贰，但却没有几个能力突出的人。

他望着苍茫大海，心底除了绝望，还能有什么？

崖山怒涛

张世杰再一次把他不懂海战的弱点暴露无遗。因为他用铁链把一千艘大船连成一片，而且一字儿排开，远远望去，桅杆如林，连船如墙。他和小皇帝坐在中间，以为死战之计。四年前，他也曾经如此布阵，被阿术打得大败亏输，大宋主力因此丧失殆尽。

所有的人都满脸肃穆，不祥之兆已遍布船上。这是在找死的打法，或者说是一种另类的自杀！但张世杰仍然很冷静，因为他也有自己的秘密武器。

张弘范很快就把自己的大军开到张世杰的面前。他看到这个战阵之后，先是倒抽了一口冷气，想不到这个小朝廷的水师规模还如此大，如果真的面对面打，还真打不过；接着他又笑了，张世杰啊，你怎么能这样连船呢？你是真没读过赤壁之战，还是故意这样干？

张弘范这次没有急躁，而是慢慢来，在张世杰的眼皮底下做好进攻前的部署工作。张世杰也只能眼睁睁地看着张弘范在那里悠闲地调度部队，一点动作也没做。他还能做什么工作？他的船连成一排，很长很壮观，但却动不了。动不了就根本无法进攻。这个布局从一开始就把主动权和进攻性给丢掉了。

张弘范看到张世杰既然用曹操的办法，那他只有套用周瑜的创意了。他在自己的阵地上，公开透明地准备好柴草和油脂，还派部队把张世杰的淡水通道切断了。

这一切都做好之后，张弘范下令进攻。第一轮进攻时，张世杰的连船果然纹丝不动。张弘范下令火攻。历史已经多次证明，火攻连船是取胜的不二法门。哪知，张世杰还是做了准备工作，他在船身上都涂满了泥，直接造成火攻无效。

张弘范想不到张世杰居然也有秘密武器。有时候，历史经验也会失效。张弘范白白烧了一大堆火、浪费了很多油脂，到头来白辛苦一场，他也没有办法了。没有办法的张弘范不得不用一个连他都觉得很蠢的办法来对付张世杰，派人去劝降。他派的这个人姓韩，是张世杰的外甥，但张世杰一点不买账。

张世杰让他的外甥转告张弘范，他只有死战以报大宋。

张弘范看到小韩不行，又做出一个更蠢的动作，叫文天祥给张世杰写信。你想想，文天祥自己都不投降，能帮他去劝张世杰吗？可是没有了办法的张弘范仍然强烈要求文天祥写。

文天祥轻蔑地看了看张弘范，拿起笔来，当场写了一首诗。这首诗你肯定知道，就是千古绝唱的《过零丁洋》：

辛苦遭逢起一经，
干戈寥落四周星。
山河破碎风飘絮，
身世浮沉雨打萍。
惶恐滩头说惶恐，
零丁洋里叹零丁。
人生自古谁无死，
留取丹心照汗青。

张弘范看了之后，当然没有生气，他笑着把诗留了下来。

他勉强不了文天祥，但他仍然做劝降工作。在没有别的办法之前，他也只能这么做。他这次劝降的面很广，是对面连船上所有的南宋官兵。他说：你们的陈丞相已经逃跑了，你们的文丞相又已经成了我的俘虏。你们还在那里干什么？

按照以往的经验，这样的威胁即使不能给对方造成大面积的杀伤力，但肯定也会有个别人员跳下船来投奔光明。可是他几轮强力喊话过后，对面船上没有一点反应，倒是几个喊话的人累得差点倒在摇晃的大船上。

张弘范知道，这些招数对那些人都没有用了，只得用笨办法了——封住出海口，把张世杰围困至死！

张世杰部署的短板立马暴露出来，他以为他用泥涂了船，破了人家的纵火神功，就可以把人家逼退了。可人家能撤走吗？元兵现在有着强大的后援支撑，他们可以这样跟你对峙到地老天荒，你能在那一连串的船上生活多久呢？

在这样的局面下，张世杰只有两条路可走：一是先逃到海上，静待时机卷土重来；二是趁敌人立足未稳，主动出击，把敌人打死，而且他现在有打胜仗的实力，只要指挥得当，翻盘完全有可能，但他对自己的指挥已经缺乏信心，于是就采取了这个看起来很稳重的打法，实则是被动到极点的战术。他现在除了在那里稳如平地之外，无法做别的动作，完全是一副坐等人家来打的架势。

张世杰也准备了很多的干粮，可是吃完干粮后还要喝水啊，但现在水道已经被人家截断了。士兵们干瞪着眼把干粮吞下去之后，到处找水喝，结果就不得不喝海水。哪知，海水喝下去不多久，不但止不住强烈的口渴，反而上吐下泻，弄得大多士兵都叫苦连天。

这时，李恒的部队开了过来，与张弘范会师。虽然说两军会师，其实他们加起来也只有三万人。而张世杰的部队整整二十万，但张世杰就是不敢进攻。虽然他在拒绝逃跑建议时大声说："成败就看今日。"可连一点进攻的欲望都没有，能取胜吗？这只能说明，张世杰这个号称当时名将的人，其实并不精通兵法。于是，最后的大宋再次陷于"有险可守无人可用"的境地。

张弘范的手下都想尽快结束这场中国有史以来规模最大的海战，对张弘范说："大帅，为什么不用火炮？现在他们这个形势最适宜炮击啊。"

张弘范说："千万不能炮击。咱们一开炮，就会轰断铁链，他们的船就会散开，漂到海上去。这么多船漂到海上，咱们这点人什么时候才把他们追杀完啊？而且他们散开后，我们也必须散开去追击。这样一来，说不定我们反而被他们打败。我来的时候，皇上反复告诫，一定要把他们全部消灭掉。如果让他们逃走了，我怎么回去向皇上交差？"

李恒肯定是个水战专家，他说："我军已经成功包围了敌人，但大家发现了吗？现在敌人的船每天都随着海潮向外漂移，我们应该抓紧时间把他们打败。否则，等船上的物资再紧缺下去，他们自知要完蛋了，就会顺着风潮之势向外海逃跑。我们仍然不会成功。"

于是，张弘范决定与宋兵进行正面对抗。

张世杰仍然麻木地保持着原来的等待姿势。当然，有时他也派出一些小分队出来，搞点袭击活动，但在这样的战场上，小规模的袭击活动能取得成功才怪。他明明有比敌人更强大的舰队和兵力，就是不敢全力以赴，奋力打击敌人，而只玩这些无脑的战术，不失败真是没有天理了。

1279 年 2 月，张弘范按他的计划行动了。他把部队分成四路，由李恒负责攻打敌人的西北角及北面，其余将领则攻打对方的南面和西面，他自己亲统一军向张世杰正面进军。

张弘范知道此战会打得很激烈，就大声说："敌人有个西南舰队，听说他们把最厉害的精兵都放在那里，肯定是块硬骨头，所以由我去打。"

当大家向前挺进的时候，突然前头的山上冒出浓浓的黑气，所有的人都觉得奇怪，不会发生什么意外吧？

张弘范说："好啊。这是取胜之兆！"

此刻正逢潮退，海水急剧向南流去。从北面杀过来的李恒趁着退潮顺流向宋兵冲击。

张世杰在这边的武装是淮兵，双方打得十分惨烈，炮箭直发，打得难分难解。到了中午，海潮一涨，南面的元兵乘势杀出，张世杰还没有打退李恒的进攻，又得接受张弘范的冲击，陷于腹背受敌的境地。但他仍然奋力死战，李恒没有讨到一点便宜。

张弘范看到自己的人数少于敌人，而且敌人在张世杰的带领下，拼得很厉害，于是，就想了一个小计谋。他用布遮挡大船四周，然后士兵们都依靠盾牌趴在船上，只让张世杰的部队射箭。

张世杰命令士兵们向大船射箭。

张弘范看到宋兵射了一阵，突然令人在船上奏起音乐来。

如果是有经验的战将，看到这个情节，肯定会有所警惕，双方血拼到了这个关键时刻，搞这个动作的人，不是蠢材就是在搞阴谋诡计。

可惜张世杰根本没有在自己的心里多问几个类似的为什么，听到人家的船中音乐声起，就以为可能元兵要开宴大吃大喝了，于是就想，他们吃饭，我们也可以休息一下了。

他确实是累了，士兵们也累了，他们打了整整一个上午。

张弘范躲在船布后面观察，看到张世杰果然上当。他再看了一下自己的大船，布障和桅杆绳索上的箭像刺猬一样，就知道敌人大船上的箭已经用完了。他下令立刻撤出黑布，伏兵们从盾牌后面出来，用箭猛射张世杰的船，果然轻松地夺取了敌人那艘大船，接着又夺取了七艘大船。

其他的各路军看到张弘范这边打开了局面，都跟着杀过来，从巳时一直打到申时，张世杰军仍然没有屈服。

毕竟七八艘船，对于一支二十万的大军而言，根本不算什么。

后来，张弘范无意之间把一只船击沉。但见宋方的船墙中一根桅杆倒下了，然后桅杆一根接着一根地倒下。张世杰铁索连船的效应，此时完全出现。

张世杰到了这个时候，也知道他真的错了，但知道了又有什么用？此时，他的脑海里只有四个字：大势去矣！

其实，大势在他拿出铁链的那一刻已经“去矣”，在他放弃出海口那一刻再次“去矣”，他大势“去矣”的次数太多了。

张世杰虽然觉得大势已去，但他仍然作最后的抗争，他集中精兵，来到小皇帝大船的附近，寻找小皇帝，以便带着小皇帝突出重围。各路宋军这时已经全面溃败。几个高级将领已经放下武器投降，他们成为最后投降的大宋军官。

到了傍晚的时候，张世杰才找到小皇帝的大船。他派了一只小船过去，准备接小皇帝过来一起走。

小皇帝此刻和陆秀夫在一起。他们的船很大，而且还跟众多的船连在一起。陆秀夫看到这个样子，知道他们真的逃不出去了。

陆秀夫看来已经多次在心里彩排过今天的场景：他先把自己的家人全部赶到船边，让他们全部跳下海里，然后他过去对小皇帝说：“国事至此，陛下当为国死。德佑皇帝辱已甚，陛下不可再辱。”他把这番大义凛然的话说完之后，用他那枯瘦的手，在小皇帝的脸上抹了一把，抹走那一把晶莹透亮的清泪。他把那一把清泪紧紧地攥在手里，然后弯下腰背起了小皇帝。

此时，赵昺才九岁。我们无法知道这个小皇帝此刻的内心产生了什么活动。是的，九岁，一个只有九岁的孩子，家国的概念对于他而言，实在是太大了。他根本无法理解，然而就因为他生在皇帝家，在这个最后的时刻，陆秀夫他们就把“家国”重重地放到他的背上，由他来代表赵家的列祖列宗去承担，当他无法承担的时候，他就只好爬到陆秀夫这个老师的背上。

陆秀夫此时的心情，到底是壮怀激烈，还是悲愤莫名？也许是两者兼而有之。当他一步一步向船边走去的时候，他背的上人已经不是一个满脸稚气的小孩子，而是一座大宋的锦绣江山，或者说是破败的江山。大船在巨浪里剧烈地摇晃颠簸，大宋的江山也在这个儒生的背上剧烈地摇晃颠簸。是的，当大宋还偏安江南时，谁也不知道他是谁；当那一干高层在敌军步步逼近时仍然拼命在内部争权夺利、尔虞我诈时，基本都没有他的事。可当大厦已倾、巢倾卵覆之时，那些大臣或逃或散或降之后，他挺身而出，为他的大宋国拼死奔忙，直到今天。没有谁强迫他，也没有谁诱惑他，是他的信念让他这么走过来，在大宋黄昏的暮色中满脸风霜、一步一步走来，最后让他把这个小孩背到自己的背上。当然，还有那本他没有教完的《大学章句》。

此刻，崖山的海面上，暮雾四塞、风雨飘摇。黄昏的天幕，其黑如漆；大海的涛声，如雷如吼！

陆秀夫纵身一跃，瞬间为巨浪吞没。

这是大宋的最后一跃！

这个中国历史上最为华丽的朝代以这个姿态谢幕！

张世杰看到这个情景之后，就和苏刘义砍断了铁索，然后夺路而逃。

当时，虽然时近黄昏，但黑雾浓重，他们乘着能见度低，居然顺利出海。这个事实再一次说明，如果张世杰不把这么多船绑在一起，张弘范想全歼他们难上加难。

这一战，与其说是张弘范彻底打败了张世杰，不如说是张世杰自己打败了自己。

在张世杰逃走之后，张弘范俘获了八百艘大船，但几乎所有的人都已经跳到海里。

七天之后，浊浪滚滚的海面上，浮出十万宋民的尸体。就是在那一夜，十万大宋最后的子民，集体蹈海。

这是光芒万丈的宋词最后的篇章！

有人发现了一具小孩子的尸体，而且尸体上还穿着黄衣服，背着一颗玉玺。士兵们把那颗玉玺取下来之后送给张弘范。张弘范急忙过来再寻找，但那具小孩的尸体已经不知漂到哪里去了。他只得向忽必烈上报：赵昺已经溺死。这里有个疑问，赵昺的尸体真的找不到了吗？我看未必。应该是张弘范甚至是忽必烈故意让人找不见的。在他们看来，只有让这具尸体永远消失，大宋的痕迹才算被彻底抹掉。否则，他的陵墓——哪怕是一抔小小的黄土，都会成为一个符号，不断地勾起人们对前朝的怀念，甚至成为一个激起大宋遗民造反的圣地。因此，对于大元统治者而言，找不到、让他消失在茫茫大海是最好的选项。

杨太妃本来跟张世杰逃了出来，听说儿子死了，便也觉得活着已经没有意思，投海而死。张世杰把她葬在海边。

张世杰逃出来后，突然发现，茫茫大海，何处是他的落脚之处？他想到了陈宜中，便想把这支最后的舰队开往占城。可以说，在这个时候，他的这个决定还是很正确的。然而，他好不容易正确了一次，他的部下又不正确了。

因为现在跟着他的人基本都是当地的土豪。这些土豪一点不舍得离开家乡，都一致反对他去占城。那里文明程度太低了，去那里没什么前途啊。

张世杰最后只得掉转船头，再一次朝着错误的方向破浪前进。到了半路，又是飓风大作。土豪们都是在海边长大的，都知道飓风的厉害，请张大人赶快弃船上岸，但这回轮到张世杰不干了。他知道，只要一上岸，不用多久就会成为元兵俘虏。他登上舵楼，把最后希望寄托在迷信上——他诚心诚意地烧了一支香，向大海祷告："我为赵氏，亦已至矣。我未亡者，庶几敌兵退，别立赵氏以存祀耳。今若此，岂天意耶！"

他的话才落，飓风更加猛烈了，他也坠入大海而死。

张世杰一死，大宋才真正地完结。大宋是理学盛行的时代，产生了很多几乎可以称之为圣人的大师，一套“君君臣臣父父子子”的道德标准执行得史无前例，但当朝的宰相们却一直到亡国之时，仍然是几个史上著名的奸臣进行接力赛，把国家一步一步推向深渊。他们做梦也没有想到，把大宋支撑到最后的居然是从北方投奔而来的张世杰。当接收张世杰的人都已经投元时，他却承担起为大宋最后一战的历史责任。虽然他的水平有些欠缺，但他的历史担当无人能及。

这就是大宋，这就是张世杰！

留取丹心照汗青

张世杰死了，还有文天祥。

文天祥虽然热爱生活，乐于享受美好生活，但他绝对不怕死。他成为俘虏后，多次要求去死，但张弘范都不答应。张弘范认为自己坚决不能对一个写出“人生自古谁无死，留取丹心照汗青”的人开刀。

有个叫王炎午的太学生对文天祥极为敬佩，觉得文天祥与其被人家押解到大都被处以极刑，不如早日自己死去，那要壮烈得多，于是就写了一篇《生祭文》，在文天祥经过的路上，贴了很多份。

文天祥虽然没有看到这篇劝他早死的文章，但他一直绝食，可他的生命力也太强了，八天不吃不喝仍然活着。

后来，他被送到了燕州，住在驿馆里，待遇很好，每天好吃好喝地摆在他的面前，其他生活用具也很高档，居然还给他挂了一面帷帐，可他不为所动，没有睡觉，而是端坐到天亮。元兵又把文天祥放到兵马司，让士兵们轮流看守，但文天祥脸上始终保持着那个坚定无比的神态，朝南而坐。

后来，大宋曾经的宰相留梦炎来了。他拿出“识时务者为俊杰”那一套理论，劝文天祥向他学习。可他还没有说几句，就被文天祥骂得眼睛睁不开。留大人只得灰溜溜地跑开了，灰溜溜跑开的留大人很恨文天祥。

再后来，王积翁等一批投降者准备联名向大元请求，释放文天祥，让他当道士。留梦炎听说后，大声说：“文天祥出去后，一定会去号召江南人联合起来。到时我们这些人怎么办？”如果你看到这个情节，你绝对想不到这是一个通过科举考试过来、官至大宋宰相说的话。

于是，王积翁等人不敢去提议。

没几天，大元丞相博啰等人在枢密院与文天祥见面。文天祥看到博啰之后，只是长揖一下。博啰大怒，要求文天祥跪下。文天祥说：“作揖是我们南方人的礼节，跪下是你们北方人的做法。”

接着双方展开了一场激烈的辩论。结果如你所料，博啰辩不过文天祥。他能辩得过写策论都不用打草稿的大宋状元吗？

博啰大为愤怒，想杀掉文天祥，文天祥却当场说现在他只求一死！

但忽必烈以及很多大臣都不同意，就连正在病中的张弘范也上书，请求留下文天祥并释放他。

于是，元朝廷高层决定暂时把文天祥囚禁起来。

文天祥从此就在监狱里关着，一直关到至元十九年（1282年）。这期间好像元廷高层的人都忘记了这个著名的历史人物。但远在南方的那群人却还记得他。

这一年的12月，有一个和尚做了个预言“土星犯帝座，疑有变”。虽然大家都知道，这样的预言没有靠谱的理由，但人们就是爱相信。正好当时发生了两件事，都与文天祥有关。

第一件是广东中山县有一个人，突然出来，宣布自己是南宋国主，手里掌握有一千武装力量，正在计划杀上大都砸烂监狱，夺回文天祥。第二件事是恰巧京城里又有一个叫薛保住的中山人，说他得到准确的情报，有人将于某天烧掉遮蔽城墙的苇草，然后带着两支军队搞事。只要搞事成功，“丞相可无忧者”。虽然这个信中没有直接说出丞相的名字，但元廷的人一看，都高度一致地认为这个丞相肯定是文天祥。当时，忽必烈的大红人阿哈玛特刚刚被王著敲碎了脑袋，看到这封信后，在第一时间组织人力撤除城苇，还把大都里宋朝的宗室人员都迁到开平。

接下来就是处理文天祥。

忽必烈虽然这么多年没有关心文天祥了，但他对文天祥的人品和才华还是很看重的，他现在仍然不想杀文天祥。他决定再跟文天祥见一面。

文天祥被带到朝堂上，与忽必烈举行了会见。

忽必烈直接就开出条件：“只要你用对宋的忠心来当我的手下，我现在就任命你当丞相。”

文天祥当年殿试时，不打草稿就洋洋洒洒地出炉了一篇策论，但现在他面对忽必烈，已经不需要长篇大论了，只是说：“受宋恩为宰相，安肯事二姓？愿赐一死足矣！”淡然而坚定！

忽必烈仍然不忍下手，还想给他一个机会（或者说是给忽必烈自己一个机会），但知道今天是做不成这个思想工作的，便命人把文天祥带下去。

文天祥一走，那群大臣都齐声劝忽必烈，既然他这么想死，就应该成全他啊，这样的人留着还有什么用？如果一定说有用也是对南方宋朝那些遗民有用，他们可以把拿他当招牌进行造反活动。

忽必烈看到满朝文武都高度一致地要求杀文天祥，也动摇了起来，挥挥手说，既然大家都要求处死文天祥，那就执行吧。

处死的诏令发下去不久之后，忽必烈又后悔了，急忙下诏刀下留人。可是那帮执行人员动作太快了，诏书还在半路，那边已经手起刀落了。

处决文天祥是一件特大新闻。当文天祥被押往柴市刑场时，那里已经聚集了成千上万的民众。我们无法知道当时那些观众心里想的是什么，是同情他，还是只想来见证这个历史性的时刻？虽然个个聚精会神，引颈而观，唯恐某些细节被忽略了，但其实心里早已麻木。

文天祥却一脸肃然。

这天是十二月的初六，冷风横吹，卷着遍地落叶。

文天祥踩着滚滚翻卷的落叶大步向前，从容不迫，一如回家。

临近刑场了，他问了问路边的观众哪个方向是南方？在他的心里，他的家在南方。观众们给他指了方向。他朝着南方跪下行礼，然后站起来，对执行人员说：“我的事情办完了。”

据说，当大刀落下之时，大风突起，沙尘蔽日，首都的天地之间，一片昏黄！

忽必烈在宫殿的座位上，怅然长叹："好男子，不为吾用，杀之诚可惜也！"能得到敌人如此评语，文天祥死得其所！其人已死，但忠魂长在。

几天之后，文天祥的妻子欧阳氏收拾他的尸体时，看到他脸色如生，还从他的衣带里找到几行字："孔曰成仁，孟曰取义，唯其义尽，所以仁至。读圣贤书，所作何事！而今而后，庶几无愧！"

欧阳氏在收拾丈夫的尸体之后，仰天说道："我夫不负国，我安能负夫。"也自尽而死。

文天祥的故事到现在似乎已经结束，但仍然没有完。

当时有一个叫张千载的人，是文天祥的朋友。文天祥当宰相时，多次请他来当官，但他都拒绝了。我们不知道他拒绝的原因是什么，但他就是只做文天祥的朋友而不去当宋朝的官员。后来，文天祥被俘，押到吉州时，张千载过去看望老朋友，说："丞相这次去北方，我应当同行。"于是，他就一路跟着文天祥，一直到燕京，在文天祥被囚禁的地方居住下来。三年多来，他天天去看文天祥，给文天祥送好吃的东西。当然，他跟文天祥一样，知道文天祥到头肯定会从容就义，因此他还暗中做了个木匣子。等文天祥夫妇死了之后，用这个木匣子把文天祥的头颅装好，然后又找到其妻子欧阳氏的骸骨，用双层囊袋包好，再带回吉州，交由文家安葬。正好同一天，文家的人也把文天祥母亲的灵柩从惠州运了回来。

文天祥终于魂兮归来，葬于故土。他的浩然正气，永留天地之间！

附录：闻文丞相被执作生祭文

王炎午

以速天祥先生死吊

丞相再执，就义未闻，慷慨之见，固难测识。因与刘尧举对状共赋，感慨嗟惜之。尧举先赋，云：于留中子坟孤竹，谁向西山饭伯夷。予闻其下句，义则谓伯夷久不死，必有饭之者矣。予谓：向字，有忧其饥而愿人饷之之意，请改作在字如何？尧举然之。予以寂寥短章，不足用吾情，遂不复赋。盖丞相初起兵，仆尝赴其召，进狂言有云：愿名公复毁家产，供给军饷，以倡士民助义之心，请购淮卒，参错戎行，以训江广乌合之众。他所议论，狂斐尤多慷慨戆愚。丞相嘉纳，令何见山进之幕府，授职从戎。仆以身在大学，父殁未葬，母病危，殆属以时艰，恐进难效忠，退复亏孝，倥偬感泣，以母老控辞。丞相怜而从之，奖拔之公，许养之私，丞相两尽之矣。仆于国恩为已负，于丞相之德则未报，遂作生祭丞相文，以速丞相之死。尧举读之流涕，遂相与誊录数十本，自赣至洪，于驿途、水步、山墙、店壁贴之，冀丞相经从一见。虽不自揣量，亦求不负此心耳。尧举名应凤，黄甲科第，授建康军签判，与其兄尧哲，文章超卓，为安成名士。维年月日，里学生旧大学观化斋生王炎午，谨采西山之薇，酌汨罗之水，哭祭于文山先生未死之灵，言曰：呜呼，大丞相可死矣！文章邹鲁，科第郊祁，斯文不朽，可死。丧父受公卿，祖奠之荣；奉母极东西，迎养之乐，为子孝，可死。二十而巍科，四十而将相，功名事业，可死。仗义勤王，使用权命，不辱不负所学，可死。华元踉跄，子胥脱走，可死。丞相自叙死者数矣，诚有不幸，则国事未定，臣节未明。今鞠躬尽瘁，则诸葛矣；保捍闽广，则田单即墨矣；倡义勇出，则颜平原、申包胥矣；虽举事率无所成，而大节亦已无愧，所欠一死耳。奈何再执，涉月逾时，就义寂寥，闻者惊惜。岂丞相尚欲脱去耶？尚欲有所为耶？或以不屈为心，而以不死为事耶？抑旧主尚在，不忍弃捐耶？果欲脱去耶？夫伏桥于厕舍之后，投筑于矐之际，于是希再纵求，再生则二子，为不智矣。尚欲有所为耶？识时务者在俊杰，昔东南全势，不能解襄樊之围。今以亡国一夫，而欲抗天下？况赵孤蹈海，楚怀入关，商非前日之顽，周无未献之地。南北之势既合，天人之际可知。彼齐废齐兴，楚亡楚复，皆两国相当之势，而国君大臣固无恙耳。今事势无可为，而国君大臣皆为执矣。臣子之于君父，临大节，决大难，事可为则屈意忍死以就义，必不幸则仗大节以明分。故身执而勇于就义，当于杲卿、张巡诸子为上。李陵降矣，而曰欲有为，且思刎颈以见志。其言诚伪，既不可知，况刑拘势禁，不及为者十常八九，惟不刎，刎岂足以见志？况使陵降，后死他故，则颈且不及刎，志何自而明哉？丞相之不为陵，不待智者而信，奈何慷慨迟回，日久月积，志消气馁，不陵亦陵，岂不惜哉？欲望不屈而不死耶？惟苏子卿可。汉室方隆，子卿死耳，非有兴复事也，非有抗师仇也。丞相事何降，与死当有分矣。李光弼讨史思明，方战纳剑于靴，曰：夫战，危事也。吾位三公，不可辱于贼。万一不利，当自刎。李存最伐梁，梁帝朱友贞谓近臣皇甫麟曰：晋吾世仇也，不可俟彼刀锯，卿可尽我命。麟于是哀泣，进刃于帝，而亦自刎。今丞相以三公之位，兼睚眦之仇，投明辨，岂堪存李光弼、朱友贞下乎？屈且不保，况不屈乎？丞相不死，当有死丞相者矣。且死于义，死于势，死于人，以怒骂为烈。死于怒骂，则肝脑肠肾，有不忍言者矣。虽获汤刀锯，烈士不辞，苟可就义以全归，岂不因忠而成孝，事在目睫，丞相何所俟乎？以旧主尚在未忍弃捐也？李升篡杨行密之业，迁其子孙于广陵，严兵守之，至子孙自为匹偶，然犹得不死。周世宗征淮南，下诏抚安杨氏子孙，景升惊疑，尽杀其族。夫抚安本以为德，而反速祸。几徽之，得失可不惧哉？蜀王衍既归唐，庄宗发三辰之誓，全其宗族，未几信伶人景进之计，衍族尽诛。几徽之，倚伏可不畏哉？夫以赵祖之遇降主，天固巧于报施，然建共暂处，皓坐苟安，旧主政坐于危疑，羁臣尤事于肮脏，而声气所逼，猜疑必生，岂无景升之疑，或有景进之计？则丞相于旧主，不足为情，而反为害矣？炎午，丞相乡之晚进士也，前成均之弟子员也。进而父没，退而国亡，生虽愧陈东报汴忠，死不效陆机入洛之耻。丞相起兵次乡国时，有少年狂子，持裴牍叫军门，丞相察其忧愤而进之，怜其亲老而退之，非仆也耶？痛惟千载之事，既负于前，一得之愚，敢默于后？启足非曾参乎，得正而毙。乃取童子之一言，血指慷慨，非南入乎？抗义迟回，终待张巡之一呼，进簿昭之素服，先元亮之挽歌，愿与丞相商之。庐陵非丞相父母邦乎？赵大祖语孟昶母曰：勿戚戚，行遣汝归蜀。昶母曰：妾太原人，愿归太原，不愿归蜀。契丹迁晋出帝及李大后、安大妃于建州，大后疾死，谓帝曰：我死，焚其骨，送范阳僧寺，无使我为虏地鬼也。安大妃临卒，亦谓帝曰：当焚我为灰，向南扬之，庶遗魂得返中国也。彼妇人，彼国后，一死一生，尚恋恋故乡，不忍飘弃，仇雠外国，况忠臣义士乎？人不七日榖，则毙。自梅岭以出，纵不得留汉厩而从田横，亦当吐周粟而友孤竹，至父母邦而首丘焉。庐陵盛矣，科目尊矣，宰相忠烈，合为一传矣。旧主为老死于降邸，宋亡而赵不绝矣。不然，或拘囚而不死，或秋暑冬寒，五日不汗，瓜蒂喷鼻而死，溺死，煨死，排墙死，盗贼死，毒蛇猛虎死，轻一死于鸿毛，亏损篑于泰山。而或遗旧主忧，纵不断赵盾之弑君，亦将悔伯仁之由我，则铸错已无铁，噬脐宁有口乎？鸣呼！四忠一节，待公而六。为位其间，讣则哭。

第六章
锋芒已挫

跨海击日本

灭宋最大功臣张弘范回到大都后，就一直病着。忽必烈对张弘范本来很看重，并且极度信任。他回来之后，忽必烈就在内殿给他设宴，盛情款待他，赏赐了很多东西。他是北方人，到南海里打了这一仗，水平和勇气表现得十分到位，可身体却严重水土不服。回到北方之后，就因瘴疠病发作，一直没有好转。忽必烈让御医去看，这个御医跑去给张弘范做了诊断，还成立了一个专家小组专门讨论用药，然后还派卫士在门口看守，不让任何闲杂人等前去干扰。但仍然没有把张弘范的病治好。

张弘范的病情越来越严重。他知道自己无法战胜这个疾病了，便在沐浴之后，穿好礼服，让人扶到中堂，朝皇帝宫殿的方向拜了几拜，然后坐下，请亲朋好友过来诀别。一场欢宴结束后，张弘范坐在椅子上死去，终年四十三岁。忽必烈追封张弘范为淮阳郡王，还给了个谥号“献武”。

忽必烈灭了南宋，固然很有成就感，但他仍然不满足，他还想把日本拿下来。

当年他派赵良弼出使日本岛之后就想出兵日本了。虽然赵良弼反对，他也暂时采纳，但他的内心世界时时刻刻在表示不服。亚洲欧洲这么多国家都打了，日本算什么？一个小小的岛国，有何难哉？

他见证过他爷爷西征的伟大胜利，自己也在享受着征服世界的喜悦心情，觉得这个世界没有哪个地方是他不能征服的。他们的民族是战斗的民族，哪里有人，他们就到哪里战斗。在这样的心理作用下，他于 1274 年再次启动对日本的征服战争。

忽必烈虽然很想征服日本，但他对征服日本的难度显然估计得不高。他以为，只要自己的部队有船，能渡过大海到达那几个岛，就能轻易地把那帮没有文化的日本人打败。因此他只是将高丽以及南宋的降卒外加一部分蒙古兵整编起来，组成一支联合部队，然后就高调出海。

这支部队到达马岛和壹岐岛时，跟日本军队相遇。双方见面就打。当时，元兵的武器装备以及战法战术都比日本军队高多了，而且还有了火器。日本兵突然看到这么大的阵仗，都吓得面如土色，因此一直处于被动挨打的局面。

打了一天，日本人支持不住，退到了九州大宰府。可以说，只要再加一把劲，日本兵就会完败，大元帝国就会取得历史性的胜利。哪知，在元兵们都胜利在望时，突然刮起了台风，把元军的二百条大船全部吹翻。元兵都大为惊惧，怕自己再也回不到伟大的祖国了，于是官兵们上下一致，抢乘剩下的船只撤退回国。于是这一次攻打日本就这样宣告结束。可以说，这一次大元帝国的士兵们只是被风打败，而不是被日本人打败的。

忽必烈很郁闷，作为世界征服者的继承者，他当然不服，时刻都想把那几个岛划进自己的版图。

当张弘范还在猛打张世杰时，他就又把这件事提上议事日程。忽必烈那一双眼睛本来很毒，最能用人，从他敢于用这么多汉人来看，就知道他的识人之能。可是现在他想打日本时，好像没有哪个人可以用了。当时能打的基本都跟张弘范南下了，身边这些人基本都是蒙古人，蒙古人在陆地上拼杀还是很有战斗力的，可是现在让他们下海去喊打喊杀，他们就傻了。

还是得用南方人。

他想到了范文虎。

连你也知道，范文虎的仗打得很差，当年跟元兵对抗基本都是打败仗，但他是水军出身，打日本人应该没有问题。于是，就果断下令范文虎当攻日总指挥。

范文虎本来对打仗就超级不自信，现在让他带队跨海去打岛国，他脸都发白了，但忽必烈叫他去，他还能不去吗？

他还想拖一拖，就上疏说："现在奉讨日本，还是先派周福和栾忠跟几个日本的僧人带陛下的诏书过去，晓谕他们一把，等明年四月，他们回来之后再说。如果他们不愿归顺，我们再讨伐他们。"

忽必烈觉得也对。他派杜世忠等人出使日本，劝日本归顺，否则就会派兵来打。但日本人不但不归顺，反而把杜世忠等几个人杀害了。

忽必烈打日本的决心很大，连高丽国王居然都知道了。现在的高丽国王叫王睶，他于至元十七年八月来到大都参拜时，主动请求让他也入股去打日本，他愿意出三万的兵力。

忽必烈大喜，他终于下达了向日本进攻的命令，由范文虎、实都、洪俊奇为中书右丞，李庭、张巴图为参知政事，一同行中书省事，共同带兵去打日本。

水军万户都元帅张禧看到皇上派兵去打日本，居然没有自己，那这个水军万户不是白当了？于是，赶紧打报告，强烈要求去打日本。

忽必烈当然批准，并任命他为行省平章政事，让他跟范文虎去打日本。

虽然张禧很踊跃，忽必烈很高兴，但仍然有人反对。这个反对的人就是王槃。王槃已经八十岁了，他听说忽必烈准备大军出海，就跑过来劝：日本就是一个小小的夷国，几个小岛，又没有什么资源，还要跨海去打。海道又远又危险，打赢了也没多少光彩，要是打不赢，倒是一件十分丢脸的事，所以还是不打的好。

忽必烈脸色大变，怒气冲冲地说：“你这是说了不应该说的话。按照有关法典，说这些话的人，统统被从严从重处罚。你是不是有异心才说这样的话？”

王槃的脸色却一点不变，他说：“老臣向来赤胆忠心，才敢于说这样的话。我已经八十岁，而且是一个没有后代的人，即使有异心，又能干什么？”

忽必烈也觉得自己的态度确实太过分了，第二天派人去安慰了一把老人家，说昨天那话是气话，请老人家不要放在心上，更不要有什么惧怕心理。他觉得光这些话仍然不够分量，又把一个碧玉枕赐给了王槃。

忽必烈虽然向王槃道了歉，但他仍然坚持伐日政策不动摇，下令范文虎出发！

以范文虎为首的团队带着十万大军很快就漂洋过海来到日本。这一次，日本人经过上次的战斗，积累了一些经验，而且大元的主帅又是范文虎这样的常败将军。日本人这一次狡猾了很多，不再跟大元帝国进行大规模的战斗，而是在小港口开展游击队级别的小仗。结果元军兵力分散，多次战斗不利，不得不退回船上。

其他人因为是领着任务来的，心里底气很不足，但张禧是主动申请来的，工作比任何人都主动积极。他退回来之后，就在平湖岛上筑起堡垒，然后把战船布置好，每船相隔五十步停泊好。他是水军万户，是这伙人中的专家，对水军业务很精通。这么摆的好处是，如果有风浪刮来，船只就不会相互碰撞，避免损失。其他人只在旁边当观众，没人照着做。

不一会，果然飓风大作，大风掀起大浪，范文虎和李庭的船只全部毁坏，一大半士兵都落入海中。就连范文虎也落到水中，抱着一块船板漂流在海面上，最后被张禧救了上来，只有张禧的船还完好无损。几个人站在那里看着船只全部翻倒，脸上全是一副想哭的表情，为什么一定让我们来征日本啊。现在日本人的军队还没有看到，大风就先把我们打翻了。

本来，他们登岛之后，张禧就建议立刻向太宰府展开军事行动，不要在这里跟小股日军游击队纠缠。可是范文虎却不同意，为什么不同意，他根本没有说出什么理由，反正他自己不想同意。于是，在不同意之后，飓风来了，船只也坏了，他也傻眼了。

范文虎在那里除了手足无措之外，就是否定正确的意见。张禧说：“老大，到现在为止，我们仍然还可以有所作为。”

几个老大转过想哭的脸问张禧：“怎么有所作为？船没有了，粮食也没了，没有粮能空肚子打仗？”

张禧说：“我们已经没有了粮食，我们的船已经毁坏了，我们的很多士兵已经葬身海底。这就是我们的现实，但我们就站在这里看着这个现实吗？我们现在更应该去打，从日本人手中抢到粮食，这才是解决现实困难的唯一途径。历史上这样的战例还少吗？韩信、项羽等都玩过，而且还玩得十分经典。我们为什么就不照搬来拼一把呢？”

张禧这些充满血性的话如果面对别人，估计会很有效果，可是对范文虎这样的人却没有一点效果。他要是能这么有血性，当年在与元兵作战时，还能没有接触就望风而逃吗？他还算是贾似道的女婿吗？他还会不战而降吗？

忽必烈聪明一世，以识人之能为人称道，但在看范文虎时，仍然走了眼，让范文虎这样的人出来打仗，那就只能打败仗了。

范文虎坚决否决了张禧的建议后，说谁说我们就站在这里看着这个现实呢？我们可以回去，远离这个现实。他大声宣布回去，说他们被海浪打翻了，没力气打日本了。

范文虎再次发扬在宋朝时的作风，开溜的时候，把十万士兵全留在日本岛上，自己取道回国。那些士兵也都知道，如果不想办法回去，他们就都得死去。于是，他们推举一个叫张百户的人为老大，每天在那里砍木头，准备做船回去。

日本人是很狡猾的。他们那时没有多少人，看到大元那么多人在那里，便都躲着，现在看到大元的主帅已经逃跑，便迅速出击。大元士兵本来就已经人心惶惶，看到主帅已经上船逃走，哪还有什么士气？结果大部分士兵被日本人屠杀，剩下三万人全部成为俘虏。这三万人都是原来宋朝的降卒，日本人把他们看成是唐朝人，所以才留下他们的性命。

大元这两次出海打日本，最后都失败了，尤其是最后一次，十万大军开过去，部分被风吹进海里，死得不明不白，还有一部分被范文虎丢在那时，成为日本人屠杀的对象，最后不得不宣布失败。其实，这一次失败，根本不是被日本人打败，都是被天气打败的。当然，这也不能怪天气，深层次的原因，仍然在忽必烈那里。他对大海没有足够的认识。他以为只要有船，能渡过去就行了，因此征调到的船基本都是平底船。这些船在内江内河里是很好使用的，可是一放到大海里，就不稳定了。虽然当时南宋沿海一带是有海船的，南宋工匠是有制造海船技术的，可是因为元朝对汉人的歧视，导致很多工匠不愿出力，而且他给的时间很短，因此造出的船质量就很差，根本禁不起风浪的摧残，每次出海，船都被刮翻，然后就宣布以失败而告终。

忽必烈觉得郁闷，不过日本人并不会因为你郁闷加大就可以被征服。他们有大海为险，没有解决大航海问题，就没有办法对付他们。还有一个原因，大元也跟很多朝代一样，随着第一代功臣的凋零，手下已经没有多少猛人，连南宋小朝廷那样的势力，他们都还打了这么多年才搞定。从他不得不把范文虎这样的人派来当大帅，就可以知道他手下的军事家也太缺乏了。当然，张弘范绝对是个人才，可是张弘范却又死了，因此，从此之后，忽必烈不再把打日本提上议事日程。

打服缅甸

其实，这个时候，忽必烈除了派兵出海打日本外，还派兵南下打缅甸。这个建议是云南行省右丞尼雅斯拉鼎提出的。

这时，原来的云南第一把手赛音谔德齐已经死了，忽必烈就让他的长子尼雅斯拉鼎接替他的位子。

尼雅斯拉鼎认为天天只守个云南没意思，就上奏忽必烈："这些天来，臣已经把缅国的地形都看得清清楚楚了。现在四川一带已经彻底平定，请把那部分兵力派出来去打缅国。"

如果奏请别的事，忽必烈未必答应，但若要求去征服某地、扩大国家的地皮，他分分钟都答应。他派尼雅斯拉鼎带一万人去执行这个任务。

尼雅斯拉在出征之前，还向忽必烈上奏，请求免除云南很多负担，而且现在云南既有行省，又有个都元帅府。治理一个地方，哪用得着这么多机构，最好把都元帅府撤掉，留下一个行省就足够了，免得老百姓负担重。忽必烈都一一批准。

其实，早在前几年，元跟缅甸国就发生过一场战争。本来，有人提议在拿下云南后，就直接进军缅甸，但因为当时忽必烈还要面对南宋，无法拿出更多的兵力来，所以对征缅一事觉得很为难，一时难以拍板。哪知，忽必烈还在那里讨论着，缅甸王却先忍不住了，他率领五万部队，还有八百头大象很隆重地向大元镇西路进军。

元朝千总阿禾一看，急忙向忽必烈告急：缅国人数多，还有大象助阵。我们跟很多军队打过，可从没有跟大象作战过，快点派兵来支援。

当时，大理路的千户忽都、总管信苴日带着七百名骑兵赶过去支援。他们跑到半路时，就跟缅国主力发生了遭遇。

如果正常打仗，这个遭遇战的结果，缅军将取得完胜。但缅军的阵形看上去很威武，可是缅方显然没有打仗的经验。他们碰到元兵后，就摆出了他们的阵法：打前头的是骑兵，然后是象兵，最后是步兵压阵。也就是说要用自己的骑兵对大元的骑兵。骑兵要是打不赢，还有象兵。当时蒙古的骑兵是全地球第一，他们居然拿自己的短板去比拼敌人的强项，这绝对是一种自寻死路的打法。

本来元兵看到这么多的敌人突然出现，而且装备怪异，尤其是象兵的装饰：大象全部都披着重甲，背上还负一座战楼，人就坐在战楼里面，两边夹着长筒，长筒里放着很多长短枪，战楼里的人可以根据需要选择用哪种型号的枪来刺敌人，元军士兵都吓得胆子发虚。可是忽都很冷静，他在第一时间就看出了对方的软肋，马上对大家进行了战斗动员："敌众我寡，可以先打他们河北方向的部队。"他快速地把部队分成三个部分，自己带二百八十一骑为一队，信苴日带二百二十三骑为一队，脱罗脱孩带一百八十七人为一队，全力冲击对方的骑兵。缅国的骑兵基本都是临时组合拼凑过来的，而且武器很落后，很多人从没上过战场，是名副其实的“乌合之众”，被元兵一打，一点还手之力都没有，直接败退。后面的象兵和步兵还没有看到战斗的场景，就知道前阵已经大败，纷纷提前逃走，象阵也成了摆设。

元兵上下都没有料到这么雄壮威武的缅军居然败得这么干脆，胆子都壮了起来，奋勇追过去，一直追到寨门，因为道路有些泥泞不好再冲锋，只得暂时告退。

缅军打了这个败仗之后，觉得这个仗实在输得太窝囊了，几个高层表示不服，决定一定要打回面子，但又知道正面不好打，就决定来个迂回偷袭。这个想法确实不错，如果有个执行力强的战将来主持此事，取得成功并不难，可是缅军却缺乏这样有实战能力的人。他们从南面绕道过去，而且整整一万兵力。可他们却忘记隐蔽了，大大方方地去搞偷袭，不被人家发现才怪。他们的行动很快就被信苴日发现。信苴日看到大队缅军突然出现在自己的正南方，也吓了一跳，急忙向忽都报告：敌人搞偷袭了！

忽都一点不惊慌，立刻把部队列成三阵，跨过河去，跟缅军直接硬碰硬，大打了一场。缅军又被打败，夹着尾巴逃跑。

忽都没有停留，继续追击，一口气攻破十七座山寨。缅军被元兵猛赶着，在山道上跑了三十多里，一路上不断酿成严重的踩踏事故。这个踩踏事故不是一般的踩踏事故，而是大象和战马踩着缅国子弟兵拼命逃窜，结果缅军和“象、马自相蹂死者盈三巨沟”。

忽都打得很过瘾，很想一直猛打下去，哪知，一不小心却受了伤，只得宣布退兵。他包扎伤口之后，第二天又追过去。缅军没有趁忽都受伤反击，而是抓着这个机会，拼命逃跑，缅军虽然打仗时行动很粗放，从不讲速度，但逃跑时却很玩命。忽都追到千额，没有看到敌人的影子，这才知道白白跑了一趟，只得往回走。这一次，他们抓了很多俘虏。他们有七百人，要管住这么多俘虏，是一件很困难的事。当然，要是在铁木真时期，早就一声令下，把他们全部砍死了事。但现在他们已经不再大力开展屠杀活动了。后来，忽都还是想出了一个办法，让缅人用物品来换人，价格很接地气：以一帽或一双靴、一毡衣易一生口。

这些被俘的缅军算是交了好运，而那些逃出去的缅军下场就不那么乐观了。他们以为脱离了忽都的骑兵他们就很安全了。哪知，却又碰上了阿禾和阿昌的部队，被杀得更惨，只有几个人逃出去。

这一连串的战斗结束后，元军们清点一下自己的人数，除了一些士兵受伤外，居然没有人在战斗中死去。他们不光以少胜多，而且还实现了零死亡。说实在的，造成这样令人难以置信的战绩，固然与忽都的指挥有关系，更是缅兵军事能力太差的原因。几万人居然被七百人杀得一败再败，根本没有还手意识。

当然，还是有一个元兵死掉了，但不是死在战场上的。他抓了一只大象，觉得很好玩，又不懂大象的习性，最后被大象搞死，纯属自己找死的，跟缅军没一点关系。

缅军就这个实力，你不打真是白不打了。

尼雅斯拉鼎就是在这样的情况下向忽必烈建议深入缅境的。

忽必烈很快就批准了他的请求，命他带三千八百多人出征。这一次，忽必烈他们彻底看衰缅国的实力，不但没有派出大部队，而且这三千八百人也基本是由杂牌军组成的。尼雅斯拉鼎带着这支不同民族的部队一口气打到缅国老大的寨子里，招降了一大批人马。按照往时，他们肯定会深入打下去，但缅国太热，尼雅斯拉鼎实在受不了，只得向天气认输，宣布班师回去。

当年铁木真因为天气炎热而没有渡河去打印度，让印度免了一次灭顶之灾。但忽必烈却实在不愿放过缅国。过了两年，也就是至元二十二年的九月，他再次派宗王相吾答儿带兵去打缅甸。元军的这次出征，花了一个月的时间在打仗的路上，最后仗只打了一天，就夺取了江头城，歼敌一万人，并画好地图献给忽必烈。这等于宣布，这片土地已经成功划进了大元帝国的版图。

缅王看到大元的部队节节胜利，自己的子弟兵在人家面前，只能用

"不堪一击"这四个字来形容了，终于放下身段，派使者到太公城，来沟通一下投降事宜。忽必烈允许缅王悔过自新，但必须派个贵族到大都进贡。缅王当然没有意见。

忽必烈接见了缅国的使者，然后也派镇西平缅宣抚司达鲁花赤兼招讨使怯烈当使者去缅甸，代表中央慰问一下缅王。

当时，缅甸的首都叫蒲甘。怯烈还在半路上，蒲甘却又发生了个大大的事变。

缅国的军队虽然不堪一击，但在权力争斗上却一点不差。缅王后宫的美女很多，但皇后也只有一个，只有嫡子才有资格接过老爸的班，其他人就只有当亲王的份。现任缅王有个庶子叫不速速古里，对王位继承的传统很不服，于是他突然发难，搞了个宫廷政变，把老爸抓了起来，然后把老爸的三个嫡子杀掉，宣布自己当老大。

消息传到云南，当时云南方面派兵去打这个野心家，一直打到甘蒲。这个不速速古里还真有两下子，大元在这场战斗中，居然"丧师七千余"，幸亏不速速古里的内部也很乱。他不服那几个嫡子兄弟，其他兄弟也不服他，于是他又被另外的兄弟干掉。如此一来，缅国的蒲甘王朝也宣布解体，分成了很多个掸邦，各地的贵族都乘机拥兵自重，各当各的老大。不过这些老大也知道，如果就这么单干下去，到头来谁胜谁负都不好预料。这些老大都是聪明人，知道要在这样的局势中站稳脚跟，不被别的势力打倒，就必须找个强大的靠山当保护伞。现在这个地球上还有比大元帝国更强大的靠山吗？于是，他们都排着队过来向元朝投降，接受大元帝国的那张委任状。发展到最后，缅王也派自己的儿子跑到大都，向忽必烈称臣。

缅甸算是臣服了大元帝国。

漳州之乱

搞定缅甸很容易，但中国内地却一直不平静。

先是漳州一带的陈吊眼起来搞事。这个陈吊眼有几个名字，一个叫陈钓眼，还有一个叫陈大举。当然，不管哪个名字，读起来都不怎么高雅。他跟很多生在那个时代的人一样，没读过什么书，还在很小的时候就跟着大人们在田里劳动，农闲时就练武。他也跟他的同村人一样，根本没有什么远大理想。可当他成年之后，大宋江山被大元帝国打得一片狼藉，他也受到当时很多抗元人士的影响，决定起来当一个抗元人士，用武力与元兵死磕到底。

1276 年，元兵打到福建，小皇帝赵昰被一群人带着向南奔逃时，陈吊眼经过一番组织，在他的老家宣布起兵。只是当时，张世杰他们都很急，没有人跟陈吊眼他们联系。于是，陈吊眼的这支武装没有加入张世杰的队伍。到了第二年，文天祥逃到漳州一带组织武装时，陈吊眼就带着他的部队前来响应。可由于陈宜中怕文天祥立功，硬是把文天祥调去江西。陈吊眼带着他的部队还在半路，文天祥就已经从梅州取道江西了。陈吊眼错过了当大宋正规军的机会。虽然不能成为文天祥的手下，但他仍然高举反元大旗，在自己家乡一带战斗。

到了 1278 年，当时的大宋泉州老大蒲寿庚因为跟张世杰闹矛盾，一言不合就献城投降，张世杰联合当地的畲族武装去打蒲寿庚。

陈吊眼知道后，也去帮助张世杰攻打蒲寿庚。当然，这次进攻最后没有取得成功，张世杰继续下海，陈吊眼继续在老家开展游击战。

也许是陈吊眼当时的武装力量太过薄弱，一点也没有引起元军的重视，所以，当大元军队把文天祥和张世杰这些小朝廷最后的牛人都搞定后，陈吊眼居然还活着，没受到什么镇压。

如果是别的人，看到连张世杰几十万人都跳海了，自己这点力量再怎么折腾，也只能是“泥鳅翻不起大浪”，到头来除了被剿灭没有别的出路。但陈吊眼仍然在那里折腾着：大宋完蛋了，他自己单干，不再高举大宋的招牌。他的队伍越来越壮大，很快就聚集了几万人。此人没受过正规军事训练，也没有在正规军里混过，虽然家业有点壮大了，但仍然秉持打砸抢的行事风格，在漳州、汀州一带混。

几万人的武装天天喊着打倒元的口号到处折腾，忽必烈再怎么麻木也得重视一下了。他任鄂勒哲图为镇国上将军、福建等处征蛮都元帅，率领五千人去打陈吊眼。忽必烈此时对陈吊眼仍然看不上眼。在鄂勒哲图出发时，他对鄂勒哲图说："抓到陈吊眼后，不必带到大都来，你可以按自己的意思处理。"

陈吊眼果然禁不起打击，跟鄂勒哲图五千兵一打，就被"大破之"。鄂勒哲图把陈吊眼打败了之后，又去打陈桂龙。陈桂龙是陈吊眼的叔叔，也一直跟着陈吊眼干。不过，此人的军事能力又比陈吊眼稍强一点，他的部队没有多少，但却躲在壁垒里面，鄂勒哲图一下攻不进去，而且壁垒很高，元兵一靠近壁垒就被他们射死射伤。

鄂勒哲图后来就想了个办法，让士兵们背着柴草冲上去。

陈桂龙士兵的脑子显然不够用，看到人家冲上来，也不看人家是什么装备，统统把箭放出去。于是，这些箭都射到元兵背上的柴草上面。而元兵们丢下柴草后就退下去，第二批又背着柴草冲过去，扔在壁垒之下。

这样打了六天，每天元兵背柴草冲上去，陈桂龙士兵就往下射箭，鄂勒哲图则在远处观看。到了第七天，鄂勒哲图看到壁垒上不再有箭头射下来，也没有石头砸下来了，知道壁垒里的箭石已经用完，而壁垒下的柴草堆得已经很多，他的目的已经完全达到。

他下令士兵们举着火把冲过去，把壁垒下的柴草都点燃，一下就把壁垒的栅栏都烧光。陈桂龙这才知道，打仗还是要用点脑子的。

鄂勒哲图的部队借着火势，突破壁垒，冲了进去，大砍大杀，斩首两万多人。陈桂龙见势不妙，已先跑了出去，躲在畲洞里不出来。

陈吊眼虽然仗打得不怎么样，但还是很有号召能力的。他逃出去之后，又在短期内聚集了十万群众，宣布继续跟元军对抗到底。这一次，他占领了十多个山寨，死守各个险隘，坐等鄂勒哲图来攻。

鄂勒哲图派高兴前去打。高兴带着部队前去，一口气攻下陈吊眼十五个山寨。陈吊眼只得再逃。这一次他逃到千壁岭上，作为陈吊眼最后躲命的所在，千壁岭还真的易守难攻。如果按常规出战，高兴肯定还要打很久，至少也得等陈吊眼的箭射完、石头砸到没有才可以硬攻。

可高兴却不按常规出牌。他到了半山腰，就大声叫陈吊眼出来。

陈吊眼听到高兴的呼唤后，立马现身。

高兴一看，果然有胆啊。他把陈吊眼夸了一通后，说他们其实真的可以当个好朋友。现在可以握握手吧？

陈吊眼居然伸出手来跟高兴握手。高兴在握住陈吊眼那只手时，突然往下一拉。陈吊眼要是能料到这个细节，他就不是陈吊眼了。他只觉得自己的手被对方紧紧握住。行家一伸手便知有没有，他是练过武的，经此一握，立马判断出对方是个高手啊。他正想说什么话，高兴已经顺势把他拉下来。他的反抗意识还没有产生，就被高兴拉了下来。

几个士兵跑了过来，直接砍了陈吊眼的头。陈吊眼的余部一看，哪还有什么战斗力？高兴乘势一攻，不一会就结束战斗。

陈吊眼事件就这样平息。

陈吊眼事件虽然让忽必烈有点烦恼，但另一事件的出现，让忽必烈就超级郁闷了。

兵败安南

占城那边又生出乱子。

占城就是现在的越南，具体地说是越南的南方。越南其实并不大，但当时仍然分成两个部分，北边的叫南安，南边的叫占城。这两个部分的中间线就位于横山关。越南虽然离中原不近，但老早就跟中国有过交道，可算是一个有着悠久的与中国打交道历史的国家。自从秦朝以来，越南与中国各个王朝都发生过关系。他们的国名之一——安南，就来自唐太宗在此设“安南都护府”。到五代十国时，越南就被划分到南汉的辖区。后来，他们突然意识到老是这么当人家的附属国，实在是件郁闷的事，就突然起兵，在吴权的领导下，居然把宗主国南汉打败，开始走上独立的道路，但他们仍然很乱。吴权还活着时，这个乱子的规模还不是很大，吴权死后，他们又陷入了割据的时代。一直割据到968年，那个丁部领冒出，把所有割据势力打败，完成了安南的统一大业。他的手下都对他努力劝进。于是，他建立了越南历史上的丁朝，国号大瞿越，接受群臣的尊号“大胜明皇帝”。第二年，他又搞了个越南史上的第一，即确定了第一个年号：太平元年。在安置后宫的事上，他搞得很简洁，五个美女全部叫皇后，大家一律平等。

丁部领虽然打越南那些割据势力很顺手，但也怕当时的北宋。他知道北宋政府成立后，便派他的儿子去向赵家进贡，被封为交趾郡王。但后来，他却搞不定自己内部的事情，硬立自己的幼子当接班人，导致长子极端愤怒。最后极端愤怒的长子把那个刚当几天接班人的小弟弟弄死了。于是，丁部领和长子就闹起了矛盾。

本来，安南的统一就是靠这对父子的齐心协力打出来的，现在两个核心人物闹了矛盾，力量自然大为削弱。于是，那些野心家就觉得机会来了。丁朝里面也有个野心家。这个野心家叫杜释，是丁部领身边的工作人员，官位虽然不高，但野心却不小。他有一天夜里做了一个梦，梦里的画面是一颗流星从很远的天空飞来，直接落到他的嘴里。他醒来之后，立刻觉得这梦不是一般的梦啊，历史上那些有类似梦的人后来都成为皇帝啊。他当然知道，凭现在的实力，他是打不出什么天下来的。于是他就坐等机会，很快就发现了丁家父子的矛盾已经不可调和。他们一不可调和，就是自己的机会啊。

丁部领接着给杜释再制造了一个机会。他喝了大量的酒，然后大醉着不省人事。于是，杜释立刻目露凶光，一刀结果了丁部领的性命。当然，如果只杀丁部领，他是当不成皇帝的，还得杀了丁部领的长子，而他也顺利地做到了。

杜释两刀得手，把现任皇帝及其继承人都消灭掉了，以为这个天下就是自己的了，哪知，当皇帝不仅仅要有杀死皇帝的胆子和手段，还是需要实力的。当时的定国公阮匐知道后，立刻带着部队进宫。杜释就一个人拿着那把大砍刀在那里，哪能抵挡得了？于是，被当场砍成肉酱。

阮匐虽然砍了杜释，并立了丁部领的另一个儿子当最高领导人，但大权却落于军方最主要领导人黎桓手里。黎桓先跟丁部领的老婆勾结，然后宣布自己当副皇帝。不久，副皇帝把阮訇等人干掉，自己上位当了皇帝，建立了黎朝。黎桓的这个动作，引起宋朝的极端不满。北宋派兵过来讨伐，在前期取得胜利之后，被黎桓来个诱敌深入，打得大败，连主帅侯仁宝也被砍死。黎桓凭这一战，解除了北宋的威胁。

黎朝也跟丁朝一样，开局很牛，能把强大的宋朝打败，但传到第二代时就被李公蕴推翻了。李公蕴又建立了李朝。李朝又向宋朝服软，主动进贡，被赵家皇帝封为交趾郡王。之后再被封为南越王。

李朝统治的时间就比较长了，有两百多年的时间。到了李惠宗时，这个皇帝虽然皇后不少，但没有儿子。他没有办法，只好把位子传给了女婿陈日煚。如此一来，李朝变成了陈朝。忽必烈时期安南的最高领导人正是陈日煚。

再来说说占城。占城的历史也跟安南一样悠久，在汉朝时被划为象林县，但占城独立的比安南要早得多了。早在137年时，象林县功曹的儿子释利摩罗就举起了大刀，把县令干掉了，然后自己称王，宣布建立占城国。这国的王朝比安南稳定多了，一直是他们的后代称王。他们也常常跟北面的势力打来打去，打不过时，就向中原王朝进贡；觉得有力量时就又惹事，让中原王朝很恼火。可是由于路太远，派大军前来耗费太大，赢了也不值得，于是中原王朝也就只有干恼火了。这种关系就一直延续到元代。

占城与中原虽然隔着一个安南，但信息还是很灵通的，知道元朝比宋朝强悍多了，觉得这样强大的帝国是不能得罪的，于是就在至元十七年（1280年）主动派使者带着方物去向元朝进贡，表示愿意当大元帝国的附属。过了两年，也就是至元十九年，占城国主又派使者到大都，说愿意“称臣内属”。哪知，占城老大虽然有归顺大元的良好愿望，但他的儿子却不服，当元朝派出万户何子志、千户皇甫杰等人坐船经过占城时，把他们全部抓了起来。

消息传到大都之后，忽必烈大怒，下令出兵讨伐。

其实，早在当年忽必烈征云南之后，乌兰哈达就已经进兵到交南边境，准备对安南用兵。他先派使者过去，要求安南赶快投降了事。可是安南人不但没有答应，还态度恶劣地把使者关了起来，然后进行全国总动员，准备迎接蒙古大军的到来。

安南国王陈日煚亲自带着有东南亚特色的部队在洮江岸边列阵以待。他们的兵种主要有象骑和步兵，看上去威武雄壮，士气也很高涨。

乌兰哈达一点不怕这些安南兵，因为此前蒙古兵曾经有过打败象兵的经验。他下令部队分三路过江：齐齐克图从下游先渡，自己率大军居中，驸马怀图与阿术殿后。

任务下达之后，乌兰哈达对齐齐克图说："你渡过之后，先不要交战，安南兵肯定会先跟我对打。到时，驸马断他们的退路，你再乘机夺他们的船。他们逃跑的工具只有船，要是没有了船，就只有被我们全歼了。一定要记住，只有大部队登岸后才可以开打。"

虽然乌兰哈达反复提醒，可是齐齐克图却太轻视安南兵，并不把乌兰哈达的话放在心里，渡江之后，就开展军事行动，而没有按计划去夺船。虽然最后把南安兵打得大败，但后来大多数败兵都乘船逃走了，没有达到乌兰哈达的预期。

乌兰哈达大怒，喝道："先锋不服从指挥，必须军法从事。"

齐齐克图虽然有胆不服从命令，可是却没有胆量面对军法的制裁，听到乌兰哈达的这个气话，就喝药死去。

乌兰哈达带着部队进入安南境内，安南王知道自己再也组织不起抵抗了，就逃到海上去躲起来。乌兰哈达命人去找他派出的那个使者团。很快就在监狱里找到了。安南人居然用破开的竹子夹住这些使者的身体，竹子都已经刺入皮肤里，血肉模糊。当他们得到解救时，一个使者已经死去。

安南王被打败之后，退守天幕江，他知道再这样打下去，他只有再次失败。于是，他乘船去找他的太尉陈日晈商量。陈日晈比陈日煚更没有信心，连话都不敢大声说，只是用手指醮着水，然后在船舷写了“入宋”两个字，意思是说，倒向宋朝比较可靠。陈日煚跑了大半天找到陈日皎，到头只得到这两个字，心里很郁闷，只得又去找太师陈守渡。

陈守渡的话很干脆：“臣首未至地，陛下无烦他虑。”陈日煚信心又堆积起来，决定跟蒙古再打一场。他带着太子陈晃乘坐楼船，去迎战蒙古兵，果然把蒙古兵打得大败。乌兰哈达只得撤退，可到归化寨时，又被当地的蛮兵袭击。他们这才知道，想凭小股部队打这个蛮地，还真麻烦不断，于是决定从安南撤军。

安南赢了一场，把蒙古侵略军赶出自己的地皮，但他们知道，这股蒙古兵并不多，他们赢得其实很侥幸，等蒙古军再组织大部队前来时，他们就真的灭国了。于是他们决定妥协了。先是陈日煚把王位传给他的儿子陈晃，然后陈晃派了一个访蒙代表团出使蒙古帝国，表示愿意入贡。他们成功地订下了协议，安南每三年向蒙古进贡一次。

于是，安南一带又平安了一段时间。但占城又表示不服，元朝派出的使者，只要过占城境，都被他们扣留下来。

忽必烈本来就被阿哈玛特事件弄得超级郁闷，正无处发泄，现在又接到这个报告，当场下令出兵讨伐。

负责带兵的是索多。索多本来就负责在占城那里建立行省，以便镇抚该地区。可是这些手续还没有办理完，占城的王子补的突然情绪高昂起来，决定跟大元干一场。

忽必烈鉴于上次乌兰哈达的失败，这一次得把规模搞大点，把准备工作做足一点。他下令调发淮、浙、福建、湖广军队五千人，海船一百艘，战船二百五十艘，让索多带着去教训占城。索多的副手是左丞以及兵部侍郎，级别都很高。

占城国王得到消息后，知道这场战争躲不过了，只得积极备战。他以木城为核心，筑了一道二十多里的楼棚当工事，准备跟大元帝国的军队决一死战。

索多这次带的全是水军，坐着船在海上漂了两个多月才到达指定地点。开局还是很顺利的，一到岸边就迅速占领占城港。索多很高兴，想不到这么顺利就登上了陆地，并站稳了脚跟。索多这些年来都在战场上拼杀，战场经验十分丰富。他深知士气的重要性，因此，夺取占城港之后，并没有下令全军休息，而是要一鼓作气，拿下木城。他派陈仲达率一千六百人去攻木城北面，派张斌带一支部队攻东面，再带三千人攻南面。除了北面，其余三面全在索多的打击之下。

据说，当时占城国王拥兵二十万，看到元兵不多，立刻出来迎战，却被打了个大败，当场战死五万。接着，索多继续扩大战果，在大浪湖那里再跟占城兵大打一场，斩首级六万，拿下木城。占城国王无奈投降。

但占城国王只是宣布投降，自己却躲到了山里，不管索多如何威胁利诱，就是不出来。索多没有办法，只好继续打。可打来打去，就是无法把占城国王的残余势力彻底消灭，无法宣布取得最后胜利。

忽必烈也焦躁起来，决定给索多增兵。当时，安南还没有跟大元翻脸，因此忽必烈下令安南给元兵提供粮食。安南国王一看，你们打仗，关安南什么事，于是，果断拒绝。

索多虽然一口气打了个大胜仗，一举占领了人家的首都，可是却无法宣布胜利，而且他带的兵也不多，离本土又远，既无法扩充兵员，又没有得到其他援助，仗就越打越不顺手，最后只能拖拖拉拉地继续着，居然在那里磨了一年多。

忽必烈一看，就几个占城的游击队员，索多居然搞不定，也太丢蒙古帝国的脸面了，于是又于第二年，也就是至元二十一年的七月，派他的儿子脱欢为统帅，去打占城。皇子为统帅，可见忽必烈的决心和愤怒的程度。

脱欢这次不像索多那样，搞个船队走海路过去，而是决定带着大军，从陆路进取。而从陆路过去，就必须经过安南。

陈日煚大概也知道假途灭虢的故事，看到忽必烈的假道条子，就觉得只要答应他们假道，安南立马就完蛋，因此也断然拒绝了忽必烈的要求。他虽然被元兵打败过，但现在看到占城那几个游击队都能把元兵搞得这么无奈，看来元兵也没有那么可怕，或者说，现在的元兵已经不如以往那么可怕了。他拒绝忽必烈的要求后，也像占城老大一样，做好抗击元兵的准备工作，派陈峻负责带兵去抵抗元兵。

忽必烈万万没有想到，占城那边还没有摆平，安南又出来唱对台戏，更是怒上加怒，他马上叫索多先不管占城那几个游击队员，回师北上打安南。

于是，占城的战事就不了了之。部队都转移到丛林里，现在不把你们打残才怪。

在索多军北移的时候，脱欢的大军已经南下，拉开打击安南之战的序幕。现在索多军一加入战斗，对安南就形成了南北夹击的势态。按照这个形势来判断，这场大战，大元军的胜利是没有悬念的。

事实上，脱欢宣布进军之后，就跟陈日煚的儿子陈日烜展开了一场大战。当时，陈日烜带着本国十万大军出战。

脱欢根本不把这十万大军放在眼里，一路杀来，把安南布置在沿江的防线全部击溃。不久，他就与从占城起来的索多胜利会师，兵势更是大盛。脱欢兵分两路，继续深入，“自如其境，大小七战，取地二千余里，王宫四所”。

陈日煚知道，组织大兵团与元兵作战，完全是找死的行为。于是，他也向占城学习，来个以退为进，到处乱跑，不跟元兵正面接触。他曾跟元兵打过仗，知道元兵虽然很猛，但却怕热，对南方的气候环境十分不适应，只要把时间拖到他们不适应的季节，再进行反攻倒算，胜利是属于安南的。

元兵打了个大胜仗后，立刻就无处使劲，虽然天天保持着旺盛的战斗状态，但却找不到敌人来打。日子一久，士气就不可避免地降下来。而且正值盛夏季节，连日暴雨，士兵们立刻水土不服起来，军中疾病开始流行，战斗力逐步减弱。

脱欢这才知道索多的苦恼，知道再这样下去，他也会变成第二个索多，因此决定先把部队撤到思明州，等有机会再打。这个想法没有错，可错就错在他对敌情的估计很不准确。他总以为，目前战场上的主动权被他牢牢控制着，敌人现在躲他还来不及，因此在撤退当中并没有做好被袭击或被埋伏的准备工作。

而陈日煚要等的就是这一刻，他这些天退来退去，目的就是等元兵受不了之后退兵之时，打敌人一个措手不及。

元军在退到册江时，突然四周伏军尽出。元军这才知道，他们中了埋伏，一时之间，军心大乱，打得毫无章法，大将李恒中了一支毒箭，被手下背着逃跑，可到思明州之后就死了。主帅脱欢也被打得满地找牙，带着残部拼了老命，这才冲出重围，狂奔到思明州。久经战阵的索多与脱欢相距两百里，不知脱欢已经逃回思明州，仍然带着部队前去会合，在乾满江被安南兵截杀。索多带着部队强渡乾满江，但被蜂拥而来的敌人猛打。然后名将索多也战死了。

这一战，损失惨重，败得没一点面子。

仍然失败

忽必烈知道后，也只有发呆了，他就是想不通，为什么把宋朝都打得不剩渣了，安南、占城这样的蕞尔小国居然连败他的大军？如果说，索多打不过占城的游击队，那是因为地形复杂，大元帝国军队有力无处使，虽然没有取得胜利，但主动权还是牢牢掌控在自己的手里，可是在对安南的战争中，起先大胜，随后便被打得大败。这样的失败简直没有理由啊。

他不服，世界上那么多的强国都被蒙古帝国打趴了，哪能让安南这样的小国这么嚣张。可一时又难以继续操作一场大战，只得先忍了下来。

忽必烈对这口气没有忍多久，两年之后，即至元二十三年的二月，他决定再派部队去打安南。这次他同样派出来个皇子也先帖木儿出征。

五月，也先帖木儿进入了安南境内。

陈日煚早有准备。他已经成功地找到了战胜元军的宝典。

前次，陈日煚还派儿子跟元兵打了一仗，吃了个大亏。现在陈日煚已经驾崩，他的儿子陈日烜当上最高领导人。陈日烜比他老爸更聪明，看到元兵隆重开来，二话不说，在第一时间来个弃城逃跑，咱们打打游击去。

也先帖木儿又陷于打仗找不到敌人的境地，只在安南那里团团乱转，什么都可能找得到，就是找不到敌人的主力。一支英勇无敌的军队只能在安南境内空转。

如此一来，元朝内部的大臣就觉得没有意思了，都认为这仗真的没有必要再打了。其中反战最强烈的是湖南宣慰司，上了一道反战奏折：

连岁征日本及用兵占城，百姓罢于转输，赋役繁重，士卒触瘴疠多死伤者，群生愁叹，四民废业，贫者弃子以偷生，富者鬻产而应役，倒悬之苦，日甚一日。今复有事交趾，动百万之众，虚千金之费，非所以恤士民也。且举动之间，利害非一，又兼交趾已尝遣使纳表称藩，若从其请，以苏民力，计之上也。无已，则宜宽百姓之赋，积粮饷，缮甲兵，俟来岁天时稍利，然后大举，亦未为晚。

忽必烈也无话可说了，只得下令暂停！

当然，他也只是宣布暂停而已。这几年来，忽必烈确实很郁闷，此前蒙古每一次对外战争结果都是胜利，可这些年来却统统不胜。

忽必烈曾跟成吉思汗西征过，对蒙古帝国的辉煌过程全看在眼里，自己也是个很有理想也很有水平的人，世界上那么多大国都被他的前辈和兄弟们灭了，现在还剩下这几个国家，他当然也想把他们打败。而且按照综合国力而言，安南和日本这两个小国跟大元根本不处于一个档次，灭它们没有任何难度，他开始显然也不当一回事。哪知，打来打去，却全是败仗。这几年，他不光在安南那里吃不开，在日本那里同样打不开局面。

在他出兵安南时，也不顾大臣们的反对，硬是下令出兵日本，结果仍然没有攻下岛国，出海部队只得又撤了回来。忽必烈就叫这支部队休整之后，再调南方，归镇南王脱欢节制，充当打安南的生力军。这一次，忽必烈下的本钱很大：发新附军千人从阿巴齐讨安南，又召发淮，江西，湖广三省蒙古、汉、券军七万人，船五百艘；云南兵六千人，海外四州黎兵万五千，海道运粮万户张文虎、费拱辰、陶大明运粮十七万石，分道以进。

这一次，脱欢把部队分成两路进攻，一部分是陆路，另一部分是海路。

脱欢来到思明州后，留下两千五百人由贺祉率领，守护粮草辎重，命令程鹏飞、鄂啰、哈达尔带汉兵一万人从西道永平前进，鄂啰齐带一万人随脱欢由东道向女儿关挺进。水路则由阿巴齐为先锋，乌讷尔、樊揖为后继，从海路经过玉山、双门、安邦口后，在海上与安南船相遇。安南的这支船队有四百多艘，规模还是很大的，但元兵一上来就发动攻击，一举斩杀敌人四千多人，活捉一百多，夺得上百艘船，然后乘胜抵达安南。陆路的战绩也很不俗：程鹏飞、鄂啰、哈达尔连破老鼠、陷沙、茨竹三关，前后连打十七仗，取得了十七连胜，可谓气势如虹，一路直打到富良江边。

陈日烜见状不大妙，就带着他的儿子丢下城池，逃到海里。脱欢下令追击，可连陈家父子的影子都不见。

脱欢追不到陈家父子，只得又回到城里。回到城里的脱欢很气愤，突然凶性大发，下令焚毁安南国的首都龙升。他看着熊熊燃烧的大火，觉得很能泄愤，哪知却导致了全体安南人的愤怒。这些愤怒的安南人迅速加入抵抗元军的行列，成为抗元的生力军，让陈家父子一下拥有数十万兵力，使元兵真的陷入了安南人民战争的汪洋大海。

脱欢烧城之后，突然想起，张文虎的运粮部队还没有到，急忙叫乌讷尔前去接应，可是乌讷尔却没有看到张文虎的运粮队。

乌讷尔没有找到张文虎，但并不代表安南的部队没有找到张文虎。他们在海上发现了这支元兵的运粮队，便向张文虎部发动攻击。张文虎当然打不过安南兵。他没有办法，只得把粮食沉到海里，然后逃跑。元兵还有一支运粮部队由费拱辰带着，从琼州出发，但遇到海风，无法航行，只得又退回原地。

情节发展到这里，大家都知道，元帝国的大军已经有些不妙了。

在元兵手足无措、找不着北的日子里，安南兵已经逐步完成了集结行动。他们打败了元兵的后勤部队，给元军造成了强大的心理压力，然后突然冒出头来，不断地袭扰敌人。元兵虽然很气愤，但就是无法把这些袭扰的部队打死。安南部队就这样游而不击，然后诱敌深入。

元兵本来就是南下来打安南兵的，当然是不怕深入的，可现在不是当初那个形势了。此时，他们的粮草已经告急，而且天气越来越热，全军上下都弥漫着厌战的情绪，很多将领都在建议“全师而退”。可到了这时，安南兵还能让他们全师而退吗？

他们已经组织了三十万大军，占据了女儿关以及丘急岭一带的有利地形，成功地截断了元兵的退路，然后向元军反攻倒算。

脱欢这才知道问题已经很严重了，急忙下令各军自行撤退。安南军这时却不再扭扭捏捏了，全力开打。元兵每天都得经过十多次战斗，才能后退一点。更要命的是安南人不但狡猾，而且很缺德，他们的箭头都是浸过毒药的。元兵虽然拼死作战，但一直处于挨打的被动局面。这场撤军之战空前激烈，樊揖带着部队在白藤江与敌相遇，经过殊死战斗，结果全军覆没，连主将樊揖都死在那里。阿巴齐虽然没有中箭而死，但却因为感染疾病，退到成都后死掉。

脱欢带着的主力部队突围，情况也好不到哪里去。他仗着锡都尔在前头拼命开路，杀退南安人这才得以前进，但脱欢的脚还是中了一箭，而且是毒箭。脱欢看到安南兵很多，而且都已经守住了险要，他们要硬生生地突围出去，将是困难重重。后来，他绕到小路，这才逃了出来，狼狈逃回思明州，其他各路残兵也都后撤，有的回到云南，有的回到思明州，但基本都已经丧失战斗力。

而取得辉煌胜利的陈日烜却继续狡猾地玩起了外交政治，派人前来谢罪，而且还进献了一个用纯金铸成的人像，说是让这个金人代自己去接受罪责。

这一次，忽必烈出的兵力最多，决心最大，但取得的失败也最惨。他大怒之下，把脱欢贬到扬州去，并下令他终身不得进京觐见。

忽必烈这么多年来，几次三番地对安南、占城用兵，最后跟进军日本一样，都是以失败而告终。当然，这些失败是由很多客观原因造成的，比如跨海打日本，不但要远离根据地去打一个没有后勤保障的仗，而且对日本地形不熟悉，广大指战员开战之前就底气不足，更要命的是派出的战将，基本都是弱手，刚接受任务时就已经胆怯得要命，征日的失败，基本都是自己造成的。至于对安南的失败，除客观原因外，同样是主将不力。至于攻打南安和占城，每次元兵的开局都是形势大好，势如破竹，可没多久就被人家的游击战弄得很郁闷，最后被彻底打败。其实，这些失败，也说明了蒙古军已经不再是当年的蒙古铁骑了，他们的战斗力以及思想已经大为减弱，已经从可以碾压全世界一切敌人的巅峰往低谷回落，尽管现在统率他们的仍然是雄才大略的忽必烈。

第七章
几个理财大臣

清除障碍

忽必烈不但没有打败日本和安南，还在内部闹了几个奸臣事件。第一个就是阿哈玛特事件。

前些年忽必烈为了打南宋，需要增加财政收入，因此重用阿哈玛特。

阿哈玛特是忽必烈现任皇后的陪嫁奴隶。他很有经商头脑，忽必烈就让他兼管中书左右部，兼任诸路都转运使，专门委任他处理财政赋税方面的事。

阿哈玛特不但善于理财，而且口才很牛，在朝堂上辩论时，常把史天泽等人辩倒。忽必烈就很看好他。当时，元朝天天打仗，财政很紧张，忽必烈想依靠阿哈玛特帮他出台快速致富的财政政策，于是，把大量的权力都交给他，他可以直接跟皇帝对话，根本不把那几个丞相放在眼里。阿哈玛特就这样实现了从奴隶变成国家一级公务员的极大的跨越。不管从哪个方面看，他已经变成一个彻头彻尾的权臣。

只有忽必烈看不出，觉得他很有魄力，让他主管尚书省。

安童终于忍无可忍，对忽必烈说："前段时间，臣上奏说过，尚书省、枢密院、御史台应当各按制度向皇上奏事，其大事要经过臣下等人议定后再上奏，这个建议已经得到陛下的允准。现在尚书省所有的事都直接上奏，好像不大妥当吧？"

忽必烈虽然高度信任阿哈玛特，但听到安童这话之后，也猛然醒悟，说："你说得很对。看来阿哈玛特仗着我对他的信任开始乱来了，命令他立刻照章办事。"

阿哈玛特这才有所收敛。

阿哈玛特绝对是个理财专家，帮忽必烈出台了很多财政政策，让大元的收入大大地提高，这让忽必烈对他的信任度越来越高。

阿哈玛特此人不但能力突出，而且私心极重，利用皇帝的绝对信任，谁都不放在眼里，大力提拔重用自己的人，而且胆子高口才牛，就连史天泽这样的牛人，都经常被他驳得无话可说。如此一来，朝堂上就没有多少人看他顺眼了。可他仍然不管，他只需要忽必烈看他顺眼就行。

他越来越嚣张，也嚣张得越来越离谱。本来，提拔领导干部时，都必须经过吏部的考核，可他在提拔自己人时，完全绕过这个程序，直接忽略吏部的存在，甚至连中书省也不呈送审批，凭他一句话就可以官升多级。

安童实在看不过眼，就去找忽必烈讨个说法：怎么如此用人啊。照这样下去，就可以撤掉吏部和中书省了，把这些权力全部交给阿哈玛特算了。忽必烈也是聪明人，马上问阿哈玛特，到底怎么回事？

阿哈玛特却一点不在乎，说："既然陛下把这么多的事情交给臣来处理，臣就应当有权选自己的人啊。"

忽必烈一听，也对啊，他需要用什么人最好由他挑选，要是乱塞几个跟他不对调的人过去，除了把工作搞砸外真没有别的用处。规矩当然要守，可有时也得灵活一下嘛。

安童只得说："既然这样，那以后只有严重刑事以及上层总管的调任工作由我来分管，其他的事都由阿哈玛特主抓，也算是职责分明了。"

忽必烈说："朕准奏！"

如此一来，阿哈玛特手中的大权就合法了。他以前只是凭着胆子搞这些违规的事，现在皇帝已经把这个特权授予他，他只会更加嚣张了。

阿哈玛特是西域人，因此对忽必烈推行汉化是很不爽的，只要有机会就会打击那几个汉儒，比如许衡，廉希宪等。

当时，忽必烈下诏特赦大都的囚犯。皇帝特赦在王朝时期是常有的事，算不得什么大不了的事。诏书一下，在大都的所有囚犯就可以宣布自由了。可是有一个叫伊赞玛鼎的西域囚犯，硬是被原来的冤家又告上来，说不能特赦这个家伙，而且告到忽必烈面前，忽必烈居然就批准了。

后来，处理意见又送到廉希宪面前。廉希宪拿过来一看，拿起笔就签了个同意特赦的意见。大家一看，都建议廉希宪再认真考虑一下。廉希宪说："皇上现在的情绪有些波动。我现在是依法办事，而不是依皇上的情绪办事。难道怕皇上怪罪就不签了吗？"

忽必烈当然不高兴。

廉希宪也不怕，拿着诏书去跟忽必烈论理。

忽必烈说："我没有说不能特赦伊赞玛鼎，也没有下释放伊赞玛鼎的诏书。"

廉希宪看到忽必烈居然罕有地要起赖，他当然不会退缩，照着忽必烈的话说："臣也没有看到不释放伊赞玛鼎的诏书。"

忽必烈就生气了，大声说："你们遇事一点不会变通，凭着死脑筋把事情办得这个样子，该当何罪？"

廉希宪同样不退缩，当场说："臣的水平有限，当不了这个宰相，请免去我的职务。"

忽必烈当场气上头，干脆地批准了廉希宪的请求，连同耶律铸一起罢免。耶律铸就是耶律楚材的儿子。

过了两个月，忽必烈的气消了，又记起廉希宪来，就问身边的工作人员："廉希宪近来在家里做什么？"

答："他在家里读书。"

忽必烈一听，又有点不高兴起来，说："我向来提倡读书。可是读了书却不肯拿来用，为社会做贡献，多读又有什么用？”

所有的人都知道，忽必烈说这话是在责怪廉希宪不想出来做官，也是为再次重用廉希宪做的铺垫。

阿哈玛特当然也听得出。他近来玩弄权术，决策圈里的几个大佬都在阻击他，如果再加上廉希宪，他就更加被动了。廉希宪连忽必烈都敢顶撞，还不敢顶他吗？而且廉希宪这些年来，是忽必烈不断汉化的重要推手之一，把廉希宪打压下去，就等于把汉化风气打压下去，于是急忙出来说：“陛下，其实廉希宪整天在家里腐败。”

如果他说别的，估计这个谗言就进得成功了，可偏偏他拿生活作风说事，忽必烈就不信了。

忽必烈大怒，说：“我向来了解廉希宪。他家中一向清贫，拿什么来腐败？”

阿哈玛特这才知道，有时陷害别人也是需要了解一下情况的，不是胡说就可以达到目的的，只得红着脸退了下去。忽必烈虽然骂了他，但仍然重用他。从这件事来看，忽必烈对阿哈玛特的人品是十分了解的，只是觉得阿哈玛特很有利用价值，这才不断地把权力交给他。一来，此人的马屁话讲得十分圆滑，十分养耳；二来，这家伙舍得下狠手，可以完全不顾广大人民群众的死活，敢于增加赋税，帮他解决了财政难题。所以，对阿哈玛特，他也只是骂了一句，别的就不做什么了。

阿哈玛特的脑袋很灵光，知道现在还不是陷害廉希宪的时间，既然不能陷害，那就得把关系修补好。不久，他打听到廉希宪生病了，而且这种病需要用砂糖，可那时的砂糖还是稀罕物。当然，对于阿哈玛特这样的人来说，一点也不稀罕，他在第一时间就满脸笑容地送去两斤糖。哪知，廉希宪却一点不给他面子，对他说：“把你的东西带回去。即使这东西能救我的命，我也不会接受你这个奸臣的东西。”

忽必烈知道后，派人给廉希宪送去砂糖。

作为反汉化的代表人物，不光廉希宪对阿哈玛特恨得要死，许衡同样把他当作不共戴天的仇人，直接上奏，列举阿哈玛特种种劣迹：专权、欺上、败坏政事、害民……可是奏折送上去之后，没有答复。许衡这才知道，不是忽必烈不知道这些事，而是忽必烈故意给阿哈玛特这些特权，让阿哈玛特把坏事做绝。于是，他愤然再上个奏章，既然陛下这么喜爱这个奸臣，那就让我辞职回家吧。这一次，忽必烈答复得很快，不答应他辞职。许衡坚决请辞，忽必烈说："那你推荐一个像你一样的人来接班。"

许衡推荐不了，只得继续跟阿哈玛特共事。

后来，忽必烈搞了个机构改革，把尚书省撤并到中书省。本来阿哈玛特是主持尚书省工作的，现在尚书省没有了，他的职务就变成了中书平章政事，又成了中书省的负责人之一。

尚书省本来是行政部门，而中书省是权力部门。这个机构一改革，虽然尚书省消失了，但阿哈玛特的权力却更大了。以前他只任用一些朋友圈里的人，现在他公然任命他的儿子忽辛为大都路的总管，兼兴府府尹，成为一方封疆大吏。

这是赤裸裸地任人唯亲的权臣行为。

安童看到阿哈玛特嚣张得无法无天了，如果继续让他嚣张下去，大元帝国就会变成阿哈玛特的天下了，于是他又给忽必烈上奏。这一次他直接猛批阿哈玛特："阿哈玛特蠹国害民，凡官属所用非人，请别加选择。其营作宫殿，夤缘为奸，亦宜诘问。"

忽必烈看到后，知道不表示一下，真不好向这些大臣交代了，于是下令"穷治"，用现在的话来说，就是彻查！可是彻查之后，就没有下文了，阿哈玛特继续按自己的风格办事，忽必烈继续把大权交给阿哈玛特。

安童仍然不停歇，又上了一个奏折，说阿哈玛特和张惠两人仗着手中的权势，搞官商勾结，组成利益集团，把天下的财富基本一网打尽，严重毒害人民。

阿哈玛特却一点不在乎，直接对安童说："谁编出的这些故事？请他们出来对质。"

安童没有跟他辩论，又把一个阿哈玛特的亲信隆重推出："尚书省左都事周祥，利用职权牟取利益，劣迹斑斑，事实俱在，罪状已经十分清楚。"

阿哈玛特一听，也不敢作声了。

忽必烈说：“既然如此，可以把他罢免。”但却对阿哈玛特什么话也不说。

阿哈玛特的同党看到阿哈玛特的地位稳如泰山，几个宰相级别的人连番炮轰，火力全开，也没能把他怎么样，便加大巴结力度，联名奏请调阿哈玛特的儿子忽辛到枢密院工作。

阿哈玛特以及他的同党们都一致地认为，忽必烈一定大笔一挥，批个“准奏”。

结果忽必烈却不答应，说：“他只是个胡商，派他去做生意，那是不错的，其他事务一点不明白，哪能让他去管机要事务呢？”

阿哈玛特及其同党一听，这才知道忽必烈的思维真的很复杂，他并不全盘相信他们这些人啊。可你不全盘相信，为什么又这么重用？

我们当然已经知道，忽必烈就是想利用他来主管国家的经济工作的。

伯颜渡江之后，捷报频传，朝廷必须出台一系列治理政策。忽必烈让阿哈玛特把姚枢、徒单公履、张文谦、陈汉归、杨诚等人叫来开会，商讨在江南推行盐法、钞法和贸易药材等事。

会后，阿哈玛特向忽必烈进行了汇报，把那几个汉人的观点逐一驳得一无是处：“姚枢认为，江南地区的交会如果不能通行，广大老百姓就会无家可归。徒单公履说，伯颜已经张榜告示说不兑换交会了。现在突然推行，这是让政府失去公信力的举措啊。张文谦却说，这事还是由伯颜说了算吧，他在江南，最了解情况。陈汉归和杨诚一致认为，用中统钞交换江南的交会，有什么难度呢？”

忽必烈说：“这些人全是书生之见，不懂经济。我已问过陈岩。陈岩让尽快更换宋朝的交会。现在就按你的意见去办，不要再浪费时间去讨论了。”

阿哈玛特很高兴，把一群曾经很受信任的汉儒打压了一下，他继续说：“关于北方的药材和盐，姚枢和徒单公履都说，可以让老百姓自由买卖。我们认为，如果真按姚枢他们所说的去执行，以后这个市场就会乱了套。

还是在南京等地统一征购药材，然后从蔡州运盐过去，坚决禁止各种走私活动。”他的这招儿确实厉害，不但有效地管理了市场，而且还让政府高度垄断了市场。

忽必烈一听，说：“好啊，就按你说的去做。”

死于非命

阿哈玛特还没有完，又提出设立转运使，增加税率，垄断冶炼铸造铁器行业，而由官方设局专卖，仍然禁止各种人员私造铜器。这样一来，国家财政才富足。

忽必烈听到国家财政富足这几个字，眼睛立刻一亮，马上任命了一大批阿哈玛特的人当转运使。可没有多久，老百姓就叫苦连天了，个个负担重得要命。有一个叫亦都马丁的人，还是个公务员，由于欠国家的钱太多而被划入黑名单中，最后被罢免职务，直到死去仍然还不清那些沉重的债务。

这事传到高层之后，中书省的几个官员立刻上奏忽必烈，建议开会来商讨新的政策。但忽必烈只是淡淡地说：“有关国家经济事项，请你们跟阿哈玛特商量。”

大家一听，这事能跟阿哈玛特商量吗？如果一定要商量，估计就是大吵一场，然后散会。而散会之后，所有的政策仍然照旧。

至元十五年（1278年），西京发生了一场饥荒。忽必烈下令向灾区拨出一万石粮食去赈灾。忽必烈知道，天下这么大，饥荒是会经常发生的，因此就叫阿哈玛特以后要注意多贮存粮食，以备不时之需。

阿哈玛特一看，抓权的机会又来了，上奏说：“从今以后，御史台如果没有禀告尚书省，既不能随便召见管理仓库的官吏，也不能随便查究银钱谷物的数字。集议中书不当的，就要判罪。”

他的这个请求，是在赤裸裸地要求避开监督。可是让所有人都大跌眼镜的是，忽必烈居然轻松地答应了他的这个请求。

大家一看，忽必烈都已经允许阿哈玛特公开地无法无天了，谁还敢说什么？再说下去，估计阿哈玛特没事自己脑袋就先掉了。

但云南行省左丞崔斌却不怕。他入朝面圣后，随忽必烈去察罕诺尔视察时，忽必烈向他了解江南各行省的情况，他说，现在所用的官员大多是不称职的，尤其是江南多余的官员很多，基本都是领空饷的。这主要是因为阿哈玛特太过专权，凭着自己的心情到处任命自己的亲信。最过分的是，他的那个儿子不但没能力，而且人品极差，他却任命这个儿子当了达鲁花赤，掌握虎符。陛下一定还记得，当初阿哈玛特还没有当权时，曾口口声声地奏请一定要免去他子弟的官职。可等到他身为平章时，他的儿子和侄儿们有的成为参政，有的当到尚书，还有的到地方当老大。一家人占据着重要的位置。这算公平吗？这不是欺君罔上是什么？

崔斌这话说得已经很严重了，忽必烈却没有龙颜大怒，既不处罚阿哈玛特，也不对崔斌怎么样，而是下了一道命令，把阿哈玛特的家人全部免掉。至于阿哈玛特本人，仍然跟没事一样，手里的权力半分都没有减少。忽必烈对他的好感度更是保持原样，他对人说："做宰相的人，一定要有明白天道、察知地理、竭尽人事这三个本事，这才算是一个好宰相。只有阿哈玛特兼有这三个方面的才能，足可以胜任宰相之职。"

这一次，崔斌的进攻，虽然没有把阿哈玛特打倒，但却也把他打痛了。

阿哈玛特当然不服，他要是能咽下这口气他还是阿哈玛特吗？他又唆使张惠上奏，恢复阿哈玛特那些子侄的官职。可忽必烈没有批准。他们只得看着忽必烈，再次觉得这个皇上真的太复杂了。

但不管怎么复杂，他对阿哈玛特的态度是没有一点变化的，只要他这个态度没有发生质变，阿哈玛特就仍然有办法，胆子仍然很大。没多久，又任命他的儿子忽辛为中书右丞。大家看到他的家属东山再起，一个个都没有办法。

当然，他能专权到现在，除了利用职权任人唯亲、做了大量贪赃枉法的事外，还是做了一些工作的。比如，他在这期间又设立了江西榷茶运司以及各路的转运盐运使、宣课提举司。这些举措，对国家财政而言，确实大大地有利，但又触及另一个利益集团，而且这个利益集团的主要成员都是汉族的那些大佬。他们当然不服，立即上疏，说现在设立宣课提举司，官吏数字达到五百人。这些人搅扰百姓而且侵吞偷盗官府钱财，请求加以罢免。奏请的人就是陈岩和范文虎。

忽必烈的处理方式就是又把阿哈玛特叫来，问他怎么办？

阿哈玛特先是罗列了一堆设立这个部门的必要性，然后才开始反驳他们的意见，说是这些人害怕他们非法的弊病败露，这才抢先自己奏请以消灭痕迹。应当下令让御史台派遣能干的人一起去调查，凡是违法的行为，一条条据实奏报。

忽必烈说，就照你说的办理。然后宣布，命令御史台选派人下去对这些人进行查办。

阿哈玛特看到范文虎他们不敢再说什么，心里只有哈哈大笑了。你想想，连廉希宪那么有水平那么清廉的人，都拿他没有办法，范文虎有大量的把柄被他抓在手里，能跟他斗吗？

比起范文虎这些大贪官来，江淮行省的平章阿里伯和右丞帖木儿就悲催了。阿哈玛特既然决定派御史下去查办，那是一定要查出某个大案来的，否则如何向忽必烈交代？何况，当时制度并没有完善，只要有一官半职的，基本都在做贪赃枉法的事。阿哈玛特在这方面，不但手段狠，而且眼光也毒辣，他一眼就看得出阿里伯和帖木儿是两个大贪官。于是，就派两个得力助手前去清查两人设立行省以来所有的钱粮款数据。两人根本不用花多少精力就查出：阿里伯和帖木儿两人利用权力，擅自调换朝廷任命的官员达八百人，还擅自分设左右司官，以及擅自铸造铜印等事情，贪了纸币一万二千锭。于是，在阿哈玛特的建议下，忽必烈把这两个家伙当大贪官砍了。

阿里伯私自铸造铜印，用来任命官员，结果脑袋被砍，这说明阿哈玛特比谁都清楚任人唯亲是件掉脑袋的事。但他在砍别人的脑袋时，却不断地违规提拔自己的人，然后结成自己的帮派，在为忽必烈增加国库里的现金时，自己也在大发其财，对上蒙蔽忽必烈，对下则玩顺昌逆亡的把戏。由于赋税越来越重，老百姓负担越来越重，就不断地有人在逃亡。京兆等地每年的赋税达白银五万四千锭，但阿哈玛特仍然认为不够，不断地加重。他们不断派人出去查看，哪里的田地好，他们就霸占。于是，这个团伙一边高举反腐大棒，敲打不服他们的官员，一边把贪赃枉法的事做得无法无天，整个朝堂的大臣，都不敢对他们说半句话。

后来是秦长卿忍不住了。秦长卿不是什么大官，而只是一个值宿禁卫的小卫兵。他看不惯阿哈玛特这么欺骗皇上，这么腐败透顶，就写了一封慷慨激昂的举报信，向忽必烈举报阿哈玛特集团的贪腐行为以及种种罪恶。结果，阿哈玛特没有事，而秦长卿却被下狱而死。

忽必烈和阿哈玛特用这个血淋淋的事实告诉大家：这就是敢告阿哈玛特的下场！

后来，阿哈玛特觉得搞死一个秦长卿实在不过瘾，得把那个崔斌也拿下才爽。因为崔斌当年揭发阿哈玛特时，虽然忽必烈没有处理阿哈玛特也没有处理崔斌，但确实免了阿哈玛特的那些家属，天下人都在拍手称快。认真算起来，阿哈玛特在这个回合中是个输家。

阿哈玛特怕崔斌会再揭发他，继续损害他的利益，于是又派两个得力助手布拉噶达尔和刘思愈去审计江南行省的钱粮收支情况。当时崔斌是江南行省的左丞。

虽然审计不出崔斌有什么问题来，但他仍然诬陷崔斌和阿里伯盗取官粮四十七万石，还擅自更换朝廷命官，擅自分左右司官，私铸铜印。你一看，这些罪名跟阿里伯一比，只有更大。于是，崔斌也就悲催了。

不但天下所有的人都认为崔斌是冤枉的，连太子真金也认为崔斌是冤枉的。当时，真金正在吃饭，听说要处死崔斌，当场丢下筷子，派人去制止，可还是晚了。

当然，如果情节继续发展，等真金上位当皇帝时，阿哈玛特肯定不会有好果子吃，可是阿哈玛特已经等不到那一天了。

他等不到那一天的原因，不是忽必烈突然醒悟起来把他干掉，更不是他自己一病而死。现在忽必烈对他信任得很，他的身体也健康得要命。

他是被一个叫王著的人杀死的。

王著的官并不很大，只是益都千户，他跟阿哈玛特也没有什么明显的深仇大恨，但他恨这个家伙，而且恨得要死，天天想着如何才能把这个大奸臣的脑袋砍下来，他看到那几个告阿哈玛特的人，最后不是被判了死刑就是在监狱死掉，知道告发一途绝对是找死的行为。于是，只有亲自动手，找机会把他干掉。

他这么一想之后，就开始做前期工作。他的前期工作很简单，就是偷偷铸造一把大铜锤。凶器准备好了，还得等机会。机会很快就有。

当时，有一个姓高的和尚，是个江湖骗子，到处宣称自己有特异功能，而且他的这些特异功能可以在军中行使，灵得要命。这话一吹，肯定会有很多人相信，于是军方真的把这个大师请到军中，搞个法术看看。可大师玩了大半天，大家一看毫无效果，就想打死他。

高和尚逃了出来，但部队仍然在追杀。

高和尚知道他的这个无边佛法也逃不过部队的手心，于是就玩了个把戏，找来一个徒弟，直接杀掉，然后说是高和尚已经挂了，尸体就在这里，蒙过人家。然后继续潜逃。

高和尚的潜逃水平显然比他的佛法牛多了，那些追杀他的人居然被他蒙住了。

可蒙不住王著。

王著很快就找到了高和尚，说就你这水平，连我都瞒不了，你能躲得过军队的安全人员吗？

高和尚一听，当然大吃一惊，那该怎么办啊？

王著说：“你就跟我干。反正你不干人家也会抓住你。如果跟我干成功了，肯定是大功臣一个，以后可以堂而皇之地当大官，过着高官厚禄的幸福生活。”

高和尚近来每天都过着胆战心惊的潜逃生活，时刻都怕突然有人过来将他一把抓住。此时听王著这样说，觉得这真是他目前的唯一出路，何况王著一个千户都舍得干，自己一个犯人，还有什么值得犹豫的？

王著虽然恨不得马上杀死阿哈玛特，但他绝对不是鲁莽人士。王著知道，只有他和高和尚两人是干不掉阿哈玛特的，于是他们联络了八十多个人。

他们是在半夜潜入京城的。

那天是至元十九年（1282 年）三月十八日。为什么选在这个时候？因为这时忽必烈正带着太子真金去上都，阿哈玛特一个人留守京城，这是个大机会啊。

真金讨厌阿哈玛特是很多人都知道的，王著也知道。他派了两个西方的僧人去找中书省，说皇太子与国师已经回到大都做法事。那时宫中的宿卫叫高觿和张九思，警惕性很高，觉得这两个西域和尚有点问题，就对他们详细地盘问。两人原来以为撒个谎说是太子回来了就可以蒙骗过关，因此都没有其他准备，被人家一问，就在那里张口结舌，什么也答不出，当场露了马脚。高觿和张九思立刻把两个和尚抓起来，严加审问。两个大师意志却很坚强，不管对方如何盘问，他们就是不招。

高觿和张九思一看，知道想从这两个和尚嘴里掏出什么东西，除了白白浪费时间外，不会有别的收获。他们判定既然这两个和尚敢于冒充皇太子身边的工作人员，肯定是在玩大事件，立马召集卫士和官兵拿好兵器，做好战斗的准备工作。

王著仍然按既定方针办。中午时分，他再次冒用皇太子的命令，要求枢密副使张易发兵到东宫与皇太子会合、接受皇太子的调度。

张易一听说是皇太子的命令，哪敢质疑？立刻按照命令，派兵前往指定地点。

高觿一看，就问张易为什么派兵？张易凑近高觿的耳边说：“皇太子要杀左丞相！”搞得高觿也不好当场说什么了。

中书省听说皇太子来了，急忙派人出城迎接。迎接的人看到那个太子是假的，还没有做出反应，就被人家砍了脑袋。

王著的人马就夺取了这些人的马匹，然后从健德门入城。

半夜二更的时候，高觿仍然睡不着，睡不着的高觿总觉得此事必有蹊跷。他又听到了人马之声传来，便出去看，从远处看到了灯笼和仪仗队。那队人很快就到了宫门前，一个人在前面大喊大叫开门。

高觿的警惕仍然保持着，对张九思说：“过去太子回宫，都是鄂勒哲和萨阳两人走在前面。我看还是看到他们两人之后再开门吧。”

高觿大声呼唤着鄂勒哲和萨阳，可是没人出来，他就对那一队人说：“皇太子向来不走这个门，今天怎么会到这里来呢？”

那些人一听，只得离开了。当然，他们并没有离开京城，而是来到南门。

高觿看他们隆重地向南门开路，怕那边的守门员上当，立刻向南门狂奔过去。

可是假太子在半路上就停下来了，他们直接把中书省的官员全部叫来，阿哈玛特也稀里糊涂地前来报到。只要这位仁兄到了，王著就不用再玩其他把戏了。他把中书省的官员狠狠地批评了一顿，接着大声骂着阿哈玛特。然后把阿哈玛特拉了过来，挥起袖里的铜锤，当场把阿哈玛特的脑袋敲碎。

阿哈玛特当了这么多年的奸臣，把蒙蔽忽必烈的功夫做到极致，整个朝中的文武官员都拿他没办法，有几个不服的大臣勇敢地站起来揭露他，结果是他什么事都没有，而敢于揭发他的大臣都提前死掉。在阿哈玛特看来，他虽然被很多人恨，但只要忽必烈还在世，那些人是不能把他怎么样的，这仍然是他可以为所欲为的世界，哪知，最后他居然死于王著的铜锤下。

王著知道，他杀了阿哈玛特，忽必烈一定会杀他，因此，他把左丞郝祯也杀了，然后把阿哈玛特的另一个死党张惠也绑了起来，准备动手。高觿和张九思赶了过来，大喊：“他们是坏人。”叫士兵们上来抓捕他们。王著和高和尚组织进来的这几十人都是乌合之众，哪能是禁宫卫士们的对手？没几下，王著等人都被从马上挑了下来。高和尚一看情况不妙，撒丫子就逃。王著却不逃走，挺身而出，宣布自己是这起事件的带头人，对这起事件负完全责任。

劣迹斑斑

中丞额森特穆尔在第一时间把这件事用快马报告忽必烈。

当时，忽必烈正在察罕尔视察，突然接到这个报告，不由龙颜大怒。这些年来，阿哈玛特给他解决了大量财政难题，因此即使他知道阿哈玛特的人品很坏，但他仍然坚定不移地当阿哈玛特的后盾，不管谁告阿哈玛特，他都不理睬，甚至还让阿哈玛特轻易地把揭发他的大臣陷害至死。哪知，自己才离开首都几天，他的首席经济智囊就被人家一锤敲死，这还得了？

忽必烈立刻回到上都，集合枢密副使博啰、司徒和尔果斯、参政阿哩等人急赴大都，务必把所有作乱的人都抓获归案。

这个案子虽然做得很大，影响也很深远，但作案的人就是那个团伙，成分也不复杂，潜伏的水平也不高，抓起来并不费多少力气。第三天，也就是三月二十日就在高梁河抓到这个集团的另一个首要分子高和尚。

忽必烈怀疑肯定是朝中某些大臣幕后策划了这次事件，而且是大部分的大臣都参与了。因为他知道，除了阿哈玛特提拔的那一帮亲信外，几乎所有的大臣都恨阿哈玛特，都想杀掉阿哈玛特。这些想杀阿哈玛特的大人，有些是恨阿哈玛特的人品太坏，为所欲为，举着反腐大旗打击别人，自己却比别人贪无数倍，会把国家往坏的方向带下去；有些是恨阿哈玛特制定的财税政策不但剪老百姓的羊毛，还触动了他们的应得利益。尽管这两拨人向来水火不容，但搞死阿哈玛特却是他们共同的心愿。如果是这两拨人团结起来，把阿哈玛特搞定，那就是个巨大的政治问题了。敢于把他死保的头号经济智囊一下搞定，那以后再搞他也不是没有可能的。

但他又不敢肯定，于是就把典瑞少监王思廉叫来，进行一次单独的谈话：“张易造反，你知道吗？”在这里，他仍然不相信王著是首犯，而是把张易当首犯。因为王著的官太小了，而张易是枢密副使，只有这样的大官才有联络其他大臣的资格，王著想跟那些大臣见面，门都没有。

王思廉说：“不清楚。”

问：“他都已经造反了，你怎么还不清楚？”

王思廉慢慢地回答：“伪称国号还要改换年号，是造反；逃亡到敌对国家，叫叛变；啸聚山林残害百姓则叫作乱。现在张易的事，我还真不清楚该叫什么。”

忽必烈一听，也有点不清楚了，说：“我自从就任皇帝之位以来，也有过像李璮这样的人造反。这些人是不是都以为我就像汉高祖、宋太祖那样的皇帝？”忽必烈觉得自己远比刘邦和赵匡胤有水平，那两个开国皇帝跟自己不是一个档次的。

王思廉当然不能在这个问题上给他泼冷水，说：“陛下神圣天纵，前代之君不足比也。”

忽必烈一听，就知道这是马屁话，不由感叹起来：“以前窦默还活着时，我有什么事问他，他从来都敢于大声把心里话说出来。现在你能像他一样回答我的提问吗？我再问你一句：张易的所作所为，张文谦知不知道？”

王思廉立即回答：“张文谦绝对不清楚！”

忽必烈说：“何以知道？”

王思廉说：“两个人的关系向来不好，根本不是同路人，所以不知道。”

忽必烈一听，心里的怀疑程度这才稍微减轻一点，没有把这个事件扩大化。但王著和高和尚是必须死的。

高和尚觉得自己真的很冤，他只是个江湖骗子，最后却混进这个死局，成为叛乱的首要分子之一被押上刑场，实在有点不划算。王著却神色不变，他老早就想用自己的生命去换阿哈玛特的脑袋，现在这个任务已经胜利完成，他就死而无憾了，因此，他在准备被执行死刑时，还大声说：“王著为天下除害，今死矣！异日必有为我书其事。”

当然，张易也必须死。他本来连王著是谁都不认识，只因缺乏警惕性，被王著集团利用了，被忽必烈当成此次事件的首要人员，脑袋也被砍了下来。当然，最后在张九思的力争之下，他死后才被免了传首四方的惩罚。

阿哈玛特一死，朝中的大臣们都很高兴，皇太子真金也很高兴，他对新任中书右丞相的和尔果斯说:“阿哈玛特已经死了，你现在接替他的职务，要勇于担当，只要是利国利民的事，就大胆地做，不要怕别人说什么。我一定会支持你的工作。”

这时，忽必烈的精力也已经有些不济，很多事务开始由真金负责操作了。真金当然不会放过阿哈玛特的那些亲信，于是，阿哈玛特的亲信开始被清算了。

最先是呼图尔被撤下来。他原来是阿哈玛特的家奴，在阿哈玛特当权期间不断被提拔，现在跟一帮阿哈玛特的死党都拿着兵权，因此成为阿哈玛特集团第一批下台的人。

接下来就是阿哈玛特的儿子忽辛。他现任江淮行省第一把手，比他爸更为所欲为，真金能放过他吗？因此他很快就成为被查办的人员。

忽必烈当然也知道阿哈玛特是个坏人，因此也跟着下令调查阿哈玛特。他下了个敕令：因以妻、女、姐、妹献给阿哈玛特而得到官职的，都统统罢免。阿哈玛特霸占的民田，都还给原来的田主。

忽必烈的态度一转变，查办阿哈玛特余党的速度就很快了，在阿哈玛特死后一个多月内，就把阿哈玛特安插在各部门的死党七百一十四人全部踢出去。当然，忽必烈就想到此画个句号，毕竟阿哈玛特能成为今天的阿哈玛特，都是他一手保护出来的，再查下去，他的面子也丢得差不多了。因此，大家想继续深挖，查办阿哈玛特的妻儿时，他就叫停了。

后来，博啰在跟他聊天时，把阿哈玛特的罪恶罗列了一大堆，他这才不得不勃然大怒，说:“王著杀他杀得太正确了。”他下令掘开阿哈玛特的坟墓，然后戮尸示众，最后对尸体还进行一次狗决，就是放狗过去撕咬阿哈玛特的尸体，当然还组织官员和老百姓去现场观看。事情都做到这个地步了，阿哈玛特的子侄们当然也不能留下，都被押赴刑场执行死刑。

人都杀了，当然还得抄家。调查人员在抄阿哈玛特家时，发现了一只木盒，打开一看，都吓了一跳，里面居然装着两张人皮，而且人皮上的耳朵还像新的一样。调查的人都觉得不可思议，家里藏富可敌国的金银财宝，那是大贪官的标配，可藏这么几张人皮，就很不好理解了，阿哈玛特的小老婆说："阿哈玛特要念咒语的时候，就把神主的牌位放在人皮上面。他说，这样一来，应验就很快。"阿哈玛特信，只是后来他还是死了。

还有两幅画。这两幅画并不是史上有名画家的真迹，而是两个一点不知名的画家画的。上面画了很多骑兵，这些骑兵都围着一座宫殿，拉弓举刀，做出进攻的姿态。不管怎么看，这样的画风都是在玩军事政变啊。他们把作者找来一问，主题果然是政变。

忽必烈看到这里时，这才有点后怕，自己对很多人都怀疑来怀疑去，唯独对阿哈玛特很放心，以为他只是贪点钱财，不会有什么大的野心。现在看来，这家伙不但贪他的财，还想变天啊。忽必烈一怒之下，把阿哈玛特几个死党推出，全部剥皮示众。

查完了阿哈玛特的案件，把该处理的都处理了，就得把他陷害的人也说一下。

阿哈玛特是生意人出身，他的胆子大得很。他连伯颜都敢陷害。伯颜可是忽必烈最亲信的人之一，立的功劳是目前在世功臣中最大的，可阿哈玛特仍然想玩他一下。伯颜从伐宋前线回来时，忽必烈下令百官去城郊迎接这个大功臣，而阿哈玛特则奉命去打前站。阿哈玛特是生意人，知道江南是地球最繁华的地区，伯颜打下这么一个花花世界，肯定会搜罗到很多财富以及珍奇的东西，自己这么去打前站，伯颜肯定会送很多东西给他，哪知，两人见面时，伯颜却当面解下自己佩戴的玉钩绦送给阿哈玛特当见面礼。

阿哈玛特一见，那张脸马上就变了颜色，本来这个玉钩绦就不怎么值钱，何况还是个用过的二手货，这是把他当成几等人来对待了？

伯颜看到他生气了，只得赔着笑脸说："宋朝那边的珠宝很多，可我确实一件都没有拿过来。"

但阿哈玛特能相信他吗？他宁愿相信伯颜这么做是在欺负他。

过不了几天，他就直接诬陷伯颜在平定南宋时，抢走了他们的玉桃盏。忽必烈大怒，立即要求有关部门查办此事。但查来查去就是没有查到实据。直到阿哈玛特死后，忽必烈才从阿哈玛特的府上找到玉桃盏，连献上玉桃盏的人也一起抓到。

忽必烈这才说："几陷我忠良！"这话只是说给大家听的，我估计他查办这件事，只是顺着阿哈玛特的告发，打压一下伯颜，谁叫伯颜的功劳太大？蒙古兵入城之后，抢劫的东西多了去，也很少有人去查办过，为什么凭着阿哈玛特一句话就去查办伯颜，而且仅仅就是一件宝物，这向来不是蒙古部落的风格。现在忽必烈跟儒士们学聪明了，彻底领会到了"功高震主"这四个字的深刻含义，所以伯颜一回来，就给他来了一个下马威。当然，这是我的猜测。

阿哈玛特已经死了，他的儿子忽辛还得接受审判。

当忽辛被带到审判现场时，忽辛依次指着担任审问的大臣说："你曾经收过我的钱财，怎么有资格审问我？"这么一路指下去，整个朝堂的大臣基本都没有脸当这个审判员了。

幸亏还有张雄飞。

张雄飞是阿哈玛特资深的反对党。当初阿哈玛特准备杀秦长卿等几个人时，时任兵部尚书的张雄飞就坚决反对。阿哈玛特派人过去对张雄飞说："要是能把这几个人杀掉，你就可以当参政！"

张雄飞冷冷一笑，说："靠冤杀别人来当大官的事，我绝对不做。"

阿哈玛特大怒，于是，张雄飞被贬为澧州安抚使，从中央大员变成一个地方官。哪知，张雄飞就是一个当官的料，没多久，他又从基层干起逐步被提拔上来，升到御史中丞、行御史台事，也就是说主持御史台的全面工作。后来，阿哈玛特为了让自己的儿子忽辛当江淮右丞，怕张雄飞在御史台那里搞事，又把张雄飞改任为陕西按察使。哪知，张雄飞还没有到新单位上班，阿哈玛特就垮台了，因此他还在首都，这时就站了出来，大声问忽辛："我接受过你家的钱财吗？"

忽辛打了个寒战，说："公独无。"

一帮大臣都站在那里，只有张雄飞一人才跟阿哈玛特无关，不知忽必烈听到这话之后，有何感想？

张雄飞说："那我可以有资格审问你了吧？"

忽辛无话可说，低头认罪。

阿哈玛特事件就此平息，但对于忽必烈一朝而言，元气已经受损，大蒙古霸气从此就开始向低谷滑坡。忽必烈本想大搞经济建设，便放手让阿哈玛特去干，确实也干出一些成绩来。大元这些年到处打仗，打仗是需要经费的，而这些经费基本就是靠阿哈玛特搞到的。阿哈玛特为了搜刮到经费，不择手段，不光为国家搜刮，更为自己搜刮，导致全国上下怨声载道，终于发生了这个严重事件，对大元的国力造成很大的负面影响。如果忽必烈稍一清醒，只让阿哈玛特去搞经济建设，而限制他其他方面的权力，把监督做到位，其结果也许会是另一个样。而忽必烈却这么多年如一日，让阿哈玛特放手去干，无法无天地干，能不把事情干坏，他还是阿哈玛特吗？

很多历史事件都在有力地证明，奸臣似乎也是抱团出现的。只要皇帝到了重用奸臣的地步，那么他身边的奸臣绝对不止一个，打完这个，另一个又会站到历史的前台，继续做着奸臣的工作。

阿哈玛特死后，另一个奸臣又冒出来了。

这个奸臣叫卢世荣。

卢世荣是大名人氏，也是当时著名的经济学家。他当年十分看好阿哈玛特，知道要想在这个世界混得开，必须投靠阿哈玛特。他是经济专业人士，最知道金钱的作用，于是拿出大量的现金敲开了阿哈玛特的门路。阿哈玛特虽然反对汉化，内心世界十分鄙视汉人，但他仍然看在金钱的面子上，把卢世荣划归自己的朋友圈，让他出任江西榷茶使。这是个大大的肥缺，天天都跟金钱打交道啊。靠贿赂上位的人，注定会在上位后大胆捞金，而且会捞得无法无天。于是，没几天，卢世荣就被免了职。

按说，这样的人被免职之后，基本没有再上来的可能了，而且他被拿下不久，他的后台阿哈玛特又玩完，他是阿哈玛特的铁杆死党这是所有人都知道的事。他不被株连已经上上大吉了，哪还有抬头之日？

但大家都忘记了，阿哈玛特死了，还有忽必烈啊。

忽必烈这些年对日本和安南用兵，几乎把国库都用完了。他现在比谁都需要钱啊。

以前，阿哈玛特帮他敛财，虽然老百姓叫苦连天，但忽必烈却很高兴。现在阿哈玛特死了，他的死党们也都玩完了，朝廷之中，虽然每天都有一大帮文武大臣在上班，天天都很有精神地讨论着国家大事，但一谈到钱财，讲到如何让财政增收，大家都基本紧闭着嘴。

忽必烈看到朝臣们这些脸色，就又怀念起阿哈玛特来。后来，总制使桑哥说，卢世荣理财水平不比阿哈玛特差。

这个桑哥向来深得忽必烈的信任，很有权势，想得到提拔的人都努力去走他的门路。卢世荣被贬之后，当然不甘罢休，那双精明的眼睛总在灵活地转动着，寻找新的靠山。他很快就看中了桑哥，然后就巴结上了桑哥。于是，桑哥在这个时候就把他推出，说卢世荣“有才术，谓能救钞法，增课额，上可裕国，下不损民”。

忽必烈一听，立刻召见了卢世荣。两人一番奏对，忽必烈龙颜大悦，当场下令让卢世荣与中书大臣一起廷辩。当时，中书的主要负责人是和尔果斯。

和尔果斯在跟卢世荣的辩论中，也跟当年阿哈玛特跟史天泽他们的辩论一样，虽然和尔果斯们大义凛然，说话中气很足，但就是辩不过卢世荣。忽必烈这时脸面一板，当场把和尔果斯、珠尔卜丹、张雄飞、温特赫几个人统统免掉。于是，任命卢世荣为右丞。当然，还让安童当了中书右丞相，再次成为首席大臣。

又出了个乱子

此前，安童就当过丞相，但因为跟阿哈玛特闹翻，正好西边又闹了海都事件，忽必烈就派安童去处理。

再顺便说说海都事件。

海都是窝阔台的孙子，也是窝阔台系里最有水平的人，他一直认为，只有窝阔台的子孙才有资格当大汗，因此一直不服拖雷系上位。当年忽必烈平定阿里不哥造反后，很多宗王都对忽必烈表示拥护，但海都却没有表态。忽必烈派人去对他说："所有的宗王现在都在我这里，你也应该前来报到啊。我希望咱们兄弟能见见面，之后你会获得各种恩典回去。"

海都一点没有动心，只是派了个使者去向忽必烈道歉，说现在他的牲畜都太瘦了，等它们肥了再说。海都聪明得很，把自己不行动的理由推到牲畜身上，而且一推就是三年。

当然，在这三年当中，海都在积极做好发动叛变的准备工作。他觉得自己的前期准备工作做得差不多了，就去找窝阔台其他子孙当他的同盟军。由于钦察汗国跟伊儿汗国闹了矛盾，因此现在术赤的后代也坚定地跟海都抱起团来。有了术赤系的支持，海都认为自己的力量已经足够，他开始了叛变的动作，先把原本依附于蒙哥之子太龙答失的纳邻部来个彻底清洗，然后宣布反对忽必烈。

忽必烈当然不会让他一路高喊口号打过来的，他派自己的儿子那木罕为主帅去征讨海都。忽必烈封那木罕为北平王。本来，海都事件跟安童一点没有关系，他是朝廷宰相，不是武将，完全可以在首都那里做他的行政工作。可是阿哈玛特认为安童要是还在首都，就会成为他集权的最大障碍，于是不断在忽必烈面前说安童的坏话，说要是安童继续当第一把手，他制定的财经政策就无法实施。忽必烈仗打得太多，需要经费的支持，一听阿哈玛特这么说，就立刻把安童的职务免了，忽必烈说，现在海都叛变，安童就去辅佐北平王对付海都吧。于是，安童就这样离开了权力中心，成为北平王的首辅。

忽必烈显然对事态的严重性估计不足，在这支部队中，居然还派了蒙哥的后代昔里吉，以及阿里不哥的儿子不忽儿，还有他自己一群侄子如脱黑帖木儿等几个人，基本都是一帮宗王。夏天之后，他们在水滨那里度假，然后一起去打猎，打完猎之后，再各自前进。

在一次打猎时，脱黑帖木儿在猎场上碰上昔里吉。原来两人对忽必烈也很不满，就一起商量：干脆把那木罕和安童抓起来，交给海都，免得咱们要去打仗。脱黑帖木儿还怕昔里吉造反不彻底，就对他说："要是成功了，帝位就是你的。这些年来，咱们兄弟也受够忽必烈的欺负了。"

昔里吉一听，对啊。本来汗位应该是我家的，可现在却被转到忽必烈手里了。于是，两人一拍即合，叫停打猎活动，回到驻地，然后夜里行动，去把那木罕和他的兄弟阔阔出抓住。两人虽然兵权在手，可是一点没有想到会出现这样的事，居然被人家轻松地抓住，送到脱黑帖木儿处关起来，顺便把安童也抓住，送到海都那里。

海都看到忽必烈阵营里居然出了这样的乱子，更是大喜，领军进入哈拉和林，把蒙哥用过的御帐也占为己有。

当时是1276年，忽必烈正全力对付南宋，哪知灭宋之战正在关键时刻，自家后院却先起火。宋朝的势力就那点，而且宋朝许多年来都没有扩张的欲望，对元朝没有构成什么威胁，因此忽必烈决定把对宋作战的主力都抽出来，由伯颜带领去对付海都。

伯颜当时是元帝国最猛的战将。他带着军队北上，到鄂尔浑河那里与叛军相遇，打了一场。与伯颜正面为敌的是昔里吉。他才与伯颜一见面就被打得一片溃散，退到石河上游。

脱黑帖木儿还很嚣张，到处忽悠说，拔都的后代以及海都已经带着大军杀过来了，谁不配合谁就完蛋。于是，真的拉出一大帮人出来。他带着的部队很多，但这些人基本都是不明真相的群众，战斗力实在是不堪一击。当伯颜手下的别吉里迷失带兵迎上来时，这些不明真相的群众迅速发现，自己原来是受骗上当的。到了这个时候，谁还为脱黑帖木儿去战斗？于是，这些人跑了一大半。

在昔里吉大败逃跑之后，脱黑帖木儿还想攻打乞儿吉思地区，但伯颜能让他成功吗？伯颜乘虚把他脱黑帖木儿的辎重队全部消灭。脱黑帖木儿这才知道真的遇上了高手，急忙返回要夺取辎重。他知道自己的部队不够用，就找昔里吉说一起去打伯颜。可是昔里吉却被打怕了，没有再跟他去战斗。他心里很生气，只得自己继续前进。到了半路，他又碰上撒里蛮。脱黑帖木儿历来靠忽悠叛变，为了把撒里蛮也拉进自己的圈子，便又对撒里蛮说，一起去打中央军吧，事成之后，你就是皇帝。

他才在不久前就曾对昔里吉说过这样的话，现在他又把这话对撒里蛮说了一遍。尽管现在昔里吉离此地很远，但他万万没有想到，就在这个对话的现场，昔里吉一个死党亦惕不花就站在那里。亦惕不花听到这个话后，马上就派人去转告了昔里吉以及昔里吉的朋友们。

昔里吉虽然再不敢去跟伯颜对垒，但当皇帝的想法却还坚挺得很，听说脱黑帖木儿要把皇帝的位子送给撒里蛮，就急了起来，立马集合了自己的人马，并派人去责问脱黑帖木儿到底想干什么？

脱黑帖木儿厚着脸皮说："昔里吉既没有水平，也没有胆子，哪能当得了皇帝？因此，我们还是决定让撒里蛮当老大。"

昔里吉对脱黑帖木儿没有办法，就又派人去对撒里蛮说："你想当皇帝也可以来跟我商量要啊，为什么跟脱黑帖木儿要？"

脱黑帖木儿帮撒里蛮回答："为什么要跟你商量？你有什么资格让我们去你那里呢？你还是乖乖地到我们这里来吧。"

昔里吉一听，只得带着队伍去跟他们合并。这样一帮乌合之众能是伯颜的对手吗？

两下会师之后，脱黑帖木儿做的第一件事就是要昔里吉交出亦惕不花来。昔里吉却交不出。他交不出并不是他想保护他的这个死党，而是亦惕不花感到不妙，主动逃跑了。可是脱黑帖木儿仍然派人去追杀。

亦惕不花看到杀手们追上来了，于是拔出大刀自杀了事。

这几个家伙本来是因为跟随那木罕前去摆平海都，可现在和海都还没有大干起来，他们倒先搞得情节波澜起伏，对内对外，乱成一锅粥。脱黑帖木儿干掉亦惕不花、逼服昔里吉之后，立刻宣布拥戴撒里蛮为老大，并叫昔里吉去做拔都后代和海都的思想工作，叫他们也拥护撒里蛮当老大，并要求阿里不哥的儿子药木忽儿前来会合。

但是其他人却不那么傻，没有人响应他们的号召，药木忽儿干脆直接拒绝他们的要求。脱黑帖木儿大怒，组织部队就去打药木忽儿。药木忽儿看到这支不讲道理的部队开了过来，就派人对脱黑帖木儿说："请求你们给我五天时间，做好准备后再去归顺。"

脱黑帖木儿一听，就大大方方地答应了。哪知，第五天一到，药木忽儿带着军队前来时，并没有做投降手续，而是直接列阵向脱黑帖木儿叫板。脱黑帖木儿这才知道上了大当，原来药木忽儿利用这五天的时间集结了力量，现在反过来打他们。

脱黑帖木儿当然不怕打仗，可他手下的士兵却不干了，根本没有人出来号召一声，就集体来个临阵倒戈，都跑到药木忽儿那里去了，到了这个时候，脱黑帖木儿除了逃跑之外，真没有别的路可走了。当他逃跑时，跟着他的只有十二个人。

他们逃到一个蒙古包，已经很饿了，就化装后到蒙古包里讨吃的。人们就送他酸奶吃，可他还来不及吃完酸奶，敌人就已经追了上来。他带着十二个手下又急忙逃跑。他们逃到一条小河旁边时，都有点困了累了。他一咬牙，对手下说："我们本来就是战斗民族，为什么还要逃跑？现在可以跟他们拼命。"

他说得很有英雄气概，但却没有打动那十二个手下的内心。他们都很爱惜生命，说："你是皇家的人，不管打到什么地步，最后他们都不会伤害你。我们可就倒霉了。"说着，都自觉丢下武器。脱黑帖木儿一看，气就全泄了，也跟着丢下武器，成为对方的俘虏，被押到药木忽儿那里。

昔里吉要求药木忽儿把脱黑帖木儿送过来，但药木忽儿怕昔里吉又放过这个脑后有反骨的家伙，那后患就无穷无尽了，所以就不答应。后来昔里吉保证不会留下脱黑帖木儿的性命，药木忽儿这才把脱黑帖木儿交给昔里吉。

昔里吉是这个世界上最恨脱黑帖木儿的人，一接到脱黑帖木儿，立刻喝令刀斧手执行死刑。

昔里吉杀了脱黑帖木儿后，撒里蛮也怕了起来，跑到昔里吉那里自首，说自己走到这个地步，全是脱黑帖木儿逼迫的结果。昔里吉把撒里蛮的部队全部收编，可是撒里蛮的士兵都不服昔里吉的领导，成群结队地去向伯颜投降。

昔里吉怕撒里蛮起来造反，就派五十个卫士把撒里蛮送往术赤的孙子火你赤处。可走到半路，撒里蛮的部众却把撒里蛮救了出来，并把那五十个卫士抓住。撒里蛮迅速集结部队，然后拦截昔里吉的辎重队，把辎重队押到伯颜处，向中央投降，并派使者向忽必烈说明了情况。

昔里吉大怒，率兵过来打撒里蛮。可双方面对面时，昔里吉的部队又像脱黑帖木儿的部队一样，都放下武器，集体投降。昔里吉一看，整个阵营里只剩下他一个人在那里站着，他连逃跑的勇气都没有了。他做梦也没有想到，原来他是跟那木罕来平定叛乱的，然后受了脱黑帖木儿的诱惑，然后就举起了造反的大旗。可大旗还没有举几天，他们内部就因为脱黑帖木儿一个虚假的皇帝名号打来打去，中央军还没有大规模对他们动手，他们就先把自己搞残了，然后自己沦落到这个地步。

撒里蛮这时很聪明，知道自己稀里糊涂地蹚了这趟浑水，只有努力把曾经造反的盟友打倒，自己的下场才会好一点。他当然不会放走昔里吉，派五百骑兵把他看守起来。

那个药木忽儿倒是昔里吉的超级粉丝，听说撒里蛮把昔里吉抓了，二话不说，带着部队前来解救昔里吉。哪知，他的部队也跟昔里吉的部队一样，跟他到战场之后，并没有去冲锋陷阵，而是来个阵前倒戈，然后他又成了撒里蛮的俘虏。撒里蛮把这两个家伙都押送中央政府，由可汗处理。

药木忽儿知道要是被送到首都，自己肯定活不了，于是就说自己有病，向撒里蛮请求再过三天才出发。撒里蛮居然同意了。他利用这个时间，暗中向另一个宗王斡勤送去大量的现金和财宝，请求解救自己。斡勤是铁木真的侄子，同时也是个超级爱财人士，看到一大堆的钱财之后，立刻带着部队过去，把看守药木忽儿的骑兵全部赶走，把药木忽儿救了出来。撒里蛮也被逼得带着老婆孩子逃出来。当时，情况十分危急，危急到什么地步？一个士兵看到撒里蛮的老婆颜值还很高，就想去抓。撒里蛮的老婆大叫起来。撒里蛮听到之后，发箭把那个士兵射死，这才逃到伯颜的军营里。当然，斡勤也只是救了药木忽儿一个人，别的动作都没有做，昔里吉仍然被送往首都。

昔里吉被送到首都后，忽必烈没有见，直接把他送到一座荒岛上，最后老死在那里。撒里蛮没有受到处分，仍然让他掌管自己的土地和军队，但不久他就死掉了。

药木忽儿后来则占领了昔里吉的领地，依附于火你赤势力，一起跟随海都干。后来他觉得海都没有什么前途，就又逃出来，投奔了忽必烈。

海都看到这个造反联盟都不用中央怎么打，就已经先自己玩完，知道自己还真不到打天下的时候。于是，他就在那里按兵不动，坐等时机。而当时忽必烈最想拿下的是南方，因此也就让海都在原地自由自在一段时间。

海都把那木罕和安童关押了几年之后，又把他们送还忽必烈。那木罕被放出来一年后就死掉了。

安童从至元十三年被脱黑帖木儿送到海都处，到至元二十年才被放回来，他在海都那里整整待了七年的时间。海都当时对他还是很优待的，不但没有把他关起来，而且还授予他官职，让他过得很不错。因为他当过海都的官，回来之后，只能“待罪阙下”。很多人都对忽必烈说安童受过海都的官职，这是对陛下的不忠啊。忽必烈开始听到这些话时，也很生气，不想见安童。后来，断事官石天麟从海都那里回来，对忽必烈说：“海都算起来是皇室宗亲，现在因为一些事情与中央闹矛盾，但这能和仇敌相提并论吗？安童当初没有拒绝他的官职，也是为了消除他的疑心，以便引导他归顺中央而已。”忽必烈一听，觉得很有道理，这才召见了安童，并“留寝殿，语至四鼓乃出”。所以，在这次人事调整当中，忽必烈除了破格提拔卢世荣之外，又任命安童为右丞相，而且还对他说：“如平章、右丞等，朕当亲择，余皆卿等职也。”除了平章、右丞这样高级的官员由皇帝亲自选拔外，其他官员的作用都由安童说了算。

安童还是不断地推辞，但忽必烈不批准。安童又去问祁志诚，他现在应不应该当这个宰相？

祁志诚说:“你能不能当不取决于你自己，而是取决于你的同事。你看看，十年前谁是你的同事。现在再看看，你要是当了宰相，你的同事又是什么人。”

安童一听，以前可是史天泽、伯颜那样德才兼备的人当自己的同事啊，现在却是卢世荣这样的人。卢世荣可是大奸臣阿哈玛特的得意门生啊，还有那个桑哥，都不是好人啊。安童又去找忽必烈，再次递交辞呈:“臣昔为宰相，年尚少，幸不失陛下事者，丞佐皆臣所师友。今事臣者皆进与臣俱，则臣之为政，能有加于前乎?”

忽必烈一听，安童向来是个诚实稳重的人，哪能说出这样的话来?于是问:“谁为卿言是?”

安童同样很老实地回答:“祁真人!”

忽必烈一听，在那里感叹良久，并没有追究祁志诚。他为什么不追究?因为祁志诚是丘处机的四传弟子，现任全真教掌教。忽必烈可以追究任何人，但他绝对不会去追究丘处机的徒子徒孙。

他不去追究祁真人，但他仍然不同意安童的辞职，让他继续当卢世荣的同事。

还是阿哈玛特那一套

卢世荣全面继承了阿哈玛特的做事风格，进入中书省之后，立刻建议清理钞法的弊病，说他已经有一套生财的好办法，而且这个办法能让中央的财政收入成倍增加。

忽必烈一听，当然很高兴，叫卢世荣把大臣们都招来商议。大家一看，现在朝廷又进入了阿哈玛特模式，哪个还敢说什么?后来，董文用对卢世荣说:“请问卢大人，这些成倍增加来的钱，是从卢右丞家里取来，还是从老百姓的口袋里拿来的?如果是从右丞家里拿来，我没有话说，如果是从老百姓的口袋里拿来，我就有话可说了。举个例子，牧羊的一般都按常规每年剪取羊毛两次。现在却每天都在剪羊毛，主人每天都会剪到很多羊毛。可羊却因为没有毛而无法度过寒冷的冬天，不久就会死光。以后还怎么得到羊毛呢？老百姓的钱其实很有限，如果按右丞的办法去取走，不久之后就会出现无羊毛可剪的地步。”

卢世荣张着嘴，一时语塞，但他仍然没有停止工作。

御史中丞崔彧继续反对，直接说卢世荣不可以当宰相。忽必烈大怒，把崔彧投入监狱，然后免官。

谁再敢向卢世荣叫板，崔彧的下场你得先看清楚了。

卢世荣一看，知道皇帝已经下最大的决心当自己的坚强后盾了，便继续阿哈玛特的风格，避开检察机关的监督。他的理由是，要想财政增收，就必须实行均输法。其实这个均输法也不是什么新鲜概念，西汉时就曾实行过，后来王安石也隆重推行过。我们知道，在王朝时代，地方每年都要向中央上缴财物，以供国家机构运转，这就是所谓的“输”。输就是输送之意。输送的品种和数量，都是有规定的。于是，弊端就暴露了出来，比如某个地方有时收成好，有时又歉收；同一个品种有的地方贵有的地方便宜，这些原来是正常现象。但如果按原来的收税办法，即发运法，就不管是丰年灾年，价贵价贱，地方输送的品种和数量都不能改变。这显然是不合理的。而均输法就是把“发运”变为“均输”，即中央政府事先拨出一笔资金为本，由朝廷任命的“发运使”来统筹地方上供之事，以便“徙贵就贱，用近易远”，意思是哪里的东西便宜就在哪里买。而国库里剩余的物资再由“发运使”卖到物价高的地区。如此一来，两头都有差价，这个差价造成的利润，就成为国家的另一项收入。

更简单一点，这个办法就是由地方贡奉变为中央采购。而负责中央采购的发运使部门不知不觉地变成一家国有企业，而且是垄断企业。本来是靠中央采购来平衡物价，保证纳税人的负担没有增加。可是在实际操作中，那些操办人员就会上下其手，把自己变成“官倒”，利用手中的权力，造成“官买之价，必贵于民。及其卖也，弊复如前”。最后，朝廷可能连本钱都收不回来，即使“薄有所获”，也不比向商人征税来得多。用一句话来说，本来经是好经，但和尚却把经念歪了。

现在卢世荣在实行均输法时，居然明目张胆地要求把按察司与运转司合并起来。如此一来，这两个部门都在他的领导之下工作，检察司就别想再监督他了。

忽必烈把他的建议拿出来让大家讨论。

左赞善大夫瓜勒佳之奇脾气较急，最先举手发言："大家都知道，按察司的责任是揭发官场上的坏人坏事，责任重大。现在却让他们去跟财政打交道，他们还怎么去监督别人呢？坚决不能合并。"卢世荣的口才虽然很好，但被人家一语道破目的，也不敢再说什么了。忽必烈也在那里不说话，于是此事就不了了之。

当然，作为理财能手，卢世荣推行的一些措施还是得到高层的支持的，比如安童。卢世荣绝对是一个办事效率很高的人，在提拔的第一天就拿着圣旨到中书省去宣布整顿钞法，向全国发文，谁要是不拥护经法，都要被严重问责。他也知道虽然有这个严厉的问责文件，但那些官员仍然是想办法抵制一下。他就去找首席大臣安童，把自己的想法跟安童说了。安童觉得很不错，就跟他去面见忽必烈，请忽必烈支持他。安童都出面了，忽必烈能不支持吗？

接着，他又提出了几项改革措施，比如：整治钞法，定金银价，禁私自回易，听民间金银从便交易；怀孟诸路竹货从民货卖收税；江湖渔利，听民采用；使臣往来，除驿马外，饮食不取于站户，官为支给，也都得到安童的支持。如此一来，忽必烈对他的信任度就更加高了，在短短的时间内，只要他提出的政策，基本都全盘同意。

接下来，他改革的步子更大，直接对忽必烈上奏："臣言天下岁课钞九十三万二千六百锭之外，臣更经画，不取于民，裁抑权势所侵，可增三百万锭。"意思是只要让他大权在握，从上到下动作，每年的财政收入立马增收三百万锭，而且还不是取之于民的。

忽必烈大喜，大声说，你放手干吧。

可是他能放手干下去吗？他这些措施的中心思想是"裁抑权势所侵"，也就是从既得利益集团那里搞来。这些既得利益集团里的中坚力量能让他放手干下去吗？何况，卢世荣的政策虽然不错，但他也只是打着为国家理财的旗号，实际干着官倒的行径，大量起用阿哈玛特的手下，于是被很多人抓住了把柄，直接上奏到忽必烈那里。虽然忽必烈常常大声地表示坚决赞同，但对他的支持度还是有所保留的。

那时，谁要是背后说一下阿哈玛特的坏话，忽必烈是一点不留情的。阿哈玛特可以把安童这样的人物排挤出朝廷，然后自己在那里一支独大，现在卢世荣远做不到这个地步，他的头上还有个安童，他的下一级还有无数个反对派。卢世荣的几个建议，就在廷议中被人家否决。卢世荣却看不到这一点，只看到忽必烈不断地对他打包票，就错误地认为，自己的权力也不比当年阿哈玛特小了，内心世界就膨胀了起来，居然比当年阿哈玛特还要嚣张。更要命的是，他彻底忘记了自己是汉人的身份，而阿哈玛特是色目人。

阿哈玛特与那些人的争斗，虽然看起来是忠奸之争，其实是汉人及推行汉化的蒙古人与色目人的权力之争。史天泽、张文谦、廉希宪等人是标准的汉人，基本任务是天天向忽必烈灌输那些儒家的治国之道，努力把忽必烈改造成一个有儒家思想的皇帝。安童等人是汉儒的超级粉丝，当然与阿哈玛特的做法格格不入，最后汉儒派花了很多年的时间，都没有把阿哈玛特拿下，如果不被王著砍死，现在阿哈玛特肯定还在牢牢地掌着大权。忽必烈对阿哈玛特的信任是无限的，而对卢世荣的信任是有条件的。

如果把两人的理财能力放在一起比较，恐怕卢世荣比阿哈玛特还要突出得多，但因为人种不同，信任度就差别很大。

卢世荣没有看清这些本质，却不断地透支着忽必烈对他的信任，然后就谁都不放在眼里。

他知道他有很多反对派，但他绝对没有想到，一个反对党足以让他丢掉性命。

这个反对党叫真金，现任职务是皇太子。

皇太子真金向来是坚定的汉儒派，他的职务不但是太子，也是中书令。可他也只是名义上的中书令，忽必烈向来精力充沛，时刻都插手中书省的事，真金几乎说不上什么话。他当初也很讨厌阿哈玛特，可是却对阿哈玛特毫无办法。

现在他看到卢世荣又是一个阿哈玛特，当然心里又气愤起来，直接对卢世荣下这样的评语：财非天降，安得岁取赢乎。恐生民膏血，竭干此也。岂惟害民，实国之大蠹。

大家看到皇帝的接班人都是这个态度了，就觉得拿下卢世荣并不难，都不断地跟他作对，就连支持他的桑哥也跟他划清界限。

卢世荣当然知道大家都恨他，弄到手下无人可用的地步，只得对忽必烈说："天下那些有理财能力的人都曾被阿哈玛特重用过。现在这些人不是在牢里坐着，就是被开除。我想把他们的一些人重新起用，但又怕人们说臣重用有罪的人。"

忽必烈大大方方地说："不用去担心这些，能用的就尽管用。"他现在急着要钱，别的就不管了。

卢世荣一看，立刻把那些人提拔上来。这些人并没有认真地吸取教训，现在重返工作岗位，贪腐起来，变本加厉。他们敛财的恶劣程度令人发指：居然假借执法进入民众家，翻箱倒柜，挖地三尺搜刮钱财，而且还给这个行动起了个名称：打勘。每年搞两次"打勘"活动。于是他们发了大财，老百姓已到"民不聊生"的严重地步。卢世荣知道这些家伙已经很富有了，就设法向他们索取。他的这个行为在当时被称为"鸬鹚勾当"。渔人让鸬鹚捕到鱼装满下巴后，就把鱼抖落取出。卢世荣任用这些人，就像渔人养鸬鹚一样。

他也知道这样一来，他的财富虽然大大增长，但大臣们肯定放不过他。当然，他觉得自己不安全了，就去找忽必烈，说："现在臣施行的这些政策，已经被很多人怨恨，以后一定会有人诬陷我，现在先给陛下说清楚。"

忽必烈当然又大大方方地安慰他一番，而且还把安童叫来，增加卢世荣的警卫数量，不要让另一个"王著"把卢世荣砍了。

其实到了这个时候，安童看到满朝大臣都在反对卢世荣，又看到卢世荣如此专权，也已经不再支持他了。现在卢世荣唯一的支持者只有忽必烈。当然如果忽必烈铁着心支持他，他也不会有什么事，可是忽必烈只是嘴巴支持得很坚定。

卢世荣看到忽必烈这么无条件地当自己的坚强后盾，胆子就更大起来，居然玩起顺昌逆亡的把戏来。左司郎周寅戈跟他意见不合，他立马捏造了个破坏、抵制皇帝圣旨的罪名，然后上报忽必烈。于是，他的奏折送到忽必烈那里，周寅戈马上就被从严从重处决了。大家一看，觉得卢世荣比阿哈玛特更不好惹，不由都噤若寒蝉。

别人都不敢惹卢世荣，监察御史陈天祥却一点不怕。他直接给忽必烈上了一个奏折，狠狠地弹劾卢世荣，说他“视民如雠，为国敛怨。果欲不为国家之远虑，惟取速效于目前，肆意诛求，何所不得。然其生财之本既已不存，敛财之方复何所赖？将见民间由此凋耗”，还把卢世荣所施行的政策逐一反驳：“今取其所行与所言而已不相符者，略举数端：始言能令钞法如旧，钞今愈虚；始言能令百物自贱，物今愈贵；始言课程增添三百万锭，不取于民而办，今却迫胁诸路官司增数包认；始言能令民快乐，凡今所为，无非败法扰民者。若不早有更张，须其自败，正犹蠹虽除去，木病亦深，始嫌曲突徙薪，终见焦头烂额，事至于此，救将何及？”

这段文字用现在的话来说就是：现在卢世荣的所言和所行，是典型的言行不一，现实与他的吹牛是相脱节的。他开始说能令钞法如旧，但现在弊端却更为严重；开始他说能令物价降下来，可现在物价更加贵了；开始说赋税总额可增三百万锭，不取于民，而现在威胁诸地行政当局，勒令他们虚伪地承认中书省下达的征收数额；开始说要老百姓快乐，而现在看来，他的所作所为，无非是侵害老百姓而已。如此等等，不一而足。若不早日改变卢世荣的所为，而等待他自己失败，就将如害木之蠹虽除，但树已经差不多要死了。事情到了这个地步，再怎么努力挽救也已经来不及了。

当时，忽必烈正在上都，御史大夫玉速帖木儿就把陈天祥的这个奏折递给了忽必烈。忽必烈看到奏折讲得很严重，当然也要重视一下，就派唆都八都儿、秃剌帖木儿等回大都找到安童，叫安童召集各相关部门的负责人以及老臣和卢世荣一起，与陈天祥对质。之后，叫卢世荣和陈天祥一起去上都面见忽必烈。

安童本来对卢世荣的很多政策还是欣赏的，虽然对卢世荣的擅权也很反感，但还没有到深恶痛绝非要打倒的地步，可现在看到这么多人都反对卢世荣，态度也发生了转变，决心跟着大伙一起把卢世荣送上死路。他对忽必烈说："世荣昔奏，能不取于民岁办钞三百万锭……数月即有成效。今已四阅月，所行不符所言，钱谷出者多于所入，引用憸人，紊乱选法。"

忽必烈本来只是让卢世荣跟陈天祥辩论一下，如果能把陈天祥辩下去，估计卢世荣仍然会没事。因为如果他真的认为卢世荣危害那么大，还能让卢世荣参加这个辩论大赛吗？而且还在大都辩完，又来上都辩？可当他看到安童的奏折里有"钱谷出者多于所入"这几个字时，就龙颜大怒了。

忽必烈一愤怒，卢世荣唯一的靠山就靠不住了。

卢世荣知道事情到了这个地步，他的口才再好，也顶不住满朝文武对他的弹劾和忽必烈对他的愤怒。于是，在御史中丞阿剌帖木儿、郭佑、侍御史白秃剌帖木儿、参政撒的迷失等人的审问之下，对所有罪状都供认不讳。他们很快就把他的罪状献给了忽必烈：不先向丞相说明，就支用钞二十万锭；擅自升六部为二品；仿效李王传紧急军令的办法，用红、青、白三色囊转行文书；不与枢密院商议，便调三个行省的一万二千人置于济州；委漕运使陈柔为万户管领；以沙全代替万户宁玉驻防浙西吴江；用阿合马党人潘杰、冯王圭为杭、鄂二行省参政，以宣德为杭州宣慰，还安插了其他许多人在京师内外；纸钞贬值，怕人民兑换银两，便又封闭兑换钱钞的回易库，致民间模糊不清的旧钞，不能通行；撤销酒酵税；成立野面、木植、瓷器、桑枣、煤炭、布匹、青果、油坊等诸牙行及调出县官钞八十余万锭等。

这些罪名罗列了一大堆，其实细看起来，远不如阿哈玛特那么恶劣，这当然是因为卢世荣当权的时间太短，才一百多天，还没有时间干出什么来。如果放在平时，最多就把官帽拿掉。但这时不是平时，而是满朝廷的大臣都在喊杀。于是，卢世荣被关进了监狱。过了几个月，忽必烈突然又记起卢世荣，就问忽剌出："你对卢世荣的处理有什么意见？"忽剌出也狡猾得很，说："最近新到中书省任职的汉人都说，既然卢世荣已经服罪，而且其罪状也已查清楚，为什么还把不把他杀了？"

忽必烈一听，只得下令把卢世荣杀了。忽必烈绝对是个杰出的政治家，他并不想杀卢世荣这样的理财大臣，但现在却不得不杀。既然要杀了，自己就得跟他划清关系，因此他在下令处死卢世荣的同时，还附加了个处罚：把卢世荣的肉割下来，拿去喂禽兽。这就是卢世荣的下场，一个善于理财但又有点贪腐还不识时务者的下场。

卢世荣刚上台时，以为只有那些既得利益集团在反对他，哪知最反对他的却是一群汉儒以及完全倒向汉儒阵营的太子真金。忽必烈的年纪已经很大，朝中的大臣也都按照传统惯例，开始自觉地团结到太子的周围，一旦太子对某个大臣不满，其他人还敢保你吗？就连努力提拔卢世荣的桑哥在知道太子的愤怒之后，也急转态度，不再帮卢世荣说半个字。

可以说，卢世荣的倒台，是拥戴真金太子的蒙古贵族和汉儒们的又一场胜利。卢世荣下台后，真金的死党郭祐就进入中书省，任参知政事。

于是，卢世荣之死，又拉出另一个事件。

真金之死

忽必烈的察必皇后也就是真金的生母于1281年死去，过了两年，忽必烈又立弘吉剌氏南必为皇后。这时，忽必烈的年事已高，精力越来越差，大元就开始走进了后忽必烈时代。朝廷重臣经常看不到忽必烈的脸，他们只得向皇后奏事。如此一来，朝廷立刻就分成皇后派和太子派。太子派的人看到皇后天天跟忽必烈在一起，她的话就代表忽必烈的话，他们不着急才怪。因为照此下去，太子就会大大地不妙了。何况，直到现在，忽必烈还没有把更多的权力下放到太子手中，这为皇后派的得势打下了坚实的基础。太子派们必须赢得一场胜利。于是，他们极力打倒卢世荣，把卢世荣打倒的一个深层次意义就在于，让大家都知道，皇帝陛下已经老了，任用的人都不是好人，应该把权力下放给太子来处理了。太子也四十多岁了，已经成熟了。太子派赢得这场胜利后，觉得可以出手了。江南行台监察御史上了一封奏折说，皇帝春秋已高，宜禅位于皇太子。

真金知道后，不由大惊失色。他比谁都知道老爸是什么样的人，你可以跟他谈别的，但万不可谈分享他手中权力的事，更不能让他让出皇帝之位，即使是把权力让给自己的儿子也不行啊。

这个奏章到了御史台那里，御史台的眼睛也大了，就来个隐瞒不报。如果就这样成功地隐瞒下去，就什么事也不会发生。可还是给阿哈玛特和卢世荣的几个死党塔即古、阿散知道了，他们请求收缴百司吏案，用以清查天下钱粮谷，乘机查封了御史台所有的文件。当时御史台都事尚文扣留了那份秘密奏章。塔即古当然不会罢休，就直接向忽必烈报告了这件事。忽必烈一听，立刻叫宗正锡彻罕去取这个奏章来，看看他们是怎么写的。

尚文一看，知道后果要严重了，去找御史大夫撒里蛮，说："他们这是想拿太子开刀，然后再陷害大臣，最后是天下老百姓遭殃。而且塔即古是阿哈玛特的死党，千万不要落在他的手里，只有先发制人了。"

他们连夜组织几个核心成员商量，然后去面见忽必烈，向忽必烈揭发塔即古的罪状。

忽必烈大怒，喝道："难道你们就没有罪吗？"

安童说："我们当然也有罪，但这些人的罪名已经列入了刑书。现在他们这么做，是在搅局，扰乱天下的人心。"

忽必烈听到这话之后，立刻知道，要是把这个事追究起来，事态就大了。刚乱了一阵，不能再乱下去了。于是，他答应了安童的话，先对塔即古和另外一些被定为阿哈玛特集团成员的人进行了惩处。

此事于关键时刻被安童止住，一点没有涉及太子。可是真金知道后，却无限忧惧起来，一病不起，最后死掉，时年四十三岁，时间是至元二十二年的十二月，也就是 1285 年。

真金虽然是忽必烈的儿子，是个蒙古人，但他自幼得一群汉儒的教导，汉化得十分严重，比他老爸的汉化更深入。

忽必烈虽然生那些太子党的气，但他对这个英年早逝的太子还是很痛惜的，因此后来他还是让真金的儿子当了皇太孙。

连续两个理财大臣都完蛋，忽必烈的心情很不好受。

忽必烈虽然已经七十多岁，但仍然还想着去把那几个没征服的地区打到服软。但打仗不光靠人力，还要大量财政的支持。想到财政这两个字，他又想到阿哈玛特和卢世荣。现在阿哈玛特和卢世荣没了，太子党因为真金死掉，倒了核心，也没有什么号召力了。但财政仍然入不敷出。

忽必烈没有办法，又在群臣里找啊找，便又找到一个卢世荣式的人物。这个人就是曾经极力举荐过卢世荣的桑哥。

桑哥是藏族人，绝对是个有才的人，据说他精通蒙古、汉、畏兀儿、藏等多种语言，年轻时的职业就是搞翻译的。他先在脱思麻地区汉藏交界之地拜见了帝师八思巴，表示愿为上师效力，八思巴将他收为译史。八思巴看到他很有学问，口才也不错，就经常派他到大都去奏事。接触多了，忽必烈也发现他很有学问，就把他调进了总制院。第二年就升为院使，曾带兵平定藏地几个叛乱，算起来是个有军功的人，因此更得到忽必烈的信任，很快就成为忽必烈的红人。朝廷中谁想得到提拔，只要能走他的门路，升官发财是轻而易举的事。卢世荣被他一推荐，直接从白身进入决策层。后来，卢世荣被打倒，他没有受到一点牵连，继续当他的大红人。

本来，中书省有一个专门负责采购油料的部门，负责人是个汉人李留判。这些油都是国家举行佛都仪式所用。桑哥是僧人，觉得这个事应该由他来负责，不能交给汉人。他认为与其让汉人从中得利，为什么不让僧寺及官府得利？当时的丞相和尔果斯坚决反对。结果两人在众人面前打了一架，最后桑哥给了和尔果斯一万斤油，才把这个肥缺弄到手。

桑哥确实有本事，没多久他就上缴了“市油”得来的赢利部分。

忽必烈一看，不由大喜，这个桑哥不但会多门语言，原来还是个理财专家，便挤时间专门跟桑哥聊起理财之事，觉得他说得果然大有道理，于是不断地重用他，只要他的建议，忽必烈基本都举手同意。当时，他的职务是总制院使，主管的业务是佛教工作和吐善事务，可是在讨论大臣的任命时，居然都由他来组织，他提的拟任用人选，基本都获得通过。大家一看，就觉得不正常起来，知道忽必烈要把很多权力送到他的手上了。

果然没有多久，即至元二十四年的闰二月，忽必烈就下令任命桑哥为尚书平章政事。安童认为还是不要用桑哥这样的人，但忽必烈不理。接着，忽必烈做了个机构改革，把中书六部全改为尚书六部，各行省的中书省也跟着改为尚书省，全部归意尚书省领导，其实就是归桑哥领导。过了不久，进桑哥为尚书右丞相，仍兼总制院使。朝廷大权就这样全交到桑哥的手里。

忽必烈突然重用桑哥为丞相，就是指望他把国家财政搞上来。

桑哥又被打倒

桑哥当然知道忽必烈对他的期望。可是现在他还有什么办法？他没有办法，只得又把阿哈玛特和卢世荣的那一套搬上来：第一步就是更定钞法，颁行新钞“至元宝钞”，与中统钞同时流通。实质上这就是增发货币。理由是中统宝钞已经严重贬值，必须发行新钞来代替，从一贯至五十文共十一等，每一贯至元钞等于中统五贯。

第二步就是理算，也就是审计。他检核行中书省的事务，一下就查出亏欠钱钞四千七百七十锭、磨损破烂的钱钞一千三百四十五锭。出了这样的事，当然就得有人出来担责。首先被拿出来亮相的就是跟他一起提拔上来的平章麦术丁。麦术丁深知桑哥的性格，因此主动承认了自己的罪行，果然没有被打死。参政杨居宽忍不住为自己稍作辩护，说自己实际主要工作是负责考核选拔官员的，钱谷之事向来不由他管。这个责任他不负。桑哥冷冷一笑，下令手下人照着他的脸猛打几拳，把他打得鼻涕都流了出来，然后问：“你既然主管官员的选拔事务，难道就没有出现过提拔、贬退失当之事吗？”杨居宽一听，知道还继续嘴硬下去，脑袋就会掉，只得老老实实认罪。总之，谁反对他的财经政策，谁就被他打倒。参议王巨济说新钞真的很不方便，立刻被定了个违背圣旨之罪，然后也跟着老老实实地认罪悔罪。中书省里还有郭祐是太子党骨干分子，也必须拿下。虽然郭祐是高级官员，但桑哥仍然在没有奏请的情况下，自己先把郭祐抓起来，直接痛打一顿，让郭祐认罪，然后再去向忽必烈报告："中书省欠员很多，作为参政的郭祐却连一句话也不说，还以身体有病为由推脱责任。我把他打了一顿，他现在已经服罪。"从这事看来，他比阿哈玛特和卢世荣都胆大、嚣张，居然敢于在忽必烈面前说这样的事儿，而忽必烈居然也很赞同他的做法，要求他对这些案子继续严加追查。结果，郭祐和杨居宽都被"弃市"。

御史台官王良弼不知在什么地方谈论到尚书省的事务时，说："尚书省查中书省，查得很努力，如果以后我们有机会去揭发尚书省的坏人坏事，要搞定他们也没什么困难。"这话很快就传进桑哥的耳里。桑哥在第一时间就把他抓起来，把王良弼和中书台院札鲁忽赤一起捆绑审问，然后定了个"诽谤朝政"的罪名，说不杀这样的人，不足以警戒后人。于是，王良弼也被押赴刑场，还附带籍没家财。还有一个叫吴德的人，说了一句："尚书省召集纠查中书省，以后肯定会被中书省纠查。难道你们尚书省的人就不会被处死吗？"

这话其实就是一句气话，但桑哥马上把吴德抓了起来，给他套了个罪名，然后处死，妻子没籍入官。而且，他还扩大了理算的范围，甚至包括到元朝建国以来历年漏征的赋税，搜括极广。仅杭州一地因理算而被迫自杀及死于狱中者就有几百人。

这位大师理财水平还没有见成效，打击异己却十分成功。他以为，如此一来，朝中的大臣都会怕他。

然而仍然有几个大臣不把他当一回事，第一个是刑部尚书博果密。他在桑哥判处王良弼他们死刑时就表示坚决反对。虽然最后反对无效，但他仍然表示不同意。为此，桑哥就对自己的老婆说：以后抄我们家的必定是此人。由此可知，桑哥对自己的所作所为是好是坏，比任何人都清楚。作为比阿哈玛特更嚣张的权臣，桑哥既然预料到博果密以后会抄他的家，他当然不会坐着等死，他又找了个借口把博果密的职务免去。

如果是别的人，被桑哥这么一玩，基本就完蛋了，但博果密跟忽必烈的关系也是不错的。博果密被裸退没几天，忽必烈从上都回京时，博果密的弟弟额埒班陪同皇帝坐在车里，忽必烈突然说："你哥哥一定会前来迎接我。"

果然，博果密就在忽必烈预定的时间前来拜见忽必烈。忽必烈看到博果密瘦成这个样子，就很关切地问："你现在的工资是多少？"

旁边的人说："他已经没有工资了。"

忽必烈这才知道刑部尚书原来已经被撤销一切职务，便又下令给他全额工资。

博果密是蒙古人，也是忽必烈很信任的人，所以他可以不怕桑哥，另一个汉人唐仁祖同样不怕桑哥。唐仁祖是参议尚书省事，每次讨论问题时，别人都不敢顶嘴，他却多次顶撞桑哥。所有的人都认为，他再这样下去就会有危险。可他一点不怕，仍然淡定地反对桑哥。桑哥就把他调去当工部尚书，原因很简单，工部管着漕运，而现在漕运工作很繁忙，想让他在这个工作岗位上累死。

唐仁祖仍然很淡定，把工作做得很好。后来，桑哥派唐仁祖出使云中，然后派人考核他的工作，发现工部织物征收进度有些缓慢，便板着面孔大叫："国家财政收入这么缓慢，全是因为你们工作不力啊。"

桑哥认为终于抓到唐仁祖的把柄了，便派人把唐仁祖叫回来，命值班吏员押着他前去督促工程，还大大缩短了工期，并威胁："如果工程不如期完成，一定将你判罪。"大家知道，桑哥判罪，向来不轻。

大家一听，都脸色大变，个个害怕得要命。可唐仁祖却仍然淡定着，把大家召集过来，说："丞相是在恨我，而不是生你们的气，你们不用害怕，继续努力工作吧。"

大家一听，都很感激他，就没日没夜地加班加点，最后，还没有到规定的日期就完成了任务。桑哥一看，也张着嘴巴，没办法定唐仁祖的罪。

理算在一定程度上遏制了既得利益集团，同时也借机把他的反对党残酷地打倒，在一定程度上实现顺昌逆亡的局面。

第三步就是增课程。1289 年，桑哥向忽必烈奏报说：“国家经费既广，岁入常不够支出，往年计算，不足百万锭。自从尚书省钩考天下财谷，赖陛下福，以所征补偿，未尝征敛百姓。但今后恐难再用此法。因为仓库可征者已少，敢于再偷盗者也不会很多。”他因此建策增加课程税收。盐引自中统钞三十贯增加为一锭，茶引自五贯增为十贯，酒醋税课江南增额十万锭，内地五万锭，只输半赋的协济户增收全赋。又增征商税，腹里地区增至二十万锭，江南二十五万锭。腹里就是中书省的直辖区，包括黄河以北、太行山以东及以西的大片区域。

如此一来，朝廷的财政收入果然大幅度增加，入不敷出的局面得到了有效的扭转，忽必烈的脸上终于挂上了笑容。忽必烈的脸上有了笑容，桑哥的权势就更加有分量，气焰也越来越嚣张。但他仍然觉得他的权力不够大，就提出把中书省的人事权也转移到尚书省，从今之后授官的宣敕都要交由尚书省办理。忽必烈当然答应。当然，如果他来个任人唯贤，也是没有错的。可他拿到这个大权之后，就把官位拿来公开透明地开展招标活动，谁出的价高职位就是谁的。于是，“当刑者脱，求爵者得，纲纪大坏，人心骇愕”。于是，国库有了一些钱，桑哥个人的钱更多。

桑哥也是个很要脸面的人，觉得光有钱还不足以光宗耀祖，不足以彰显他的嚣张气焰。在他努力搜刮民财，造成民穷国富他更富的时候，全国各地的人民因为他被逼得都到动乱的边缘了，他的那些手下还在按他的意思，为他歌功颂德。他们暗中找了一个叫史吉的小民去上疏忽必烈，强烈要求为桑哥大人立功德碑。

忽必烈一听，觉得太应该了，就说：“既然老百姓都想立碑了，那就立。”

忽必烈下令碑文由翰林书写，题名为《王公辅政之碑》，立于中书省府院前。

由此可知，桑哥虽然向阿哈玛特学习，但他远远超过了阿哈玛特，不管为朝廷的财政收入，还是为自己争得的利益。

桑哥觉得忽必烈如此信任自己，看来这辈子可以荣华富贵到死的那一天了。可事实是，他的那些反对党仍然在咬牙切齿地寻找机会要打倒他。当然，这些反对党都是原太子党的原班人马。虽然太子已死，但他们仍然抱团想办法抵制桑哥。于是，他们就找机会弹劾他。1289年，集贤学士、江南行台御史程文海入朝，劾奏“今权奸用事，立尚书省钩考钱谷，以剥削民生为务。所委任者，率皆贪饕邀利之人”。

这时，桑哥的权势正如日中天，那块功德碑已经刻好，完全是一人之下万人之上的态势，看到这个奏章，他哪能放得过？他立刻奏请忽必烈，要求皇帝陛下处死这个程文海。

以往，忽必烈对他这样的奏请，基本都是批上准奏两个字。哪知，这次忽必烈却不同意了。为什么不同意，忽必烈不说，桑哥也不敢问。

其他反对党成员一看，知道弹劾桑哥的关键时刻就要到了。

最先点燃此轮弹劾导火索的就是那个大书法家赵孟頫。

赵孟頫是大宋皇室之后，因为有才华，很得忽必烈的信任。当时忽必烈最为信任的汉儒主要有两位，一位是叶李，还有一位是留梦炎。你是知道的，叶李当年是贾似道的反对党，被贾似道害得很苦，而留梦炎却靠贾似道上位。有一天，忽必烈问赵孟頫：“这两位老先生，哪位更有水平人品更好一点？”

赵孟頫说：“梦炎是臣父亲的好朋友。这个人深厚尊严，很忠实，好谋划而善决断，很有大臣的气度。叶李所读的书，臣都读过，他所知道所能做的，臣也都能做。”

忽必烈一听，不由一怔。因为他虽然觉得留梦炎很有才，但就是不如叶李。因为叶李除了有才之外，人品还巨好，是真正的德才兼备。哪知，赵孟頫居然会说留梦炎比叶李还强，他想了想，对赵孟頫说：“留梦炎虽然是状元，但曾当过贾似道的死党，你内心未必认为他很贤明，只不过他是你老爸的朋友，你不好意思说他不好。不过，你可以作诗来讥讽他一下。”

赵孟頫当场作了一首诗奉上，其中有这两句：“往事已非哪可说，且将忠直报皇元。”忽必烈一看，向赵孟頫竖起了大拇指！

赵孟頫出来后，知道忽必烈对奸臣也是很痛恨的，他认为桑哥就是当代的贾似道，就是大元皇帝面前的大奸臣，他们必须跟桑哥进行殊死的搏斗。他迅速找到彻尔，说：“皇上刚才论到贾似道误国时，责怪留梦炎没有进言。现在桑哥的罪行比贾似道还严重，而我们却没有进言，以后我们怎么能推脱责任啊？可我是疏远之臣，就是硬着头皮进言，也没有什么作用。在近侍的大臣当中，你既饱读诗书，又深得皇帝的信任，为什么就不敢豁出一条性命来，揭发这个大奸臣呢？”

彻尔什么也不说，便去找忽必烈。当时，忽必烈正在柳林打猎，彻尔跑到忽必烈面前，直接揭露桑哥那些欺诈贪赃误国害民的事情，而且越说声音越大，情绪越激动。忽必烈大怒，“你是什么人？居然像个疯子一样在这里诬陷大臣？”让人打他的嘴巴。

几个蒙古大汉冲上去，举起拳头就猛砸彻尔的脸，鲜血从他的鼻子里流出，他也倒在地上。过了一会，忽必烈把他叫了起来，问他还敢不敢诬陷大臣？彻尔仍然坚持自己的观点，说：“我与桑哥素无冤仇，现在之所以这样拼命揭发他，完全是为了国家啊。如果被打几拳、害怕陛下生气就不敢再说话，那么奸臣就永远不会被铲出朝廷。”

几个大臣在那里看到彻尔说这些话时，忽必烈愤怒的程度似乎并没有加大，便都过来揭发桑哥的种种罪行。他们觉得自己的力量还不够雄厚，于是劝忽必烈把博果密叫来问一问。忽必烈此时大概也知道桑哥的权力越来越大，开始看他不顺眼了，又看到这么多人合伙举报他，知道再保他自己也会跟着变黑，否则他怎么会同意去叫博果密来呢？因为大家都知道，博果密跟阿哈玛特集团向来水火不相容，现在叫博果密过来，除了能往桑哥身上砸石头外，不会有别的作用。当时，博果密出使在外，忽必烈居然连派三拨人去催他回来，可见忽必烈对此事的急切之情。

博果密回来之后，忽必烈就问他对桑哥的评价。他当场回答：“桑哥阻塞聪明之士，紊乱朝政，谁反对他，他便以其他罪名诬陷处死。如今百姓失业，盗贼蜂拥而起，所招来的动乱旦夕即至。不杀桑哥，我们深为陛下担忧。”

所有的人都知道，权倾一时的桑哥就要到绝望的边缘，便纷纷出来揭发桑哥的罪行。忽必烈仍然是老办法，请大家过来跟桑哥辩论。

到了这个时候，桑哥能辩得过他们吗？

最后，桑哥也跟卢世荣一样，当场认罪，然后被武士绑了起来，投放监狱。

桑哥集团的骨干分子就是桑哥和要束木两人。要束木是桑哥老婆那边的族人，靠桑哥上位。要束木在湖广当官时，本来每年初一，百官都会聚集在省衙门前，身穿朝服等他来搞个新年活动，但他却要求大家到他的家里，让他接受百官的祝贺之后才到省衙门前按常规礼仪拜贺。据说，他还曾有过图谋不轨的言论。你想想，基本不用摆别的罪名，就是这个新年祝贺的活动以及这些言论，都足以把他株连九族了。

忽必烈下令处死桑哥之后，叫人给要束木戴上刑具，押送到湖广行省，在当地处死，让大家知道在家里接受百官祝贺的下场。

当然，最令忽必烈郁闷的还是那块高大华丽的“王公辅政碑”。这块碑是桑哥那些手下为了巴结桑哥请求皇帝立的，忽必烈当时也很干脆地批准了。哪知，这块碑才立了几十天，就必须要推倒了。

桑哥被拿下的另一个版本是：有一天，忽必烈突然向桑哥要几颗珍珠。桑哥说：“这么大的珍珠，臣真的没有。”

当时，有一个叫木八剌沙的近臣正在现场，也是桑哥的死对头，在桑哥离开后，知道搞定桑哥的机会到了，便对忽必烈说：“陛下，臣亲眼看到桑哥家里有一大堆珍珠，很多珍珠比刚才陛下提到的还要名贵得多。只要陛下把桑哥留住，我就可以到他家里把那些珍珠拿来给陛下看。”

忽必烈一听，就真的把桑哥留了下来。木八剌沙不一会果然拿来一对箱子，放在忽必烈面前，然后打开，里面果然有无比珍贵的珍珠和其他贵重物品。

忽必烈大怒，把桑哥叫来，指着两个箱子对桑哥大吼：“你有这么多的珍珠，我跟你要两三颗都不舍得给。你是什么意思？”

桑哥可以料到一万件事，但他绝对没有想到他收藏珍珠的箱子会突然摆在忽必烈面前，只得说："陛下，这些都是大食官员们送给我的。"

忽必烈冷笑："他们为什么不送给我？一定是你把贵重的东西留给了自己，把那些不值钱的东西送给我了。"

桑哥的汗水已经湿透全身，但到了这个时候，只得硬着头皮继续说话："他们真的是这样送给我的。如果陛下觉得不好，臣可以给他们退回去。"

忽必烈大怒，命令左右拿出脏东西来，塞进了他的嘴巴，然后就把桑哥集团统统拿下。

这个版本跟前一个版本不同，前一个版本很有中国特色，而后一个版本很有中亚特色——因为这个版本是《史集》里的记载，作者是一个伊朗人，跟忽必烈处于同一个时代。

当然，不管哪个版本，最后的结局都是桑哥倒下。

于是，忽必烈一朝三个理财大臣至此全部完蛋。

这三个人，确实很有理财能力，帮忽必烈聚集了大量的经费，让他去打日本，去打越南，去消灭那些零星的造反武装。但由于这几个家伙在为国聚财时，也在疯狂以权谋私，尤其是桑哥，在搜查其家时，据说其财堪比国库。

他们失败的另一个原因，就是在发财的过程中，又加入了色目人与蒙古人、汉人的政治集团的争斗，连太子都被拉了进来。这三个集团都是忽必烈手下的三支强大的力量，作为一代雄主，他深知权力平衡之道，因此只要哪支力量一枝独秀时，他必须下手削平。汉儒们虽然一直在决策中心很活跃，但由于汉人地位的原因，他们的力量一直没有突出，但却很坚忍，每次都成为忽必烈拿下色目权臣的主要力量。

这是阿哈玛特集团的悲剧所在，也是忽必烈的平衡之道。

但在他这么几次平衡之后，国家的综合实力已经严重下跌，大元帝国的辉煌已经从顶峰回落。

第八章
郁闷的晚年

最后一次上战场

晚年的忽必烈绝对是郁闷的。三个理财大臣都由自己提拔上来，然后又被自己果断地打倒，经这么一折腾，国库能充实那才是怪事。这位老人家虽然天天被一群有着渊博知识的汉儒们上课，那些关于任人要“德才兼备”的话和故事不知听了多少遍，可当他看到自己的国库空起来时，仍然是任人唯才、不管人品的用人原则，导致自己改革的失败，蒙古帝国的扩张势头到此宣布进入尾声。这当然让他郁闷。

当然，他的郁闷不止于此。

其中海都和辽东宗王的造反让他很头痛。

虽然伯颜曾去打过海都，但却只把海都的几个宗王同党打败了，而海都的势力还在，仍然当忽必烈的反对派，时不时挑起一些事端，让忽必烈很恼火。

忽必烈时刻都提防着海都。哪知，海都还没有直接跟他叫板，辽东地区的乃颜却率先反叛，跟忽必烈作对。辽东的老大就是铁木真的幼弟帖木格的后代。现在老大乃颜就是帖木格之孙塔察儿的孙子。铁木真对他的这个幼弟很宠爱，后来忽必烈对塔察儿也很倚重。当年，忽必烈抢皇位时，塔察儿成为忽必烈最坚定的支持者，深受忽必烈的信任，忽必烈每次召集宗王议事，必定请塔察儿前来参与，而且安排的位子都很靠前。因为塔察儿的封地十分辽阔，东北呼伦贝尔往南到西拉沐沦河，包括大兴安岭的广大地区，占到东道诸王所有封地的一半。因此他所部的军队数量自然十分庞大。

按这样发展下去，作为忽必烈系的传统盟友和坚定的支持者，塔察儿系的后代跟忽必烈的友好关系一定会继续下去。但因为忽必烈在辽东那里设立了个东京行省，乃颜知道自己的权力从此以后就大大地缩水了，心里就生气起来。而海都对他的这个心情也十分了解，就跟他来个暗通款曲，稍微做了一下思想工作，就把乃颜从头到尾说通了。于是，两人结成反忽必烈联盟，高调宣布向忽必烈开战。

时间是 1289 年 4 月。

当两人举起造反的大旗后，诸王诺延也宣布响应。形势到了这个地步，忽必烈当然坐不住了，他转头问侍卫阿实克布哈："现在这么多宗王起来造反，我们该采取什么对策？"

阿实克布哈虽然是个卫士，但他的头脑却一点不简单，说："臣下以为，不如先把诸王安抚好，再出兵讨伐乃颜。这样一来，乃颜就势单力薄了，就容易把他打败了。"

忽必烈一听，说："好主意，就按你说的办，你去做诺延的思想工作吧。"

阿实克布哈就带着这个使命去找诺延。双方一见面，阿实克布哈就说："听到乃颜造反的消息了吧？"

诺延当然听到过，但他没有想到阿实克布哈竟然问得如此直接，看来忽必烈早就做好了准备，他虽然受到乃颜的鼓动，同意跟乃颜联合起来推翻忽必烈的统治，可他还是知道，以他现在的实力要实现这个目标实在是困难重重，又看到忽必烈专门派了个使者过来跟自己摊牌，吓得忙说自己没有听说过这件事。

阿实克布哈看到他这个态度，知道这位宗王已经有些胆怯了，说：“不过，我倒听说你已经答应当乃颜的外援并做好了响应的准备工作。可是你并不知道，乃颜他自己已经到皇帝面前投案自首了。否则，皇帝怎么会派我过来找你谈话？现在乃颜自首了，如果你还在坚持，性质就不一样了。以前还有乃颜跟你联合，现在就只剩下你一个人在跟皇帝作对了。皇帝圣德贤明，知道这并不是你的本意，因此不想追究这件事。只是朝廷的大臣们却仍然在怀疑大王，天天劝皇帝不要对大王掉以轻心。因此，如果大王真的不想造反，何不到皇帝面前直接表明自己的态度？”

由于当时信息并不灵通，诺延当场就被这个卫士忽悠住了，听说乃颜都投降了，哪敢自己一个人去造反，单挑忽必烈，于是，答应了阿实克布哈的建议，收拾行李到大都去向忽必烈表忠心去了。

诺延这边一倒，其他势力也跟着站回中央的立场，打倒忽必烈的军事联盟就此宣布瓦解。

忽必烈这才宣布御驾亲征乃颜。他下令征集各地的马匹，即使是朝廷官员，因为各有职守不能随驾出征的，也要把家里的马匹贡献出来，去打乃颜。

1289 年 6 月，忽必烈大军进抵萨尔都噜地区。

乃颜的手下此时足有六万人。而忽必烈此时只带来四万人。不是他不愿带更多的人出来，而是实在带不出更多的士兵了。由于此前忽必烈对塔察儿太过倚重，因此大元中央军里塔察儿部的人口数量实在太多，现在来打塔察儿势力，忽必烈敢调动那些人吗？换作谁，都不敢调动这些人来打乃颜。忽必烈能打仗，也很长寿，现在都七十多岁了，他也花了大量的时间培养他的几个儿子，尤其是皇后亲生的那两个儿子，而且这两个儿子都很争气，都很有水平，但却都已经死去，其中真金就刚刚死掉没多久。经过几次权力洗牌，综合国力也大大受损，再加上这次战争是黄金家族内部矛盾，如果处理失当，后果真的很严重。更要命的是，此时海都那边也在搞事，如果不迅速搞定乃颜，忽必烈就必须面对东西两线作战，这对于忽必烈而言，是大大的不利。因此，为了万无一失，七十多岁的忽必烈必须再次跨上战马，杀上战场。

这是忽必烈称帝后的第一次亲征，也将是他这一生的最后一次上战场。老年忽必烈此时的身体很不舒服，不但外表已经看得出年老体衰的状态，而且身上的关节非常疼痛，连马都不能坐，只能坐在大象拉着的轿子里出征。当时，他的这个轿子像座小楼，由四头大象拉着，看上去还是很壮观的。于是，一个年老力弱的皇帝，带着满脑子的疑心以及少数部队前来与数量远大于己的敌人玩对手戏。

如果光按这个算法，年纪已大、身体各部位又已疼痛难忍还要以寡敌众，忽必烈必输无疑，他不输似乎没有道理。但这个推理只是从表象那里得到的。真实情况是，老年忽必烈仍然很清醒，内心世界仍然保持着旺盛的战斗力以及无与伦比的军事才能。

他决定亲征之后，立刻制定出作战方略：长途奔袭、速战速决！尤其是后一句，如果不在短期内解决问题，他就得两线作战。在这样的形势下，他能两线作战吗？

此时，忽必烈手下的部队主要是汉兵和蒙古兵。汉兵由李庭率领，向乃颜部队的驻地杀过去。

当时，乃颜的大军就在西拉沐沦河边，离忽必烈的上都有整整三十天的行程。乃颜虽然早就知道忽必烈亲征的消息，但他算了又算，不管怎么算，忽必烈都不会在三十天内杀过来。因此他把这个三十天看成一个绝对安全期，彻底放松警惕，全军处于毫无防备模式。

在乃颜大吃大喝醉生梦死的时候，老年忽必烈日夜不停地狂奔，居然在二十天时赶到西拉沐沦河畔。

乃颜的部队突然看到中央军隆重抵达，都是大为吃惊：不是说还有十天他们才到吗？怎么现在就到了？

忽必烈看到敌人慌乱成一团，知道自己的计划成功了，立即下令发起总攻。哪知，他一声令下，却没有人挥刀冲出。原来，忽必烈手下的军队跟乃颜的部队都是老相识，双方的对阵，居然变成了老朋友见面会，战场上居然一片浓厚的和谐气氛。忽必烈大怒，一时之间，也没有什么办法改变这个现状。叶李急忙说：“请陛下用汉兵和钦察兵冲在前面。”

忽必烈一听，这才松了一口气，马上改变战法，下令李庭带着汉兵以及钦察兵冲上前。当时，钦察兵和汉兵一样，在蒙古部队里等级低下，向来为蒙古人和色目人所看不起，心里时刻都藏着一团火，恨不得把看不起他们的蒙古人和色目人大砍大杀一顿才解心头之气。此时，听到皇帝命令他们冲杀，他们当然拼命往前冲杀。

双方的蒙古兵这才知道，这是战场啊，都拔出兵器砍杀起来。

乃颜手下的大将金嘉努和塔布岱带着大军冲上来，居然杀到忽必烈坐的轿子前，大象们中箭之后，就纷纷后退，掉头狂奔，把中央军的阵营也冲乱了。

忽必烈急忙从轿子里爬出来，上了马背，这才稳住阵脚，他的贴身侍卫脱脱带着几十个骑兵冲进敌人阵中，所向披靡，无人敢撄其锋，终于成功转危为安，并进入反攻。这一战十分激烈，当脱脱战后回营时，他的大刀已经断成两截，战马也中了数箭。

乃颜绝对不是一个优秀的军事指挥家，本来已经失了先机，好不容易又碰到一个战场上的机会，却没有好好抓住，又让忽必烈把局面扭转过来。到了这时，乃颜也只有带着大家丢盔弃甲了，然后来个死守严防，不管你怎么攻打，他就是躲在营里不出来。

忽必烈亲自到营前督战，乃颜仍然高挂免战牌。

特尔格对忽必烈说：“这样硬攻是打不下去的，还是想点计策吧。”

忽必烈就想到了一条计策，自己大大咧咧地坐在胡床上，每天跟特尔格大吃大喝，等敌人前来袭击。

哪知，塔布岱却冷静得很，只是不断地派侦察兵出来打探，大部队仍然不动声色。

忽必烈喝了大半天的酒，敌人却不上当，觉得自己这酒真是白喝了，心里很郁闷。

李庭在那里观察了大半天，对郁闷的忽必烈说：“敌人马上就会连夜逃跑的，臣这就去采取行动。”

他组织了一支由十多名士兵组成的敢死队，自己任队长，携带着火炮，在夜里偷偷深入敌人的阵营，把火炮放了起来。乃颜兵本来就已经人心惶惶，突然听到炮声大响，立马溃散。乃颜看到大势已去，只得带着残余落荒而逃。

忽必烈想不到自己就这样取得了胜利，他问李庭：“你是怎么知道他们要逃跑的？”

李庭说：“敌人的数量虽然很多，但却是一群没有纪律的部队。他们明明看到皇帝的车驾就在眼前，却不出来战斗，一定是怀疑咱们还有大军埋伏在后边，心里怕了。他们一害怕，下一步就只好逃跑了。”

忽必烈一听，不由大笑，当下命令李庭继续进兵，追击乃颜，最后毫无悬念地把乃颜活捉归案。

忽必烈知道，乃颜在朝中人脉很广泛，如果把他带回首都，按程序审判，就会有很多人出面为他求情，因此在第一时间就处死了这个反叛者。当然，他还是按照处死黄金家族成员的方式把乃颜处死的，即把乃颜和他的年轻漂亮的夫人一起，用毡布包裹住，然后用马拖着，直到把他们拖死为止。据说，这样的处死方法可以不流血。

乃颜一死，东线就可以无忧了。当然，零星的战斗还是时有发生的。乃颜此前给很多宗王发了英雄帖，由于交通不便，信息闭塞，虽然乃颜已经宣布失败，但那几个宗王不明真相，仍然按计划举兵。

当初，乃颜不只说动了诺延，还派使者去游说额布罕和腾勒噶。哪知，这些使者办事很不严谨，硬是被奇彻亲军卫指挥使托克托呼一下抓住。托克托呼弄清了原委，立刻把这事向中央进行了报告。当时，忽必烈下诏令腾勒噶入朝表态。腾勒噶将从东路进京，但托克托呼反对，原因是，他的封地在东边，如果他突然有什么想法，那是等于在放虎归山啊。于是，下令他从西边入京。

果然没几天，就传来额布罕发动叛乱的消息。当时很多人都说，抓紧时间向朝廷报告，请朝廷下令进军。

托克托呼不同意："你们难道忘记'兵贵神速'的古话了？如果他真的发动了叛乱，我们完全可以出其不意，迅速采取行动。如果他还没有发动叛乱，我们就可以跟他相约，然后退回来。"他叫停了大家的讨论，迅速发兵前进，狂奔七个昼夜，渡过图呼喇河，果然发现额布罕已经起兵造反。双方在托集岭上会战。结果托克托呼大败叛军，额布罕只身逃跑，为忽必烈打乃颜减掉了一个极大的压力。

乃颜虽然被处死，但他的残部仍然杀向咸平。

忽必烈命令辽东道宣慰使达春与爱额齐一起率军去救咸平。爱额齐是忽必烈的儿子。

这时，辽东一带的情况复杂起来，乃颜不光动员那些宗王造反，连女真军民也都被他动员起来了。达春没有料到这一点，转头一看，突然发现周围全是叛军，情急之下，连家属都来不及带走，只带了十二个部下跑了出来，直奔建州。他们来到离咸平一千五百里的地方，正好跟气势汹汹的乃颜手下的达萨巴图尔部相遇。达春没有办法，只得与之交战。由于己方人数太少，被对方围攻得气都喘不过来，而且他也连中两箭。在战斗中，他又得知，对方的特尔格和素尔齐部准备去袭击皇子，只得派出几十个人去保护皇子，边战边退。好不容易渡过辽水，敌人又追了上来。

达春只得拼命突围。在激战中，他一箭射中对方的老大特古岱。特古岱当场落马而死，追兵看到老大都死了，没有人再督促了，便都自觉地停止了追击的步伐。达春这才逃脱敌人的追杀，得以召集部队进入懿州。

达春把部队组织好之后，立刻开进辽西黑山北边的小龙泊。这时，他手下已不再是十二个人了，而是一万多精兵。当他来到小龙泊时，就看到敌人的使者跑了过来，给他送来一份投降请求信。达春下令部队暂时停止前进，等着敌人前来投降，可是到了约定日期，却连个人影都不见，原来都已经溃散了。

乃颜的叛乱就这样搞定了。

察合台汗国也很乱

乃颜叛乱已经平定，但海都仍然没有被摆平，而且不光海都一个人在闹，那个笃哇也跟着一起闹，使得叛乱的规模更大了。

海都大家都知道，他现在是窝阔台系的老大，可能笃哇就不怎么熟悉了。他是察合台的后代。察合台还活着时，是个很有个性的人，为了阻止术赤当大汗，不惜大吵大闹，就连铁木真都觉得很丢脸。后来，他在中亚一带建立了以他名字命名的察合台汗国。察合台打仗也很猛，他的地盘基本都是他打下的。在蒙古四大汗国中，不管是先前的术赤汗国，还是后来的伊儿汗国，都有过精彩的表演，唯独察合台汗国后来表现得很低调。

察合台汗国低调的原因不是察合台自己造成的，而是很多因素造成的。一个是地理因素，由于术赤汗国远在钦察草原，窝阔台想管也管不了，因此术赤长期以来只是蒙古帝国名义上的二层机构，其实很少理中央的号令。另一个是术赤汗国兵强马壮，曾经是四大汗国中最生猛的力量，蒙哥之所以能登上帝位，就与拔都强有力的支持分不开。更要命的是，术赤当初与窝阔台以及察合台早就闹翻，因此窝阔台也不想再跟他们发生更多的关系，只要他们不闹事就高呼万岁了。

而察合台的情形就不同了。他的地盘就跟窝阔台的封地连接在一起，铁木真说为了管理方便，在察合台汗国那里搞了个派出机构，让一个中亚人当了这一地区的总管。既然有了这个总管，察合台的行政权力基本就等于零了。无仗可打，行政权力又不在手中，还有什么可以高调的？

后来，察合台实在忍不住，终于在窝阔台当政时，把那个派出机构的老大的职务解除了。之后，察合台就给老弟窝阔台来个检讨了事，窝阔台还能对他怎么样？窝阔台的汗位还是在他的支持下得来的，现在他搞了个这个动作，当然不能对他厉声责骂，但又任命了那个总管的儿子当察合台汗国的总管。察合台虽然很郁闷，但也没有办法，这个体制可是老爸留下来的啊。

于是，察合台汗国就只好继续低调。当忽必烈夺得帝位之后，四大汗国的矛盾又不断地积累起来，积累的最终结果就是海都事件。海都一直认为，只有窝阔台系才有当合汗的资格，其他兄弟只配当合汗的下属。基于这样的理念，海都很多年来，都在做着与忽必烈对抗到底的准备工作，最后也跟忽必烈势力打了很多场大大小小的战斗，结果不但没有把忽必烈拉下马，反而被忽必烈的军队打败，并压制在自己的封地里。这时，察合台汗国的老大笃哇觉得自己不能再低调下去了。

其实这些年来，西边几个汗国也一直不平静。铁木真把几个儿子分封到亚欧地区，划分好势力范围之后，就认为以后这些地区都由他的儿子以及儿子的后代管理，大家都是黄金家族的成员，各管各的地盘，然后在合汗的英明领导下，一定会团结和谐地过着美好的生活。从此天下就在黄金家族的统治之下，一万年不变。哪知，他的这几个儿子以及这些儿子的继承人在利益面前，个个两眼光芒万丈，灭完别人的国家，就跟自己的兄弟打。几个汗国分分合合，已经成为常态。

话说旭烈兀死后，他的儿子阿八哈接过班，继续当伊儿汗国的老大。他接过老爸的班后，当然连他老爸留下的麻烦事也要全面继承。比如继续跟术赤汗国的那海对打。他刚即位时，那海和别儿哥以为他还很嫩，可以去欺负一下，便带着部队从打耳班向阿八哈的领地进军。

当时伊儿汗国在高加索的第一责任人是玉疏木忒，他是阿八哈的弟弟。

玉疏木忒得知那海大军开来时，一边向阿八哈报告，一边带着部队去迎战。双方在察罕沐涟河边相遇。这对堂兄弟一见面，就如仇人相见，直接你来我往，刀光剑影。

这场发生于1265年7月19日的战斗十分激烈。玉疏木忒的骁将秃合察儿阿合战死阵前，那海的眼睛也被射中一箭，不得不宣布败退。此时，阿八哈也带着部队赶来，而别儿哥更是带着三十万骑兵前来救援。双方对峙了十四天，因为别儿哥突然死去而结束了这场战争。

当阿八哈与别儿哥打得双方死了很多人之后，察合台汗国的老大八剌也想过来捞一把利益。八剌还是很狡猾的，他知道阿八哈虽然年纪不大，刚刚当第一把手，但这些年来跟旭烈兀到处征服，经验很丰富，也很能打仗，因此先派了个使者去跟阿八哈见面。

阿八哈当时刚打了一场大战，当然不愿得罪八剌，看到他主动派使者前来，就高规格接待了这个使者。哪知，过了不久，他就接到八剌部队杀来的消息。

阿八哈立马知道，这个使者真正的使命是刺探情报！他立刻派人去追杀那个使者，但已经晚了。

八剌虽然也是察合台直系后代，但他不是嫡生的，他是靠玩政变推翻了叔叔木八剌沙上台的。当然，也是忽必烈玩平衡的结果。忽必烈为了有效地控制察合台汗国，在察合台汗国政治不稳定的时候，也就是八剌的叔叔木八剌沙当老大时，派八剌回去跟叔叔一起当老大，形成双大汗的局面。忽必烈为什么这么做？因为八剌长期在首都工作，表现得很不错，忽必烈觉得这样的人才放心，就派他回去分享察合台汗国的权力。哪知，八剌在首都时表现得很本分，可回到察合台汗国当老大后就变了，联合几个大臣把叔叔赶走，自己当了唯一的大汗。

八剌脾气很暴烈。当时，窝阔台汗国的老大海都很想把察合台汗国拉进自己的阵营，以便壮大打倒忽必烈集团的力量，因此就常去劝八剌。八剌被他劝了几次，就烦起来，直接将海都拉黑，两人瞬间把关系降到冰点。

八剌因为搞了政变，已经让忽必烈很不爽，后来八剌还派他的大臣必克迷失以合汗的名义去占领了木忽勒台的地皮。木忽勒台是突厥斯坦地区的长官。木忽勒台打不过八剌，只得逃回首都，向忽必烈报告。忽必烈当然大怒，派火你赤带着部队开过去，把必克迷失处死。

八剌当然咽不下这口气，派三万部队去向火你赤叫板。火你赤当场逃了出来，跑回首都去了。

八剌就更不客气了，下令把那片地方狠狠地洗劫一遍，满载而归。

八剌把忽必烈的中央军赶走了，势力突然就壮大起来。他睁着那双狡猾又凶狠的眼睛，把周边的势力看了一遍，然后进行评估：目前忽必烈掌握着的拖雷汗国也就是大元王朝，肯定是最强大的，谁也惹不起；伊儿汗国的军队很能打，要打他们还需要做更多的准备工作；钦察汗国的体量仅次于拖雷汗国，谁惹他们谁倒霉；只有窝阔台汗国最弱小了。窝阔台虽然被定为铁木真继承人，但他的封地却比其他汗国少得多。造成这个状况的原因其实很简单，窝阔台汗国的四周都是兄弟国家，东边是拖雷汗国，北边是钦察汗国，南边是察合台汗国，西边是伊儿汗国。本来其他几个汗国的封地也没有多少，但由于他们可以随意扩张，只要能打、肯打，国土面积就会越打越大。而窝阔台汗国就不能到处打了，因为不管他们往哪边打，都会打自己的兄弟。于是，窝阔台赢得了合汗大位，却输掉了国土面积，导致他们在诸汗国中成为最弱的势力。

既然窝阔台汗国最弱，就先拿他们开刀，而且以前海都老是来教育自己，好像他自己很有水平一样。

八剌才有这个想法，远没有到实施的地步，那个曾到他那里当间谍的马思兀惕伯就已经唆使海都和术赤汗国的忙哥帖木儿一起去打八剌。

在这样的情况下，双方想不打都难。

忙哥帖木儿和海都一合计，觉得两国合伙，要完胜八剌这样的粗人是没有问题的。

哪知，双方开打的时候，八剌设了个埋伏，硬是把军队人数比自己多的两国联军打得大败，不光杀了很多人，更缴获了大量的战利品。

八剌取得一场大胜，高兴得很。当八剌在那里高兴时，忙哥帖木儿气得吃不下饭，英勇无敌、打遍亚欧无敌手的钦察军队居然打不过八剌？便又派他的叔叔别儿哥彻儿带五万大军去援救海都。

八剌到处惹事

海都得到新生力量后，重新部署，与八剌再战。

这一次，八剌被打得遍地找牙，不得不退到了河中地区。

他在那里一边喘气一边收集溃散的部队。他看到自己的手下全成了一群军容不整的士兵，一咬牙，就对将领们说：“现在敌人越来越嚣张了，估计我们再保住汗国都会困难了，不如把这一带地区全部变成无人区，而且先从撒麻耳干开始，如何？

大家当然同意。这种活动，是发财最快的活动啊。

海都和别儿哥彻儿很快就知道八剌的这个计划。他们对八剌的性格是十分了解的，知道他做这些缺德的事是做得很到位的，因此必须阻止他，而阻止他的唯一方式就是用武力把他赶出那个地区。

海都说：“他要是知道咱们在开展军事行动，肯定会提前动手，那样会造成更大的破坏。我看，还是派人去跟他讲和吧。”

派谁去呢？

钦察主动说：“既然这样，就让我去吧。”

钦察带着两百骑兵向撒麻耳干跑过去。他还是很谨慎的，来到粟特的时候就停了下来，派人去告知八剌，说自己是来谈判的，是要化敌为友的。

八剌本来已作了亡国的最坏打算，突然听到这个消息，真的有点不敢相信。他沉思了好一会儿，才把大家召集过来，问大家，这个消息的背后是不是还藏着什么阴谋？

谁也无法下结论。

八剌后来就宁可信其有不可信其无，先看看对方的态度如何。于是，他对特使说：“请钦察大人赶快来啊。”为了这次会见，他把见面会场布置得十分豪华气派，然后自己庄严地端坐在宝座上，一副皇帝的派头。

钦察到来时，八剌从宝座上下来，恭恭敬敬地出来迎接钦察大人。

两人在友好的气氛中举行了双边会谈。八剌虽然脾气暴躁，但经过这次大败，使得他不得不收住火暴脾气，冷静地思考了之后，觉得还是服软为妙。因此，在会谈中，他主动承认了错误，希望得到对方的谅解，不要把他从这个地区赶走。

钦察想不到这个八剌居然能这么深刻地解剖自己，愿意跟大家和平相处了，便大大地表扬了他。

于是，双方同意和解。这是海都最需要的局面，而八剌则不得不这样。

过了一段时间，三个宗王在塔剌思草原和坚克者草原上举行了一次聚会。他们加固了情感之后，决定举行一次会议，商讨以后三个汗国的发展方向。

海都首先说："我们荣耀的祖先成吉思汗以其明智审慎，用剑和箭征服了世界，筹划好后交给自己的家族。我们相互都是亲属，其他宗王都是我们的兄弟，我们之间根本不该纷争。"

八剌第二个发言："是啊，我们都是成吉思汗的后代。海都是窝阔台的后代，我是察合台的后代，忙哥帖木儿是术赤的后代。而现在的合汗忽必烈是拖雷的后代，现在他夺得了金国和南宋的地盘。阿八哈现在占领的土地也很大，而你们窝阔台汗国又占领着突厥斯坦和钦察巴失地区，然后你们都在一起反对我。我想了又想，但我总想不出我到底是犯了什么错误？"

海都是要把这次大会开成一个团结的大会，因此也就不再跟他一般见识，便说："我们同意你的话，你说得很有道理。这样吧，我们不再翻过去的老账了，再划分一下这块有争议的地皮。"

他们在会上很快就做出了决议：河中地区三分之二归八剌所有，三分之一归海都和忙哥帖木儿名下。

八剌一看，自己占了大大的便宜啊，这才笑了，还是兄弟好啊！

当然，利益划分之后，接下来就是继续发展的事。他们很快就做出部署，要求得到最大利益的八剌明年春天一定要向西进攻伊朗，从阿八哈那里夺取土地。当然，海都的这个部署明面上是扩大八剌的国土面积，暗地里却是通过八剌去削弱阿八哈的力量，要是顺便把阿八哈打垮了，忽必烈的外援就彻底没有了。

八剌说："好！如果你们真的这么想，咱们就来个约定。"

大家都同意，当场按蒙古部落的规矩，嚼金起誓，然后约定：以后都迁到山地和草原上，不再在城市周围游荡，不再将牲畜赶到庄稼地里，也不再对农民提出不合理的征索。

这个协议签了之后，大家就各自回自己的封地，在很长一段时期内，大家都还遵守合约上的条款。可是过了几年，八剌又把手伸向农民，来个横征暴敛，加完这个税，又征那个税。他为了去打伊朗，从阿八哈手里抢土地，就赶走河中地区的全部牲畜，顺便抢夺人民的财物。

那个马思兀惕伯对他说：“你不能这样干下去。”

八剌恶狠狠地说：“为什么不能？”

马思兀惕伯说：“你要是这么干下去，如果不能征服伊朗，就回不到这个地方了。”

八剌虽然性格恶劣，但智商一点都不低，听到这话之后，立马知道自己真的是在干蠢事，便叫停了这个行动。

当然，八剌征服伊朗的雄心壮志绝对没有停止，而且，他也绝对不会去蛮干。

当时，察合台的一个孙子捏古迭儿正在阿八哈那里，手下有一万名骑兵，而且深得阿八哈的信任。八剌就想到要利用自己这位亲戚，但要是直接派个间谍过去，事情只怕会暴露出来，于是他就想了个办法，派个使者去见阿八哈，一来可以麻痹一下阿八哈；二来使者可以有借口顺便拿着礼物去慰问一下捏古迭儿。这些礼物当中有一支蒙古人称为秃合纳的箭。当他们把箭交到捏古迭儿的手里时，就暗示他箭里有文章。

等人家走了之后，捏古迭儿独自折断了这支箭，果然看到其中有一张字条：敬告捏古迭儿，我将统率浩浩荡荡的大军进攻阿八哈的领地。当他出兵反击我时，希望你别同他一起出征，这样就使他无力和我们交战，好让我们通过不管什么样的途径夺取他的领地。

捏古迭儿虽然跟阿八哈关系很好，也很得阿八哈的信任，但八剌毕竟跟自己更亲，因此看完字条后，就去向阿八哈请假，说想回家里住一段时间。阿八哈当然批准。

他回到自己的家里后，马上把这个消息告诉了他的手下。

阿八哈仍然很信任他，讨论国家大事时，都请他到场，听他的意见。可是自从这次请假之后，不管阿八哈怎么请他来开会，他都不来。

他不来的原因是在做好去跟八剌大军会合的准备，他对他的手下说："我想穿过打耳班去跟八剌会合。"然后带着大家连夜动身，向既定方向狂奔。

他的这个行动很快就被失烈门知道了。失烈门一边派阿里纳黑带兵去追赶他，一边向阿八哈进行了报告。

阿八哈知道后，立刻知道事情不好了，便带着部队出来追赶，而且很快就赶上了。双方在一座山岗上相遇。捏古迭儿居然不战而逃，直接奔向打耳班。

八剌碰上这样的亲戚也是醉了。如果好好地在那里继续骗取阿八哈的信任，做好潜伏工作，等到关键时刻突然出来发挥作用，阿八哈肯定会被打倒。哪知，他只想着去跟八剌会合，最后却把自己暴露出来，顺便也把八剌的事搞坏了。

捏古迭儿这时急于逃跑，策着马跑进了谷儿只的山里，然后就迷路了，好像不管从哪儿跑，都跑不出这个森林。

当他还在森林里团团乱转时，阿八哈方面的部队已经把这片森林全部包围了，他们向他喊话：里面没有其他路可走了。你出来吧，出来就没有事了。

捏古迭儿没有办法，只得带着他的部下灰头土脸地从森林里出来。这时失烈门的部队追了上来，向捏古迭儿的部队一阵砍杀，剩下的就全当了俘虏。最后，他们带着捏古迭儿去见阿八哈。阿八哈倒还很宽大，只是把跟随他的六名核心成员杀掉，却放过他一马，当然并没有放他回去，而是把他关了起来。

虽然这个不成材的内应完了，但八剌仍然信心满满，他派人去对阿八哈的弟弟秃卜申说："咱们都是亲戚，巴忒吉思草原直到哥疾宁和辛河之滨向来是我们祖上的牧场。所以，你应当把这一片地区腾出来，让我们同族人驻扎在那里。"

秃卜申却一点不怕他的威胁，说："这些地区本来属于阿八哈的领地。现在他把这块土地赐给了我，我有责任守卫它。八剌阿合怎么能说出这些不经过大脑的话来？”

当然，他还是怕八剌打过来，把这几句硬话放过去之后，就马上派人去向阿八哈报告。

阿八哈向他的弟弟指示：“那块地皮自古就是我们的领土。我们一定用剑来保护它。如果八剌胆敢前来进攻，我们就对他进行有力的反击。当然，如果他跟我们和好，我们也仍然把他当亲戚对待。”

八剌知道后，下令把军队都组织起来，向呼罗珊急奔，去打阿八哈。八剌虽然表现得火暴生猛，但脑子并没有坏掉，还记得他当年与海都的约定，因此在进兵的同时，也派人去请海都带兵过来援助他，一起攻打阿八哈。

海都的阴谋

海都马上把他的几个族人钦察（此人是窝阔台之子合丹的儿子）、察八忒（贵由的孙子）叫过来，开了个会。海都虽然很想把阿八哈打倒，彻底打掉忽必烈的外援，可他觉得现在还没有到跟阿八哈摊牌的最佳时机，而这个八剌却先去把马蜂窝捅了出来，按当年合约的约定，他必须去支援八剌，而他又断定八剌肯定难以取得胜利。于是，他交代两人：“你们带兵去跟八剌会合并随八剌渡河之后，秃卜申肯定会出来迎战。到那时，你们就找借口返回，因为这个时候，阿八哈肯定会带着主力部队前来反击。秃卜申容易对付，可是阿八哈的军队很强大。”

两人很快就带着部队跟八剌会合。

八剌本来就不把秃卜申当回事，现在看到友军前来支援，就更加信心爆棚了，立刻下令部队出动，先把属于中央军和阿八哈的全部牲畜都从那片地区赶走，然后迅速在阿姆河边建立了渡河点，派自己的儿子带一万骑兵留守后方，自己带着大军全部渡河。

八剌到达马鲁察叶可时，秃卜申带着自己的部队前来迎战。

双方还没有开打，秃卜申手下一个叫薛彻克秃的千夫长看到对方指挥官里有钦察，钦察一直是他的老领导啊，他觉得自己可以跟任何人打仗，但不能跟老领导在战场上较量，就来了个阵前倒戈，带着自己的部属投奔钦察大人去了。

秃卜申的部队本来就不多，这一拨人离开之后，力量就更单薄了，哪能跟人家对打？只得一边退回祃栘答而，一边向阿八哈告急。

如果八剌是个好的指挥官，此时肯定会趁着秃卜申兵力单薄时，打一个歼灭战。哪知，他那边却出了个大大的问题。当然，本来这个问题根本不是问题。

话说那个薛彻克秃投奔过去之后，就先向钦察献了一匹阿拉伯的好马。钦察就叫他再给八剌献几匹马。可是第二天，八剌觉得这几匹马比不上薛彻克秃给钦察的那匹马好，就派个仆人去跟钦察要那匹马，说那匹马应该归八剌才对。钦察一听，当然暴跳如雷，跟那个仆人大吵特吵。

那个仆人也很嘴硬，两人越吵越凶，最后钦察拔出马刀，要砍那个仆人，那个仆人也拔出武器。钦察大为愤怒，就找八剌，可是八剌却不表态，这才知道，原来这是八剌的意思。你看到这里就知道，八剌虽然野心巨大，但注定是做不成大事的，为了一匹马居然把事情闹到这个地步。

钦察觉得自己受到了莫大的侮辱，当场怒气冲冲地离开了八剌的驻地。他回到自己的驻地后，把这个事情讲给大家听，大家一听都很气愤，一致决定，不跟八剌玩了，回去！

钦察知道八剌也不是好惹的，如果知道自己离开，会带着部队前来打他，于是他宣布去打猎，然后连家属也不带，只带着两千部属连夜离开。

他的老婆看到他走得这么匆忙，知道事情绝对没有那么简单，她急忙派人去告诉了八剌。

八剌这才知道，原来钦察也是很有性格的人，自己为了一匹马得罪了人家，现在马没有拿到，两千生力军却撤走了，这可不是一件好事啊，急忙派出几个急使去追赶钦察，第一批都是说客，劝钦察回心转意、回头是岸，回来了就不再追究那匹马的事了。第二批是三千骑兵，如果钦察不吃软的，那就只好武力解决了。

哪知，不管对方怎么说，钦察都不回去。他已经完全不信任八剌了，现在他有求于己，还这么嚣张，等他实力大涨之后，还会把别人放在眼里吗？后来，八剌的三千部队赶到，但那些说客都反对跟钦察动武，现在连阿八哈都没有打，又得罪了海都，这不是找死的节奏是什么？当然，他们还是象征性地追赶了一阵，就收兵回去，向八剌报告。

八剌除了后悔没有别的心情了。不过，这一次他没有继续冲动下去，而是把钦察的家属和奴仆们都放了回去，钦察也没有跟他为难，但钦察却派人把自己撤离的事告诉了阿八哈。

八剌本来好端端一手牌，就这样自己打烂了。

而阿八哈由此跟海都势力又友好起来，建立了常往常来的关系。

八剌继续把自己的牌打烂。你是知道的，海都本来是派钦察和察八忒两支人马前来帮八剌的，现在钦察走了，那个察八忒还在。八剌这时对察八忒也不放心起来，派人去监视察八忒。

察八忒也生气了起来，找了个机会，带着自己的部队果断离开前线。

八剌派去监视的人也太没有水平了，直到两天之后，他才得知察八忒走了。

八剌又像前次那样，人家跑了才知道事情坏了，他也不敢再去追查八忒。现在敌人还没有碰到，先跟自己友军打个不亦乐乎，后果会很严重的。他没有办法，只得派个急使去找海都，说他派来的部队怎么都临阵逃脱了呢？得惩罚一下他们啊。

海都能惩罚他们吗？他们还没有出动，海都就已经吩咐他们找机会撤回来，他们做的这一切，全是遵照海都的教导啊。只是他们没有想到，他们还没有找到借口，八剌就免费帮他们制造了这么好的借口，让他们离开得理直气壮。

事情还没有完。

八剌虽然没有去追察八忒，不想为此而跟海都闹翻，可他的手下却不那么想了。当察八忒到不花剌境内停留时，被八剌手下的部队突然袭击了，结果只有察八忒带着两个人逃了出来。

照理说，情节发展到这里，八剌可以说是陷于了孤立的境地，这仗真的没有办法打下去了，他必须考虑如何全身而退的问题了，可八剌能考虑这些问题吗？

他仍然保持着满满的信心，做着征服的所有准备工作，命马儿兀勒为前锋，向伊拉克方向进军。

他们迅速占领了你沙不儿和徒思，对那一带进行了疯狂的屠杀和掳掠，然后快速地退走。八剌觉得很过瘾，又派另一个手下对也里的居民也开展屠杀和抢劫活动。但他的一个大臣忽都鲁帖木儿却认为这样会引起那里的人起来反抗，得不偿失。

八剌听从了，派人去把那一地区的老大苦儿忒找过来。苦儿忒来了之后，发现八剌的军队十分贪婪，而八剌又一再向他询问哪些是伊拉克的富人，引起了苦儿忒的警惕。于是，他就在那时表现得很平静，等着阿八哈的到来。

阿八哈这段时间都在召集军队，这时他已经带着他的大军隆重开了过来。

1270 年 4 月 27 日，阿八哈从阿塞拜疆境内的米牙纳出发。他在中途碰到了忽必烈派出的使者。这个使者在半路上被八剌抓住，但又逃脱出来，把八剌的情况向阿八哈都说了。

阿八哈很快就到了前线。他派秃卜申向八剌的巡逻队进攻，把这支巡逻队歼灭，并夺取了他们的辎重队。

马儿合兀勒去向八剌报告了战败的情况。八剌仍然大大咧咧地说："秃卜申没什么了不起的。如果阿八哈来了，咱们换个地方、换个战术跟他决战就是了。你负责去堵他的退路，我去进行整体的部署。"

阿八哈派了使者到八剌处，对八剌说："现在摆在你面前的有三条路：一是双方和好，我把哥疾宁和起儿漫到辛河之滨的地区划给你；二是你回到你自己的汗国里，不要再作不切实际的幻梦；三是准备作战！"

八剌的手下一听，都劝八剌见好就收，还是不打为妙。这样退回去，一点不丢脸。

那个刚被打败的马儿合兀勒却大声说:“你们怎么会怕到这个地步?告诉你们,你们害怕的阿八哈其实早就带兵去打叙利亚了,现在我们面对的只是秃卜申和阿儿浑。这两个这伙怕我们打他们,就造谣说是阿八哈来了。其实,连阿八哈的影子都没有。”

八剌本来就是一个激进分子,因此就高度赞同了马儿合兀勒的意见,决定与阿八哈打一仗。

八剌知道阿八哈也不好惹,就请了个占星家过来帮他算一算,如何才可以打败阿八哈。可是他的那个奴仆札剌亦儿台(就是他跟钦察闹翻的)却大声反对:“我们打我们的仗,不要听他们的。”马儿合兀勒也表示同意,并认为,现在最需要做的是,就是派出侦察兵了解对方的情况,看看阿八哈是不是真的来了。他虽然说话时像打了鸡血似的,可内心仍然怕阿八哈。

阿八哈这时抓住了八剌派出的三个侦察兵。他立刻想到了一条计策:他在大帐里举行宴会,然后一个被他事先安排的蒙古人跑了进来,向他报告:老大离开后,钦察的大军开了过来,洗劫了咱们的住所。如果老大不赶快回去,一切就完了。所有的大臣们听说后,都吓得发呆了。于是,阿八哈就对大家说:“咱们还是先回去吧,等打败钦察兵之后,再来反击八剌。”大家一听,当然都同意,再不回去,只怕老婆子女和家产都被钦察人抢光了。

于是,一夜之间,他们都迅速行动,向祃栘答而狂奔,要在十天之内赶到达帖必力思地区。

为了制造一片慌乱的景象,草原上全是大大小小的帐篷。

接着,阿八哈下令把三个间谍带来,全部处死。可是在处死的过程中,他们硬是只砍了两个间谍,而让一个人逃跑了。

那个间谍回去之后,向八剌报告,阿八哈的后方被钦察占领了,现在正急忙回去,一路狼狈不堪。

八剌一听,机会啊,这就是机会。他立刻带着全体部队狂追过去,果然一路看到阿八哈丢下的大大小小的帐篷。一切与间谍说得没一点差别,得加快步伐，拼命追赶，如果慢了就追不上阿八哈了。

八剌和他的手下带着无比激动的心情猛追了很多天，终于在一片大草原上追上了阿八哈的军队。

然而出现在八剌眼前的是一支军容整齐、斗志昂扬的军队，而八剌自己的军队由于连日追赶，现在已经累得抬不起眼皮了。八剌的智商再怎么低下，也知道自己上了当，阿八哈让他跑了这么多天，把力气全用在急行军了，他却在这里好吃好喝，养好力气，专等自己气喘吁吁地送上门来。他不敢前进了，在桥边扎下营寨，看阿八哈下一步怎么办。

阿八哈开了个会，对手下进行了一次动员，说："我终于把八剌引进了咱们的埋伏圈。现在他已经无法逃跑了，接下来希望大家努力战斗，齐心协力去打敌人，胜利和光荣会属于我们。"

阿八哈摆开了阵势，他自带中军，让玉疏木忒为左翼，秃卜申等人为右翼。

八剌看到阿八哈的阵势，也有点吓呆了，不知该怎么办。

马儿合兀勒大声说："别长他人志气灭自己威风，待我去把他们打败。"他武力指数本来很高，是八剌最倚重的大将，一直以来，他都强烈主张打、打、打。

札剌亦儿台也抢着说："我带着一百个人去就可以把他们打得乱成一团。"

马儿合兀勒怕札剌亦儿台抢了风头，就带着自己的部队冲上去。他果然是个猛将，挥舞着兵器，纵马狂奔，让大家看得热血沸腾。眼看他带着敢死队，就要旋风般地冲入阿八哈的阵地中，突然一支利箭直直射来，正中马儿合兀勒那肌肉发达的胸部。他带着那一支箭从马上掉下来，当场倒地而死。

马儿合兀勒向来是全军的灵魂，大家看到他就这样死去，都胆寒起来。

札剌亦儿台却仍然不怕，他先向死在地上的马儿合兀勒致敬，然后带着部队向阿八哈的左翼进军。他真的很生猛，一下就把阿八哈左翼军团冲得溃散，并且一口气追了几十里。当他杀得起劲时，八剌却没有全军出动来配合他的冲击。

他只是一个人在战斗！

而此时，阿八哈仍然很冷静地把阵形修整过来。札剌亦儿台一直追到四程的时候，突然发现了一个新的情况：按他现在的情形，是在追击敌人，敌人早就该阵形不整、号令不明才对，可是现在这个情况却发生在他的部队身上。接着他又发现，自己的部队人数越来越少，知道又上当了。他想把大家都聚集过来，可几个千人队和百人队都散开了，根本没人听到他的号令。他看到敌人的阵形已经完全恢复原状，这才感觉害怕起来，从战场上逃走了。

阿八哈派不花帖木儿带着小分队过去，追杀札剌亦儿台的部众，不过片刻就全部将之歼灭，然后他向部队下达了总攻的命令。阿八哈的部队连续三次猛攻，终于把八剌的军队冲垮。在全军溃散而四处逃跑之时，八剌居然成了个落后的逃跑人员，他看到敌人的骑兵刀光闪闪地杀上来，不由大哭起来，叫子弟兵们救救他。更让他绝望的是，居然没有一个士兵理他，个个脚步凌乱地从他身边逃跑。后来，他的一个卫兵撒里出过来，终于认出这个绝望的老头就是他的老板，这才跳下马来，让他骑着马逃了出来，否则他成为俘虏就是大概率事件了。

八剌逃脱之后，火暴脾气这才发作，大骂他的臣属们，不但不会打仗，逃跑时居然连他都不保护。他骂到最后，居然要宣布把这些臣属们都杀死算了。幸亏他这时跑得脚很痛，而且又突然中风，连马都骑不了。大家看到他这个样子，除了脾气之外，其他一无所有，便都慢慢地离开他，连阿合马都带着自己的部队跑到别失八里去了。

八剌十分气愤，我平时没做什么对不起你们的事啊，怎么现在一个个地离我而去？等我身体好之后，看你们还能躲到什么地方？

他的老婆倒很有血性，说："既然你有病不能打，我帮你去把阿合马抓回来，给你消消气。"

可是阿合马还没有抓到，其他几个察合台的后代又脱离了他的队伍。

到了这时，八剌已经输得连脾气都没有了，他只得又派人去找海都，把这些情况向海都汇报了，然后请海都派出援兵来救他。当然，他并没有请海都帮忙去打阿八哈，而是请海都派出军队去把那些逃离出去的兵抓回来。

海都把八剌狠狠地教训了一顿，他下令把为八剌当使者的牙撒儿抓了起来。海都认为，如果不帮八剌，八剌肯定会跑到别失八里跟忽必烈的军队会合，那会壮大合汗的力量，对他们太不利了。所以，他决定带两万部队前去，如果八剌跟中央政府军打起来，不管哪方得胜，自己都是胜利的一方。如果八剌失败了，他们可以顺利送对方一个人情；如果八剌方胜利了，他们可以趁势把八剌铲除，再扶植一个亲海都的人当上察合台汗国的老大，从此察合台汗国就成窝阔台汗国的小兄弟了。

八剌果然正跟阿合马他们闹得不可开交。可他们还没有分出胜败，海都来了。

八剌看到海都亲自来了，知道事情已经严重到不能再严重了，就想逃出去，但海都能让他逃出去吗？

海都全面包围了八剌的军队。

八剌本来已经中风，瘫痪在床，受了这个惊吓，居然当夜死去。他一生野心勃勃，通过政变推翻自己的叔叔成为察合台汗国的老大，又想把周边的地皮划到自己的势力范围里，到处惹事，最后的下场却很难看。

八剌的败亡，表面上是阿八哈的胜利，其实最大的得益者是海都。海都此前虽然成功地跟八剌化敌为友，并嚼金盟誓，建立了同盟关系，但谁都知道，这样的同盟关系其实是一点不牢固的。尤其是面对八剌这样情绪一点不稳定的人，你都不知道他那个脾气什么时候发作。好不容易他头脑发热，主动去挑战阿八哈，这可是灭掉八剌的一个绝佳机会。于是，他应约派出两支部队前去当八剌的友军，其实是想让这两支部队到前线后突然撤走，给八剌的军心造成不稳定而已，最后让八剌被阿八哈打死。现在他的这个战略构想全部实现。当然他更想要的是下一步：扶植一个亲海都的察合台汗国领导人。

又是疑心作怪

海都当时让不花帖木儿当了这个汗国的老大。可不久，他又立了八剌的儿子笃哇为老大。到了这个时候，察合台汗国的权力都掌控在海都的手中。海都这些年来，等的就是这一天。两个汗国的力量抓在自己的手里，他可以跟忽必烈叫板了。

而且他当时确实是抓到了一个大好时机，忽必烈正在全心全意进行灭宋战争，兵力都部署在南方。

结果，忽必烈不得不把伯颜调回来，把他打退。但忽必烈那时更想先灭了南宋，再收拾海都，因此，又把主力部队调往南方，只让他的儿子那木罕和安童在那里守着。这个结果前面已经说过——那木罕和安童都被对方掳走，关了很多年后才放回来。

海都和笃哇趁着这个形势不断地折腾，让忽必烈很郁闷，直到灭宋之后，他才腾出手来，把这两个家伙猛打一顿，但仍然没有取得彻底的胜利。

不过，海都和笃哇虽然热衷于搞事，而且从不妥协，但搞事的能力有点差，对形势的研判也不到位。当忽必烈去跟乃颜决战时，他们仍然在那里按往常的活动规模搞着，没有加大一点力度，更没有跟乃颜来个团结协作、东西响应，让忽必烈首尾不相顾，使得忽必烈在短期内搞定了乃颜，完全可以腾出手来对付他们。

在忽必烈平定乃颜的那一年，也就是 1289 年，笃哇和海都联手进入元朝边境，忽必烈再也忍无可忍，组织诸王派军队去镇压。

这一次，海都联军来势很猛，直逼和林。

当时驻守和林的是皇孙铁穆耳。他是已故太子真金的儿子，现在忽必烈很看好他，一直把他放在前线，让他得到有效锻炼。

海都此行的目的，显然是要拿下铁穆耳。要是能把这个宝贝皇孙拿下，即使不能把忽必烈打倒，也能把他气得半死。毕竟忽必烈已经七十多岁了，近几年来已经连续死了两个儿子，现在要是再死去一个孙子，他再怎么坚强也是挺不住的。

更要命的是，在这个紧要关头，和林宣慰使怯伯突然宣布倒向海都的阵营，和林立刻变得岌岌可危，就连漠北一带也大为震动。

到了这个时候，忽必烈万万不能再输了孙子，他没有办法，只得咬着牙，下令再次亲征。海都其实只能算是个机会主义者，知道自己远不是忽必烈的对手，在忽必烈带着大军出来时，就提前逃跑了。

忽必烈没有办法，他现在年纪已经太大了，不能再往西追了。

海都这些年来，虽然麻烦不断，其实都在搞游击战。现在他看到忽必烈撤兵回去了，便又出来打。这一次，他没有攻打和林，而是去打另一个边关大将土土哈的防地。土土哈一点没有防备，突然看到海都大军前来，都吓呆了，结果是不战自溃，所有的辎重全部归海都所有。海都得了这个收获，便又回去好好享用，让忽必烈极端郁闷。

而更让忽必烈郁闷的是，海都的麻烦还没有解决，另一个麻烦人士又登上历史舞台。这个人也是个宗王，名叫明理铁木儿，他在毫无征兆的情况下突然宣布，他将拥戴海都为老大。忽必烈大怒，派伯颜出马去好好收拾这个家伙。

伯颜带着大军来到阿萨忽图岭时，明理铁木儿的部队已经抢先占据有利地形。伯颜却一点不怕，下令向明理铁木儿进攻。明理铁木儿下令全军向敌人放箭。一时之间，箭如雨下。

伯颜大声呼喝着，当先向前猛冲，士兵们都冒着箭雨拼命冲，居然把明理铁木儿打得大败。明理铁木儿只身逃走。伯颜命部将率一部追击，自己率主力连夜撤退，带轻骑由另路追击。至别竭儿时，两军夹击，大败明理铁木儿军，明理铁木儿率残部逃走。伯颜回来时，居然碰到敌人的伏兵。如果是别的将领，突然中了埋伏，结果肯定很悲催。可是伯颜不是别人，看到敌人突然出现，哪有什么惧色？双方大战，伯颜斩杀敌人两千人，其余的全部变成俘虏。伯颜在这些俘虏中，选出几个信使，重重地收买下来，然后派他们带书信送给明理铁木儿，把当前形势给他分析得清清楚楚，指出造反是没有前途的，赶快投降才是保命的唯一途径。

明理铁木儿看着信，觉得伯颜讲得真对，自己明明占据了有利地形，又设了埋伏，仍然被人家打成这个样子，还有什么脸继续打下去？于是，宣布投降。

伯颜打仗时很猛，他做事向来冷静，降服了明理铁木儿之后，便在边关那里按兵不动。他相信海都还会过来的。

但朝廷里的很多大臣本来就眼红他的功劳了，这时就乘机向忽必烈进言：伯颜带着大军在边关什么都不做，肯定是在暗中跟海都有往来，以致到现在寸功未立，这是个可怕的现象啊。忽必烈也跟很多皇帝一样，最大的心理特征就是多疑，不管对谁，尤其是对有水平有功劳的人，都先怀疑。他听了这些人的话，立刻下诏，叫伯颜回朝，让御史大夫玉昔帖木儿前去接替他。

玉昔帖木儿来到距伯颜还有一段路的时候，海都正好带大军打过来。伯颜知道后，立刻派人去告诉玉昔帖木儿说："请暂时停止前进的步伐，等我消灭海都的部队后再过来。"

玉昔帖木儿当然愿意这么做。

伯颜很快就与海都接上火。伯颜这次很想把海都拿下，免除后患，因此他一边打一边后退。这种打法明显就是"诱敌深入"，但海都看不出来，而伯颜的手下也没有看出来。双方一连打了七天，伯颜连续退了七天。众将终于忍不住了，都对伯颜说："老大你果然是在害怕战斗，看来大臣们说得没有错，既然这么怕，为什么不把指挥权交给御史大夫？"

伯颜说："海都孤军深入我地，我一截击他，他就会逃跑。因此我们必须诱敌深入，以便一战把他活捉。各位的任务就是努力作战，不要让海都逃跑了。即使到现在，海都仍然没有深入，而你们一定要求决战，要是海都逃跑了，谁来负责？"

伯颜现在很郁闷，满朝大臣在忌妒他，皇帝也怀疑他，现在众将也看他不顺眼，他还能按自己的意志去干吗？他只得提前跟海都决战。

伯颜与海都大打。海都大败之后，果然又逃逸，大家虽然拼命去追，仍然没有追得上。虽然胜利了，但这样的胜利又有多少意义？

伯颜要的不是这样的胜利，他要的是一仗永远解决这个难题，但他这次没有解决。他这次不能解决的原因不是他没有水平、没有实力，而是因为“怀疑”这两个字。现在他终于深刻地认识到，为什么南宋那么多人才，最后老是打不过敌人的原因了。

大家看着伯颜的脸，谁也不说话。伯颜知道自己的使命已经完成，把玉昔帖木儿叫来，然后取出大印，交到玉昔帖木儿的手中。

当然，不是海都一个人来骚扰，笃哇也从不安静。

他在海都出战时，也带着部队杀出来。笃哇这次攻击的对象是出伯。当时笃哇想搞个夜袭战，一下将出伯打死。哪知，笃哇的想法很不错，可是做事却很不严谨，自己人对这个计划都还不怎么了解，却硬是让出伯打探到了。于是，出伯做好了准备，在那里等着笃哇杀进来。笃哇的先头部队杀了过来，哪知才到半路，就被出伯搞了个突然袭击，一口气歼灭了三四千人。

笃哇并不气馁，带着全军杀了过来。

出伯大军和笃哇大军在早上见了面，双方当然只有大砍大杀了，而且砍杀得很激烈，都死了很多人。

出伯没有想到笃哇的部队会来得这么多、这么快，因此他前来打仗时，并没有通知他的友军阿只吉和阿难答，导致自己进入孤军作战的境地。

最后，出伯终于支撑不住，带着部队逃了出来。阿只吉和阿难答知道情况后，带着部队狂奔过来，但笃哇却已经见好即收，收兵回去了。

这些战斗的规模虽然不大，但却让忽必烈很不爽，他宁愿大打一场，把这两个人打死，然后彻底平定西部之乱。可是他一时之间想不出别的办法来，只能这么被动地防守，先把他们遏制住，等想到了办法再把他们往死里打。

可他却永远没有想到很好的办法，因为他的生命已走到了尽头。